LA MODE

REVUE DU MONDE ÉLÉGANT.

TROISIÈME ANNÉE.

2 Juillet 1831.

PARIS.

La Mode.

Paris, Imprimerie de Goetschy.
Rue Louis le Grand, N. 35.

STANCES

DÉDIÉES A UN EXILÉ DE DIX ANS.

I.

Jeune lis, tendre fleur qui croissais pour la France,
Toi, dont le blanc calice exhalait l'espérance,
Toi dont l'éclat charmait nos yeux,
Nous ne te verrons plus. Cette tige élégante,
Qu'agitait du zéphir l'haleine caressante,
Cède à l'ouragan furieux.

II.

Qu'est devenue, hélas! ta splendeur passagère?
Te voilà, végétant sur la terre étrangère,
Au gré de l'aquilon fatal!
Ah! puisses-tu du moins, à l'abri de l'orage,
Y retrouver l'air pur et le calme et l'ombrage
Refusés par ton sol natal.

III.

Enfant, que le Seigneur bénit dès sa naissance,
Fuis, gardé par ton âge et par ton innocence,
Il te montrera le chemin.
Le Dieu qui de Joas fut l'appui tutélaire,
A tes persécuteurs saura bien te soustraire.
Peuples et rois sont dans sa main.

IV.

Si le malheur des tems t'exclut du rang suprême,
Si ton front ne ceint pas le triste diadême,
Qu'il eût peut-être ensanglanté.....
Prince, tu dois encore un grand exemple au monde,
Songe que dans son sein, l'adversité féconde
Porte un fruit d'immortalité.

V.

Tu naquis au milieu du deuil et des alarmes,
Et tu vas consumer dans l'exil et les larmes
L'âge où l'on moissonne des fleurs!
Du trépas d'un époux tu consolais ta mère;
Ton destin désormais lui rendra plus amère
La coupe des longues douleurs.

VI.

Comme on voit une fleur poindre sur une tombe,
Comme, aux jours du déluge, apparut la colombe,
Ton berceau reposa nos yeux.
Tout un peuple enivré d'espérance et de joie,
Te salua, disant: « L'Éternel nous l'envoie:
» Paix à la terre! gloire aux cieux!! »

VII.

« Voici l'ange de Dieu, l'enfant de son prodige,
» Le rameau verdoyant qui renaît de sa tige,
» Le père à nos fils destiné!
» Voici les jours du calme: oublions la tempête;
» De lis et d'oliviers couronnons notre tête:
» Un enfant sauveur nous est né!!! »

VIII.

Dix ans sont écoulés. — Quelles lâches injures
Sur nos murs avilis par d'indignes souillures
Remplacent tes honneurs détruits !
Quoi ! de tes ennemis l'insolence grossière
Veut, en te poursuivant jusqu'au sein d'une mère
Te ravir le nom de son fils ! . . . .

IX.

N'es-tu donc pas celui qu'on nommait fils de France ?
Le destin de l'État liait à sa naissance
Tant de passé ! . . . tant d'avenir ! . . .
Ah ! du nouvel Henri qui suivra le panache ?
Pour sa cause, évoquant du vieux drapeau sans tache
Le noble et touchant souvenir.

X.

Mais qu'ai-je dit ? pour toi faut-il courir aux armes ?
Veux-tu, parmi des flots et de sang et de larmes,
Régner sur de tristes débris ?
Non — fidèle au bonheur du pays qui t'exile.
Un sceptre ensanglanté par la guerre civile
A tes yeux n'aurait plus de prix.

XI.

Ah ! que plutôt du Ciel la colère apaisée
Ouvre à notre patrie à la fin consolée
Un long et meilleur avenir.
Et puissions-nous, lassés des discordes civiles,
Sous un sceptre affermi, courbant nos fronts dociles
Voir notre France refleurir ! ! !

Correspondance.*

Bath, 16 Mai 1831.

Cher N...,

La dernière partie de notre voyage s'est délicieusement terminée; commencé entre deux émeutes françaises qui hurlent dans la rue, en guenilles et la tête nue, en attendant mieux, et terminé à Bath, la jolie ville, tu conçois si ce voyage a dû être charmant. Nous avons donc marché à travers mille sites rians, vaporeuses montagnes, lacs tranquilles, torrens tumultueux, frais ombrages sous lesquels on dort comme si on n'était pas Français; vagues pensées, souvenirs sans amertume, et cependant c'était encore un ciel brumeux, entrecoupé de mélancoliques nuages, comme vous en avez vu dans les poèmes de lord Byron, dans ce *Manfred* qu'il a si habilement dérobé à Goëthe. Eh bien, ciel brumeux, nuages épais, ombres mystérieuses qui écrasent les collines, vapeurs qui cachent le ruisseau, tout cela a disparu à l'approche de Bath. Bath, la ville éclatante de lumière, Bath, la fraîche et joyeuse cité, calme, heureuse, repose tranquille comme si le monde n'était pas en révolution.

Vous avez vu le joli village de Pollet à ses beaux jours, et la blanche nappe d'eau si animée quand de forts nageurs, contenant d'un seul doigt au milieu des flots, la folâtre Parisienne, promenaient mille beautés au-dessus des ondes; vous avez été témoin de l'entrée si bourgeoise et si animée de notre jeune duchesse, quand elle venait à Dieppe, sa cité favorite, oublier la cour; alors c'étaient des cris de joie dans ces murs déserts, c'étaient mille exclamations bruyantes dans ces flots silencieux, c'était tout l'esprit de Scribe et tout le drame de Léontine Fay sur ce

* Bien que Madame ait quitté Bath au moment où cette lettre nous est communiquée, nous n'hésitons cependant pas à la publier à cause des détails pleins d'intérêts qu'elle renferme.

théâtre vide et sans honneur; eh bien, Bath à présent, c'est la ville de Dieppe avant sa ruine. Ce sont des fleurs, des eaux, des parfums, du peuple, des grands seigneurs, d'innocens plaisirs, c'est un repos. A Bath j'ai vu la duchesse si chère aux Poletais. Plus de bonheur pour elle, plus de joie innocente, mais la joie innocente et le bonheur marchent à sa suite. Elle, elle ne veut qu'un peu de repos, qu'un peu de calme après tant de secousses maternelles et filiales, du calme sans calomnie, s'il se peut? Mais est-il quelques lieux sans calomnie pour les princes malheureux.

A Bath encore c'est la France qu'elle cherche, l'auguste exilée! Force lui a bien été de fuir quelque tems le ciel froid et pluvieux d'Edimbourg, ces rues tristes et fermées, ce parc qui est une prison, ces ruisseaux fangeux et ce monde avide et curieux comme Scott vous l'a montré dans *les Chroniques de la Canongate*. Elle est donc venue sous ce ciel meilleur, aussi beau pour elle que le ciel d'Italie, moins beau que celui de France! Confiant à la dauphine son enfant si cher, cet enfant sorti d'un meurtre, et dont la naissance a fait battre des mains à l'Europe, la pauvre mère est venue chercher aux eaux de Bath quelque remède qui l'empêche de mourir.

A Bath la duchesse est l'objet de tous les respects et de toutes les sympathies. Nous avons voulu, nous aussi, lui présenter nos profonds respects. Nous ne sommes pas, nous, de ceux qui insultent une femme absente, qui brisent son écusson quand à peine elle est partie, et qui ne se souviennent pas que notre duchesse fut la protectrice de l'art qui meurt dans votre beau pays.

Le matin, par le commencement d'une belle journée, habillés de notre mieux, en voyageurs cependant, nous nous rendions à la maison de Madame, car elle n'a plus de palais, à Johnston-Street; nous étions entré dans la rue qu'elle habite, et déjà nous cherchions le numéro de son hôtel, quand tout-à-coup, appuyée sur un balcon, et la tête penchée dans la rue, dans toute la fraîche simplicité d'une toilette du matin, nous apercevons une jeune personne que nous saluons involontairement. Figurez-vous, mon ami, que c'étaient les cheveux en bandeau, la tête enfantine et le calme sourire de Mademoiselle elle-même ; oui, elle-même ; et si nous n'avions pas laissé Mademoiselle à Holy-Rood, nous n'en aurions fait aucun doute. Eh bien, cette femme penchée, l'œil fixé sur nous Français, c'était sa mère; c'était Madame elle-même; c'était elle, et à notre vue, elle donna des ordres pour qu'on nous introduisit près d'elle, après quoi elle nous salua de la main, puis elle vint au-devant de nous, bonne et vive comme toujours. Et que vous dirais-je? mille questions de patrie, d'art et d'amitié. Que fait-on dans notre France ? l'exposition est-elle belle cette année? Et nos pauvres amis désolés? elle nous parla de tout ce qui est France encore, puis elle nous parla d'elle-même, de ses enfans et de tout l'exil d'Holy-Rood. On n'est pas femme, on n'est pas Française comme cela !

Quand nous eûmes bien parlé et bien répété, et surtout bien entendu les choses du cœur qui ne se rapportent pas, nous visitâmes la maison ; véritable maison anglaise dont vos Républicains ne voudraient pas. La maison est étroite, petite, et si elle est élégante, elle le doit à la présence de Madame. La maison se compose de deux étages et de six pièces, deux au rez-de-chaussée, deux au premier, deux au second ; il y a loin de là au pavillon de Flore, et à ce vaste château des Tuileries que votre légitimité nouvelle fait réparer comme indigne d'elle. La suite de la duchesse répond à l'habitation : le tout se compose de madame de Bouillé, d'une seule femme de chambre, d'un valet pour écrire, et d'un autre pour faire la cuisine, car on ne peut pas appeler cela un cuisinier, à peine en a-t-il le tablier et le bonnet. Telle est l'habitation, tel est le luxe de la plus grande princesse de l'Europe, née sur un trône, destinée à être reine du plus beau royaume, flattée comme femme et comme princesse, par toute cette France qui se connaissait si bien en femmes et en princesses; elle n'a pas de cuisinier, pas de gentilhomme, son repas est plus frugal que celui du dernier journaliste d'opposition, elle ne se permet qu'une seule lampe et la nuit son escalier est fastueusement éclairé par une bougie de suif. Cette noble princesse, propriétaire de la plus belle collection de tableaux qui soient en France, peut mettre à peine sur les murs de son appartement quelques méchantes gravures. Mais qu'importe tout cela? Pourvu que les pauvres de France doutent encore de son départ, pourvu qu'on ne ferme pas son hôpital de Rosny, pourvu que ses serviteurs ne soient pas réduits à la triste position des serviteurs de Marie-Stuart.

Ainsi pour la simplicité, la grâce franche et loyale, les tendres souvenirs, l'amour de la patrie d'adoption, le soin de l'indigence, pour toutes les vertus qui l'ont rendue si chère, madame la duchesse de Berry n'est pas changée. Mais sa gaité si vive, ses saillies siciliennes et françaises en même tems, ce n'est plus la même. La princesse est grave et pensive. Elle se souvient que le malheur est celui de tous les rois de ce monde qui a le plus besoin de dignité. Une grande pensée, je ne sais laquelle, occupe son âme, elle a cessé d'être celle que nous suivions des yeux dans nos promenades, dont nous adoptions toutes les modes, que nous applaudissions à son théâtre, le premier qui l'ait injuriée : c'est une sévère femme qui veut croire à un avenir meilleur parce qu'elle est mère d'un enfant qui s'appelle Henri. En un mot, ce n'est plus Jeanne d'Albret, c'est Marie-Thérèse et Blanche de Castille; le ciel lui soit en aide au milieu de tant d'ingratitudes, de trahisons, de calomnies et de malheurs.

MUSÉE ROYAL.

Exposition.

1831.

PREMIER ARTICLE

C'est en vérité chose curieuse pour l'observateur que ce salon! Vous suivez là, pas à pas, la marche des événemens politiques, et son influence sur les arts.

Et de fait, une partie des tableaux qui composent cette exposition fut commencée sous l'autre royauté, royauté un peu déchue de sa grandeur native, mais qui jetait encore quelque lustre sur une aristocratie élégante, instruite, curieuse d'arts et poésie, cherchant les hommes de talens, *nés* ou non, par un sentiment instinctif qui lui disait : alliez-vous à eux! Fondez l'aristocratie de nom et de fortune dans celle du talent, appuyez l'une sur l'autre et vous donnerez une large et forte base à vos deux existences qui maintenant ne peuvent se soutenir que l'une par l'autre. — Unissez-vous.... — car avec l'influence positive de l'argent, l'éclat poétique du génie, et le prestige de grands noms historiques, vous ferez toujours votre part et celle du peuple, au milieu duquel il ne faut jamais laisser traîner de supériorités.

Je reviens à l'exposition.

Avant *juillet*, l'art était l'expression d'une société monarchique et religieuse, d'une vie élégante, spirituelle et recherchée.

Alors les beaux portraits, les brillans uniformes, les insignes.

le luxe avec toute sa pompe, l'éclat des diamans, les nuances des fleurs, les riches et lourdes tapisseries dorées.

Alors des vues de châteaux, des parcs avec leur ombrage séculaire, des chevaux, des piqueurs et des chiens; les chasseurs s'élancent, la meute bondit, la trompe résonne..... et tout se perd dans un nuage de poussière dorée.....

C'était de belles et nobles scènes d'autrefois, le moyen âge avec ses illusions, ses croyances si naïves et si pures, qu'on lui a si cruellement arrachées, d'imposantes figures de nos vieux rois, de sombres mystères de cette religion qui dota Michel-Ange et Raphaël d'inspirations si sublimes.

Enfin, l'art et la poésie commençaient à prendre leur essor, étendaient leurs ailes brillantes au-dessus de cet abîme de scepticisme, d'incrédulité et de positif stupide qui menaçait d'engloutir tant de jeunes talens.....

Et voici que la révolution est venue.....

Alors ce fut une nature bien différente: des haillons, de la boue et du sang, des cadavres mutilés, des Français égorgeant des Français, l'incendie et la ruine, l'impiété en mascarade, les hosties jetées au vent, les saints ornemens foulés aux pieds, une effrayante orgie, une orgie satanique, et sur cet amas de décombres, sur ces victimes saignantes, au bruit des blasphèmes, quelques hommes asseyaient une royauté en frac, à-peu-près sans pouvoir et sans force, obligée de renier ses antiques armoiries, une royauté à eux, faite pour eux et par eux. Et par-dessus tout cela, une cour bourgeoise, commune, gênée, ne sachant, comme disait Talleyrand, seulement pas marcher sur le parquet.....

Et avec ces élémens, vous voulez des peintres, des poètes!... Pitié... oh! cent fois pitié!... Et pourtant notre avenir était si beau! les arts suivaient une si vigoureuse impulsion!

Voyez le Faust et la Marguerite de Scheffer.

A mon avis, ceci est le parangon du Musée. Oh! c'est une œuvre complète, admirable de pensée et d'exécution. Jamais, je crois, jamais on n'a résumé plus de puissance intellectuelle, de volonté forte, de science profonde, que dans le regard de

Faust... Ce regard est triste... triste... comme celui d'un homme qui a perdu sa dernière illusion... qui sait tout, qui a vu tout, qui est arrivé jusqu'à la racine de l'arbre de la science, l'a fouillée, retournée, tenue dans sa main.... et a dit : Néant! Et pourtant il a fallu alimenter cette âme ardente qui se dévorait elle-même... il a fallu s'égarer dans le labyrinthe des sciences occultes, invoquer les esprits supérieurs, leur demander des ailes pour s'élancer dans un autre monde, vendre enfin son âme pour *savoir*... Admirable pensée qui met *Faust* si au-dessus de *Don Juan* qui se damne pour *jouir*. — C'est la différence du moral au physique, de la bête à l'esprit, du corps à l'âme.

Et comme la pose du Faust de Scheffer est profondément sentie! Il y a du découragement, de la mélancolie, de la fatigue! Jusque dans cette main blanche, maigre, allongée; il y a cette habitude, cette expression d'affaiblissement qu'une âme toujours active, ardente, occupée, imprime au corps affaissé, qu'elle oublie dans sa laborieuse nonchalance.

Tout enfin, jusqu'à la couleur ordinairement sombre de l'artiste, concourt à l'effet général de ce beau, de cet admirable portrait, d'une harmonie parfaite, d'une finesse de ton remarquable dans les demi-teintes, d'une singulière saillie, hors la toile, c'est aussi vivant qu'un Wan-d'Yk..

Nous ferons pourtant un reproche au peintre... Pourquoi derrière Faust, cette figure de Méphistophélès, laid, hideux, diabolique... Mon Dieu! ne comprendra-t-on jamais que Goëthe n'en a pas fait au physique un type repoussant... Au contraire, Satan est beau, Satan est séduisant; s'il a des cornes et des griffes, sa mission est manquée... C'est un espion qui écrit sur son chapeau : *Je suis espion.*

Et d'ailleurs, pourquoi mettre là Méphistophélès, pourquoi distraire l'attention de cette merveilleuse figure de Faust? Soyez tranquille, on l'évoquera toujours bien. On connaît son Goëthe.

Et Marguerite... Marguerite avec ses yeux bleus, clairs, transparens comme du cristal, purs comme son cœur... Marguerite avec ses souvenirs de jeune fille, son amour de femme, et sa mélancolie de mère... Marguerite... jetée là sur la route de Faust comme une fleur sur un volcan, un alcyon sur une mer en furie... Admirable contraste de cet être doux et frêle, de ce naïf assemblage de simplicité, de croyance et d'amour, avec cette colossalle figure de Faust, brûlée, calcinée au-dedans par l'étude, la science et le remords qui se reflète dans l'âme candide de Marguerite comme un sombre rocher dans un lac limpide...

Oh! que le talent du peintre a été loin dans cet autre tableau! Commé elle est pâle, Marguerite! quel regard! quelle attitude simple, douce et triste! Ses larmes ne tombent pas, mais elles roulent dans ses yeux humides... Non, elles ne tombent pas... car si la pensée de son atroce position les attire, un souvenir de son *Faust* vient les arrêter sur ses blanches paupières.

Même finesse, même habileté, même poésie d'exécution dans Marguerite que dans Faust.

Somme toute, œuvre de génie, œuvre qu'on ne saurait trop payer, tant elle renferme d'émotions tendres, sombres, religieuses et grandioses... Figurez-vous entre ces deux tableaux placés au clair obscur, à la chute du jour... et vous, vous, les contemplant seul, tout seul... avec un chagrin ou un regret dans le cœur.

Quelques critiques ont tellement loué, prôné, exalté les tableaux de M. Paul de la Roche, que notre opinion paraîtra peut-être bizarre... et pourtant elle est consciencieuse, elle est vraie, suivant nous.

Son *Richelieu*, à part le paysage qui est d'une exécution au-dessous du médiocre, est un joli tableau; il y a de jolies figures, de jolis tons, de jolis habits, de jolies teintes, tout cela lustré, pimpant, propret, brillant, rosé, peigné, ciré; encore une fois, c'est joli, bien joli, très-joli, mais n'y cherchez pas cette soudaineté, cette chaleur, cette poésie, cette fougue qui décèle l'âme puissante de l'artiste; c'est du marivaudage en peinture, c'est une scène imposante et grandiose vue avec un verre qui rapetisse, c'est M. Scribe mettant la révolution d'Amérique en vaudeville.

Le genre flamand convient pour des scènes de cabaret ou d'amour, pour représenter des gens qui boivent ou chantent; mais, par grâce, quand vous toucherez à ces génies profonds, immenses, qui arrêtent ou précipitent la course des peuples, donnez-leur tout le développement qu'exigent de tels colosses, et ne regardez pas ces géans à la loupe.

Mêmes éloges, même critique pour le Mazarin.

Nous préférons de beaucoup les deux princes, Edouard V et Richard duc d'York, enfermés à la tour de Londres.

M. Delaroche paraît avoir adopté l'opinion de *Thomas Moore*, à l'égard de Richard III, au sujet du meurtre des deux princes, quoique l'obscurité la plus complète règne encore au sujet de la disparition des deux jeunes prétendans, car *Moore* n'écrivit son histoire de Richard que sous l'influence du cardinal *Morton*, ennemi personnel de ce prince, et pour *exercer son imagination*, dit *Hume*. On voit quelle confiance on peut ajouter à de tels auteurs.

Cette assertion suffit pourtant au poète ou au peintre pour poser son drame.

L'une des figures nous a paru rouge, violacée, boursoufflée et d'un style tout-à-fait contraire aux traditions historiques; l'autre est mieux, quoique peu en relief.

Mais les ajustemens et les accessoires sont traités avec un goût et un talent remarquables. Les cuisses et les jambes du jeune prince qui est si rouge, sont d'un galbe parfait, d'une exécution supérieure, c'est bien de la chair sous de la soie... L'effet général est sage, harmonieux, mais peut-être un peu froid.

A notre avis, M. Delaroche est resté cette année bien au-dessous de son beau tableau d'*Elisabeth*.

Dans un prochain article, nous rendrons compte du grand tableau de M. Delacroix, qui nous semble d'une haute portée comme pensée et comme exécution.

Revue de la Semaine.

— Juillet commence, regardez autour de vous, regardez en haut, aux fenêtres des palais, dans les antichambres, dans les cabinets ministériels, oh ! comme on tremble ! Voyez la peur, elle est sur la figure des hommes d'état, des puissans du jour, elle est ici, elle est là, elle est partout. La terreur panique va venir bientôt. Le retour de l'anniversaire leur donne presque autant d'épouvante que les coups de fusils de l'an dernier. Les sauveurs songent encore une fois à se sauver. C'est qu'il y a encore des palais à démolir, des églises à dévaster, des propriétés privées à attaquer. Pourront-ils empêcher qu'on ne fasse tout cela, ils ne le savent et ils en tremblent. Gare l'émeute et les rassemblemens pendant le mois qui s'ouvre, mois de funeste exemple, de fatal souvenir. On nous promet des désordres, des cris, des chants, des combats, toute une répétition du grand spectacle de la révolution. Mais *la Mode* au milieu de cet avenir d'inquiétude que deviendra-t-elle ; *la Mode* ne craint pas ces prédictions funestes, elle a plus de cœur que nos ministres, elle sait que le régime révolutionnaire ne sera jamais de mode en France pendant longtems. Le mois de juillet, pour nous servir d'une expression populaire, était l'année dernière le mois du *tremblement*, il ne sera cette année que le mois des trembleurs.

— Le peuple voulait voir le Roi. De Souverain à Souverain, on n'y met pas tant de façon. Aussi le peuple criait-il tout haut et de manière à réveiller un sourd. Le Roi entendit les cris ; mais il était dans son lit, car le dévouement de ces bons révolutionnaires était matinal. Le Roi se leva, et, permettez-moi de me servir pour une fois de cette expression, passa sa culotte ; on ne dit pas si comme le bon Dagobert son prédécesseur, il la passa à l'envers ; puis vêtu d'une simple redingotte bourgeoise,

Dans le simple appareil
D'un prince que l'on vient d'arracher au sommeil.

presque en costume d'un vrai Roi de *Descamisados*, Louis-Philippe parut au balcon et il adressa au peuple ce petit discours en assez mauvais allemand : « Mes chers amis, le Roi » que vous appelez était encore au lit lorsque vos acclamations » l'ont réveillé, et il s'est levé immédiatement pour vous re-» mercier. » Le peuple content et flatté au dernier point de ces familières explications, applaudit de tout cœur, et chacun se retira en vantant le bonheur pour la France d'avoir un Roi polyglotte.

— On écrit d'Edimbourg que monseigneur le Duc de Bordeaux, accompagné de M. le baron de Damas, son gouverneur, et de M. le prince de Faucigny, son gentilhomme d'honneur, est allé visiter une magnifique habitation qui se trouve située auprès de cette capitale et qui appartient à un ancien officier supérieur dont le visage est balafré d'un coup de sabre. Ce brave colonel a fait mille excuses sur ce qu'il n'avait pas été prévenu de la visite de S. A. R. et sur ce qu'il n'avait pu revêtir pour le recevoir chez lui, ni son uniforme ni ses décorations. — Ah ! Monsieur, lui a répondu le jeune Prince, je trouve que la plus belle décoration possible, est celle que vous avez sur la figure !

— On a cru devoir arrêter et emprisonner dans une ville de

Bretagne, une bande de conscrits qui s'amusaient à crier : *Vive le juste milieu. . . . . de notre drapeau !*

— M. Bavoux a été nommé capitaine d'une compagnie de la garde nationale, et M. Bavoux a donné sa démission avec grand éclat ; on eût dit, pour le moins, de la démission d'un généralissime d'armée. Le comique de l'affaire, c'est que M. Bavoux a abdiqué des fonctions qu'il n'avait jamais exercées. Un modeste chasseur de la légion qui perd ce grand capitaine, le lui a prouvé sans façon, déclarant que de toute la compagnie, le capitaine était le seul qui eût constamment manqué à l'appel. C'était bien la peine à M. Bavoux de faire tant de bruit pour se démettre d'un grade dont il n'avait jamais rempli les fonctions.

— Admirez les progrès de la civilisation ! Deux bourgeois de La Fère se rendent l'autre jour à Saint-Quentin, le peuple les accuse d'avoir distribué des dragées empoisonnées à des enfans qui sont morts après les avoir mangées. La rumeur croît, la foule s'ameute, le fait est certain, il faut les tuer, les scélérats ! dernier et suprême argument des Révolutionnaires. En vain, quelques personnes protestent de l'innocence des accusés. — Au canal, les accusés et leurs défenseurs ! La générale bat, la garde nationale se met sous les armes, la garnison accourt ; on arrache au peuple ses victimes ; mais les pauvres malheureux étaient brisés, meurtris, blessés, couverts de sang. A Lille, à Douai, à Cambray, à Valenciennes, les mêmes scènes se sont renouvelées ; à entendre la population, les Carlistes empoisonnent les enfans avec des dragées. Il faut donc exterminer les Carlistes distributeurs de dragées. On voit que les Révolutionnaires sont toujours pour les moyens de douceur.

— Au secours. — C'est un préfet qui se noie. — Vite des gendarmes, des marins, des gens de bonne volonté pour se jeter à la rivière. Pas de gendarme, pas de soldats, pas de marins. — Mais le préfet est tombé dans l'eau, au moment où en passant sur le pont il se baissait du haut de son bucéphale pour donner familièrement une poignée de main à un maire de campagne; le maire a épouvanté le bucéphale, le bucéphale s'est cabré, il a caracolé, dansé, piaffé, sauté; et le préfet a été lancé dans la rivière; tenez, voyez-le, il passe en ce moment sous le pont; pitié pour le préfet, au secours; M. Leroy va se noyer, son nom lui porte malheur. En ce moment deux hommes attirés par les cris, se jetèrent ensemble à l'eau sans en demander davantage, et ils conduisirent sur la rive le préfet d'Ille-et-Villaine. Or qu'étaient ces deux hommes qui sauvaient le fonctionnaire de la révolution? un percepteur destitué par la révolution, et un propriétaire soupçonné d'être suspect; bref deux Carlistes. Lisez toujours.

Quelques réfractaires du même département se reposaient dans un champ, près de Vitré; arrivent des soldats, les réfractaires fuyent, ils étaient sans armes, les soldats tirent dessus, un des fugitifs tombe, un autre est pris, on emmène le prisonnier; et le blessé on le met sur une charrette et on le porte au bourg de Cornillé. Il avait reçu une balle qui lui avait traversé le corps, il perdait du sang en abondance, il paraissait mourant. Sa famille demeurait dans le bourg; sa mère et sa sœur supplient les soldats de le laisser à leurs soins. Impossible; la charrette se met encore en route. Le sang coule, le blessé va mourir, la sœur qui suit le fatal cortège supplie encore pour le moribond; non! la charrette marche, le blessé prie et meurt. La charrette arrive à Vitré et le corps est jeté dans la prison. Écrouer un mort, quelle innovation révolutionnaire!

— Partout ailleurs qu'à la société d'Horticulture, il est assez connu que la révolution de 1830 avait troublé pour cette année la parfaite union des lis et des roses, car depuis la floraison complète, on ne voit dans les jardins *nationaux* aucune tige de lis, ni même aucune fleur de la charmante famille des *Liliacées*. C'est en vain que *la Mode* avait demandé grâce pour les *Iris-Phénomènes*, et qu'elle avait crié miséricorde pour les *Amarillis!* Il n'est pas jusqu'aux *Martagons* rouges et aux innocens *Glayeuls* qui n'aient été enveloppés dans la même proscription. Nous avertissons pourtant M. le commandant lilioclaste des Tuileries, qu'il existe encore une grosse touffe de *Lilium-bulbiferum* au milieu du parterre national, où cette plante a l'air de végéter paisiblement à l'abri de la figure de *d'Atlas changé en rocher*. Il n'est pas à supposer qu'elle y fleurisse et qu'elle y fructifie. Il est encore à remarquer que M. le marquis de Sémonville a pris sur lui de laisser subsister et s'épanouir au Luxembourg plusieurs ognons de *Couronne-Impériale*, variété dite *Argento-Striato*, et c'est une chose qui devrait attirer l'attention de M. le président du Conseil.

—Linnée va être mis en état de suspicion; la Flore Française va être expulsée par ordre du juste milieu. Vous tous qui cultivez les fleurs, prenez garde à vous : les lis doivent être expulsés de tout sol français; c'est l'application de la proposition Baude à la botanique, en voici la preuve. Les lis fleurissaient au Jardin-du-Roi, qu'on appelle encore, depuis juillet, le Jardin-des-Plantes; c'est une noble et belle fleur que le lis, avec sa tige élancée et élégante, sa blanche tête qui se balance, ses pistils d'or et son calice d'albâtre. Le lis blanc, pur et sans tache, semblait fait pour servir d'emblème à notre antique et glorieuse monarchie, mais on craignait que les complots ne fleurissent en serre chaude, et que les conspirations ne fissent leur gîte sous un maître choux. Cependant, en 1815, on n'avait pas donné l'ordre au jardinier Shouin d'arracher les violettes; en 1831, la révolution a fait arracher les lis. Qu'on leur ait déclaré la guerre sur certaines armoiries, sur les frontons de certains palais, on le conçoit; la place de ces nobles fleurs n'était pas là, mais au moins, dans le tranquille domaine de Buffon et de Jussieu, pouvait-on sans danger les laisser en paix. Non, pas plus là que sur l'écu de Duguesclin et de Bayard. Ah! preux chevalier, vaillant connétable, pourquoi vos mains de marbre n'ont-elles pas brandi votre redoutable et bonne épée? On avait oublié le Jardin-des-Plantes... l'oubli est réparé.

Un jourde l'autre semaine, un mois après les exploits émolliens de M. Mouton, le lendemain de la grande victoire de cannes renportée par M. Vivien, un coup d'état a été fait au Jardin-des-Plantes. Le jeudi 23 juin 1831, deuxième année de la liberté, une charge vigoureuse a été exécutée contre les carrés... non pas les carrés d'infanterie russes ou autrichiens, fi donc! nos pacifiques gouvernans n'en sont pas là encore; mais contre les carrés de liliacées. Le combat a été terrible, tout a été exterminé; les vainqueurs étaient armés de faux comme les Polonais. Il est étonnant qu'ils n'aient pas tiré le canon contre une fleur.

On assure qu'une Saint-Barthélemy va être ordonnée contre les œillets républicains et bonapartistes. Dans ses plates-bandes, le juste milieu ne veut pas des fleurs emblêmes de gloire; de toutes les fleurs il ne gardera que les soucis.

Ainsi, les jardiniers et les parterres vont être mis en état de suspicion; gare aux visites horticulturaires! Cependant, pour éviter tout malentendu, et pour mettre les agens de la police Vivien à même de prévenir et déjouer toute conspiration végétale, je conseille au juste milieu d'établir à la préfecture une chaire pour l'explication du langage des fleurs.

— J'ai l'extrême plaisir de vous annoncer que *le duc de Bordeaux* vient d'arriver au Havre après une traversée on ne peut plus heureuse. Deux des principaux négocians de cette ville l'attendaient à l'entrée du port. Les quais ont été bientôt couverts d'un nombre considérable d'habitans venus de tous les points de la ville pour voir *le Duc de Bordeaux*. Aucune résistance ne lui a été opposée de la part des autorités ni de celle des habitans. Il est entré sans coup férir, et tout le monde paraissait très-satisfait de le revoir : on avait été pendant fort longtems sans nouvelles directes du *Duc de Bordeaux*. C'est là ce qui explique l'accueil favorable fait à ce bâtiment à son entrée dans le port du Hâvre d'où il avait été expédié dans le courant de l'année dernière, pour la pêche de la baleine.

—Voici un fait historique qui, pour l'honneur révolutionnaire de la famille Sébastian, demande un éclaircissement. A la bataille de Waterloo, M. Tiburce-Sébastiani commandait le 11e léger. Au moment de la déroute, ses fourgons furent pillés, et un sapeur y trouva un drapeau blanc, en étoffe de soie, garni tout autour de fleurs de lis d'or. On lisait d'un côté : 11e régiment d'infanterie, et de l'autre vive le Roi ! ! Le sapeur porta le drapeau au général de la division qui se mit à crier en se frappant la tête : trahison ! trahison ! — *Les restes de ce drapeau sont aujourd'hui déposés dans le bureau de* la tribune *où chacun est admis à les voir*. Si les soupçons que semble autoriser ce fait important se confirmaient, cette famille aurait en vérité bien du malheur. Il est à remarquer que la restauration conserva à M. Tiburce-Sébastiani le commandement d'un régiment et lui donna plus tard le titre de général. Cette faveur était-elle une récompense ? Nous serions charmés d'apprendre si au besoin on ne pourrait pas encore trouver un drapeau blanc dans les bagages de M. Sébastiani.

— *M. Sébastiani à la mamelle.* — De cela, il y a vingt ans, ou à peu près, M. Sébastiani était à la mamelle. — Comment, vous le rajeunissez ! M. Sébastiani touchera bientôt à la soixantaine.—Eh bien ! c'est la preuve que M. Sébastiani était encore à la mamelle à trente ou quarante ans. Car c'était pendant la guerre d'Espagne ; M. Sébastiani était alors général et commandait un corps dans la Péninsule. Deux nourrices fraîches, jeunes, florissantes d'embonpoint et de santé, le suivaient continuellement. Elles marchaient avec le général et ne le quittaient pas plus qu'une nourrice n'abandonne son nourrisson. Puis tous les jours et plusieurs fois dans la journée, le guerrier devenait enfant; Il se pendait au sein de sa nourrice, et alternativement à l'une et à l'autre. C'était un singulier spectacle que de voir le général en grand costume, suçant le lait comme un bambin, et parodiant le tableau bien connu de la charité romaine. Puis, quand on s'étonnait de cette bizarrerie, et lorsqu'on lui en demandait le motif, le général répondait gravement qu'il était poitrinaire, et que les avis des médecins lui avaient ordonné le lait de femme comme moyen de guérison. je ne répondrais même pas que M. Sébastiani ne suivît encore maintenant le même régime et que deux fraîches nourrices ne fussent chargées du soin de restaurer la santé du diplomate.

— Les mères de famille éprouvent souvent l'embarras de savoir à qui confier l'éducation de leurs filles, surtout celles qui habitent nos villes de provinces et qui désirent placer leurs enfans dans les institutions de Paris. Nous croyons rendre service à nos abonnées en appelant leur attention sur celle que dirige Mme Levino, au pavillon Mazarin, faubourg Saint-Denis, n° 206. Nous pensons ne pouvoir mieux leur recommander cette dame, qu'en leur donnant pour garantie l'auguste protection dont l'honorait madame la duchesse de Berry, qui savait si bien distinguer et encourager le zèle des institutrices qui s'occupent consciencieusement de leurs élèves.

—*La peau de chagrin* dont la publication était si impatiemment attendue, paraîtra lundi prochain, sans remise. Dès le jeudi suivant, elle sera dans toutes les mains; tout le monde voudra la lire. *La peau de chagrin* est et sera longtems un écrit de circonstance.

— Nous recommandons à nos lecteurs le nouvel écrit de M. Frédéric Dollé, intitulé *Réflexions d'un Royaliste*, avec cette épigraphe : « Il est plus glorieux de se relever d'une faute, que » de n'être jamais tombé. » In-8°, prix 2 francs, à Paris chez M. Blaise, rue Férou Saint-Sulpice, n° 24, et chez Dentu au Palais-Royal. Le livre de M. Dollé est plein de remarques curieuses, de vues sages. L'auteur a voulu prouver, et ce n'était pas difficile, que les royalistes ne veulent que l'*ordre*, la *liberté* et la *gloire* de la France.

—Les Mémoires de madame la duchesse d'Abrantès que vient de publier le libraire Ladvocat, sont en ce moment le livre à la mode. Nous rendrons compte prochainement de cet intéressant ouvrage dont nous publierons différens extraits.

LA MODE.

Pl. 162. Une robe de mousseline à bouquets de fleurs jetés du magasin des dames à la mode. — Chapeau de paille de riz, avec des plumes roses de madame Céliane Martin, place Vendôme n° 2. Pélerine de batiste brodée.

Une robe de foulard du Bengale à rosaces blanches, au milieu desquelles se trouvent une fleur. — Chapeau de paille de riz de madame Céliane. Fichu de mousseline à col en sautoir, de madame Minette, rue de Rivoli.

Pl. 163. Une robe de mousseline.—Chapeau de paille d'Italie des magasins d'Herbault.

Habit de drap noir et pantalon de coutil anglais de chez Blin, rue d'Amboise.

Ensembles de toilette. — Une robe de châly fond blanc, bouquets jetés de grappes de lilas. — Une pélerine de mousseline plate, un peu carrée devant, faisant la pointe sur l'épaule, brodée dans les dents qui la bordent tout au tour. — Double col de mousseline brodée. — Une cravate de gros de Naples moitié vert moitié rouge. — Un chapeau de paille d'Italie avec une touffe de brins de plumes d'autruches. — Des brodequins de prunelle gros vert.

Une robe de jaconas blancs, pélerine de batiste brodée. — Cravate et ceinture vertes. — Chapeau de paille de riz, — bouquet de dix plumes blanches et vertes, de madame Hocquet, rue Ventadour, n° 11. — Brodequins de gros de Naples et maroquin noir. — Gants de fil d'Écosse, blancs

COIFFURES. — Nous avons vu de jolies guirlandes, convenant parfaitement à une toilette d'été pour le bal, avec une robe de mousseline, de gaze. — C'est une imitation de racines de corail. — Dans des cheveux blonds, ces guirlandes sont charmantes. — Celles que nous avons remarquées venaient de chez *Nattier*.

Pour la paille de riz surtout, et encore le crêpe, les fleurs qui sont aussi bien que les jacinthes doubles, sont trois branches de pied d'alouettes de couleurs variées.

Ces deux espèces de fleurs sont aussi fort choisies pour coiffures de bal.

ROBES. — Pour les bals ou matinées de réunions, les robes continuent à être simples. — Quelquefois à de la mousseline on place un chef d'or, — ou un ruban lamé d'or. — Des organdis peints, du crêpe à forme tout unie, — des gazes.

Pour le matin toujours même forme, draperies croisées pour le châly et la mousseline de laine. — Draperie, et pélerine décolletée pour la mouseline blanche ou de couleur, — façons de peignoirs pour les jaconas.

MEUBLES ET OBJETS NOUVEAUX. — L'argenterie se fait sur des modèles anciens, à moulures gothiques. — Le manche de la fourchette et de la cuillère sont moulés en bosse aux extrémités. — Chaque pièce de service est du même genre. — Les cafetières sont d'une forme moins élevée, — quelquefois il n'y a point de pied, — un manche d'ivoire est bien.

Il y a aussi un autre genre, c'est une gravure, sans saillies; sans incisions pour ainsi dire, car elles sont insensibles. — Ceci est moins adopté. — Nous pourrions indiquer de charmans modèles venant de chez Fossin et de chez Franchet.

Pour des ameublements de campagne, on fait des meubles en bois vernis recouverts en étoffe de coton à fleurs. — C'est simple et est accueilli avec d'autant plus de généralité qu'à Paris, ce genre serait peu adopté. — Il est réservé pour la recherche de simplicité à laquelle on tend dans une habitation toute d'été. Également pour la campagne, nous indiquerons des pendules de marbre à ornemens de bronze vert, — toute la garniture de cheminée est semblable. — Pour donner une idée nous nous bornerons à en indiquer une qui vient de chez *Marchand, rue Richelieu, n° 59*. — La pendule est une espèce de socle en marbre, diminuant de largeur dans le haut, comme une pyramide, — mais pas en pointe, — le cadran est simplement marqué par les chiffres faits en bronze, en relief, posés en rond sur le marbre, — à cela se joignent deux vases de bronze de forme Médicis, élevés sur un socle de marbre.

Les ballons aériens dont Alph. Giroux est l'inventeur, se sont encore perfectionnés chez lui cette année. — De plus on les trouve disposés pour s'enlever avec un appareil de gaz. — Cet appareil très-portatif, donne à l'ascension du ballon beaucoup de force.

Des gravures, des livraisons imprimées de quelques feuilles, brochées, — destinées à être regardées souvent, se placent sur une table où elles sont bientôt gâtées ; pour les maintenir, il se fait des *porte-cartons* à jours, qui tiennent fort peu de place et gardent soigneusement les objets qu'ils renferment. Chez *Lesage*, rue Grange-Batelière.

Dans ce magasin, les plus jolis meubles de salon. — Petites tables à ouvrages, tables en guéridons, jardinières, étagines. — L'extrême supériorité que cette maison conserve sur les autres, est d'offrir un choix innombrable et des objets d'un goût parfait.

L'OMBRELLE

ET

LE RIFFLARD.

(HISTORIQUE.)

Ce qui me plaît le plus dans l'histoire du siècle ce sont les faits privés, les petites actions : car la vie se compose de cela plus que d'autre chose, et les rois eux-mêmes n'ont pas toujours l'occasion de poser dramatiquement. Aussi je préfère de beaucoup l'anecdote, indigne du *Moniteur*, aux solennités d'apparat qui font briller l'éloquence officielle. Vive Plutarque et Charles Nodier! C'est dans l'anecdote que le cœur se montre impromptu, tandis qu'aux grands jours, les puissances ont une âme d'étiquette, et dans les manières je ne sais quoi d'appris par cœur dont on se doute instinctivement quelle que soit la délicatesse de jeu du comédien.

Or donc, par une après-midi du commencement de l'été, un Monsieur d'une taille moyenne, d'un air tout aussi bourgeois que je sache, d'une figure tout aussi franchement citoyenne que qui que ce soit, sortit des Tuileries par la grille dont l'issue se trouve sur la place de la Révolution, au bout de la rue de Rivoli. Il marchait à petits pas, car il donnait le bras à une jeune dame, qui pouvait être à son quatrième mois de grossesse. J'avouerai que parfois une dame qui passait près de lui, et qui en valait la peine, lui donnait de certaines distractions, mais rapides, et comme réprimées par le sentiment de sa dignité conjugale. A quelque distance, sérieux et droits comme des domestiques de bonne maison, ses gens le suivaient. Au détour du parapet d'un de ces vilains fossés, où sont de jolis jardins en cave, et qui ont dû disparaître sous cinq ou six gouvernemens aujourd'hui disparus, ce Monsieur, sur la prière de sa femme, fit un signe à son monde qui reprit le chemin des Tuileries. Le couple se mêla ensuite au peuple qui foisonnait alors, car des nuages légers tempéraient agréablement le soleil, et cette fraîcheur, alors rare, attirait dans les promenades. Sous le quinconce des Champs-Élysées surtout, la foule était grande, traversée de mendians et de chanteurs comme d'usage, et les modes du jour s'étalaient, en gaze, en soie, en dentelles sur deux profondes lignes de chaises. Après avoir épié sur le visage de la dame, de fugitifs symptômes de lassitude, le Monsieur proposa de s'asseoir, et sans égard à la magnificence des toilettes d'un groupe de gens plus qu'endimanchés, il alla d'un air négligent, de l'air d'un homme qui ne songe pas du tout à ces inconvenances-là, mettre sa modestie en voisinage avec leur vanité. Son costume et celui de sa femme étaient fort simples. Avec le sentiment de sa position, on s'habille comme cela chez les fortunes décentes. Rien de plus, rien de moins, et d'ailleurs ils n'y pensaient ni l'un ni l'autre, parlant à voix basse, comme un bon ménage. De vous faire le détail de leurs traits, je n'aurai garde ; ce ne serait pas le compte de mon récit. Or, voilà que, tandis que le couple causait de je ne sais quoi, et que sur la figure sicilienne de la dame, il y avait une de ces joies mélancoliques dont les mères ont seules le secret, vint se jeter, à travers cette causerie, la loueuse de chaises, squelette envoyé par Dieu sur terre dans un de ses jours d'avarice, et grimaçant un sourire maussade en ouvrant une main sèche et ridée : « Huit sous! Monsieur. — C'est bien, madame.» Et notre homme de se fouiller à droite, puis à gauche et dans les basques de son habit, pas un sou! Il se lève brusquement, il consulte les regards de sa femme, tourne sur ses talons, regarde au loin! personne. « Eh bon Dieu, madame, j'ai oublié de mettre de l'argent sur moi. — Oui, je le conçois : je le vois bien. — Fort aise que vous conceviez, sur ma parole! mais je ne vous oublierai pas. — Oh sans doute, et comme tant d'autres! je suis faite à ces choses-là, voyez-vous.—En effet, cela doit vous arriver quelquefois.—Quelquefois! Monsieur; cela nous arrive tous les jours. » Et la loueuse de chaises prenait peu-à-peu ce ton impertinent que l'on a pour les petites gens de rien quand un brillant auditoire est là pour y sourire « Eh! madame, pensez-vous donc que je veuille vous faire tort? — Il faut bien que je me contente de la monnaie de vos promesses, puisque vous n'en avez pas d'autre à me donner : mais quand on connait le fond de sa bourse, on ne s'expose pas. —Voilà qui est par trop original», dit le Monsieur un peu piqué : puis se ravisant et avec un sourire : « Il faut que vous ayez, ma belle dame, la complaisance de garder cette ombrelle et de ne la remettre qu'à la personne qui vous présentera un gant de cette couleur. » L'arabe féminin, toisa d'un air de mépris l'ombrelle à branche de roseau, à franges vertes, du geste d'un changeur qui suspecte un écu rogné, haussa les épaules et voulut bien consentir à garder cent fois, ou plus, la valeur de sa créance : mais ce couple sans le sou fut à jamais perdu dans son imagination, et les spectateurs les plus proches de cette scène purent remarquer qu'elle avait grandi de trois pouces.

« Voilà qu'on nous regarde, mon ami, retirons-nous. — Pourquoi? — Je t'en prie. » Et cédant à ce desir, en le traitant d'enfantillage, notre homme reprit son rôle de soutien complaisant, et se perdit aux yeux de ses voisins dans les vertes contr'allées dont il gagna lentement les pelouses; non sans faire un salut profond à la loueuse de chaises qu'il retrouva sur son passage et qui se garda bien de le lui rendre.

Comme en riant du meilleur de leur âme, ils suivaient au hasard le premier chemin venu, une petite pluie les surprit sur le boulevard de la Madeleine. « Bon! et tu n'as plus ton ombrelle.—Eh bien! pressons le pas mon ami. » Et on le presse : mais la petite pluie devient une ondée et voilà que de toutes parts, hommes, femmes, enfans, on se met à courir, à se ranger sous les auvens, à se camper sous la protection de grands arbres, au feuillage calciné maigre et poudreux, d'où il pleut de la boue lorsqu'on s'y range à couvert : « Prenons une voiture !... cocher ! — Je suis retenu, notre bourgeois. — Mais c'est donc une malédiction ! Je suis fou de n'avoir songé à rien ! La leçon est bonne ! Voyons, Caroline, il faut faire comme tout le monde ! » Et l'aidant à courir de son mieux, en la soulevant par les bras, il s'élance vers la rue Duphot. L'ondée alors devient une averse. Des bouffées de vent et de pluie leur frappent au visage. En un clin d'œil les ruisseaux se gonflent, le pavé reluit et glisse : et le haut bord des toits, fort ingénieusement privé de rigoles, verse l'eau sur les trottoirs comme les cascades de Saint-Cloud dans leurs bassins. Par bonheur une porte cochère se présente et l'on s'y abrite en sueur, entre deux courans d'air glacé.

Le balai à la main, les lunettes sur le nez, charriant les eaux engorgées sous le vestibule, un vieux portier en tablier de cuir, à l'aspect de la jeune frileuse qui grelotte et rajuste son vêtement, ote poliment son loutre usé jusqu'au parchemin, et le tendant avec une révérence vers la loge qu'il indique : « Si madame veut... Si monsieur me faisait l'honneur... dam' c'est étroit; mais il y fait plus chaud qu'ici. Cette petite dame pourrait s'enrhumer : et dans son état....

On n'a pas le choix : l'offre du bonhomme est cordiale : on entre chez lui. C'est un industriel qui cumule : il est portier et savetier. Ici des formes par terre; là au plafond, des bottes ressemelées, à droite, à gauche, des clous, des tranchets, des marteaux, des alènes : partout une forte odeur de poix et de cuir ; dans un coin le coucou de six francs avec son balancier qui se dandine : dans l'autre une pie qui piaille et au milieu une mauvaise lampe devant un globe de cristal, parce que la fenêtre est si basse, si contrariée par des losanges de fer, qu'il ne fait jamais jour dans cet antre. Notre portier est galant : il sait ce qu'on doit au sexe. Il offre son fauteuil de cuir. Un portier n'est jamais un âne. Il sait toujours quelque chose de désagrable pour ses locataires : et comme celui-ci devine bientôt qu'il amuse, il va, il va, écrasant les réputations pour tuer le tems, aiguisant même la facétie politique, parce que l'épigramme populaire est en définitive le seul impôt forcé qu'on subisse aux Tuileries. Sur ce point, il a trouvé son homme, car le monsieur rit aux éclats, ce qui stimule la verve de son hôte. Il y a des fragmens de raison dans la tête du savetier! Son jugement a des lubies! C'est plaisir de voir notre homme gesticuler avec son tirepied pour dire le fait aux meneurs du royaume : d'ailleurs il est vieux républicain, et Napoléon, qui est en Amérique, doit bientôt revenir! Et par forme de paranthèse, il tire le cordon chaque fois que l'on frappe et il drape chaque nouveau personnage qui dessine sa silhouette sur les vitres de la porte. Je laisse à juger l'entretien. Cependant l'averse est devenue un orage et la dame qui souffre, commence à s'impatienter. Le portier s'interrompt. « J'ai bien là un rifflard; si josais vous le présenter? Il n'est pas beau; mais il est large. » Et il déploie un parapluie de six pieds d'envergure, monté sur un bâton de quatre pieds avec des rajoutes d'étoffes de toutes les couleurs en triangles, en étoiles, bariolage sans pareil : « Excellent en vérité, s'écrie le monsieur.— Non! pourtant on est à couvert et c'est l'essentiel. On vous fera peut-être de méchans quolibets: vous en rirez.— C'est ce qui m'arrive souvent, mon ami; mais vous fierez-vous bien à moi pour ce parapluie. — C'est bon! c'est bon. — Je demeure à deux pas. — Je vous dis que je me fie à vous. Je vois bien que vous êtes un honnête homme. Tel qu'il est, après tout j'y tiens, car je n'ai pas le moyen d'en avoir un autre. Mais tout ce que j'ai est à votre service. »

Enfin l'on se quitte.

Une heure après, un valet-de-pied remit chez l'honnête savetier le précieux rifflard et quatre billets de mille francs de la part du duc de Berry.

Puis le valet-de-pied s'achemina vers les champs-Élysées, chercha la loueuse de chaises et lui dit avec le plus grand flegme : vous connaissez ce gant madame? Voilà huit sous que le duc de Berry m'a chargé de vous remettre pour retirer l'ombrelle de la Princesse.

Second extrait des 4,997 noms décorés qui se trouvent portés sur les trois listes des héros et des héroïnes de juillet, (toujours par un camarade de M. Demontalivet qui n'a pas encore appris l'orthographe et la ponctuation.)

(Toujours aussi et plus que jamais, Honny soit qui mal y pense)

Caen Napoléon Gouvernet Paris, Jacques-Publicain, Mutius-Scévola-Monchy, Messidor-Brutus-Rudeau, Madame Desmarandes, *la femme* Cohade, Vivion Tranquille Cosme-Baptiste. Maix Carrion-Nysas, Barginet, Mérimés, Chabannes, Onmiz Lafrance Amal. Ergaux, Monsieur Leprètre-de-Châteaugiron, Menagé Nicolas-Sauvageot, Gâtebois; Pato-Grancour, Torchon Tripier, Moulinet Têtu. Seyé Prudent J. F. Breton!

Poyn Doremus Dupape! Allon, l'abbé Guillon, Levêque Anerbe, Benisson Labbey Grégoire, Lapioche, Lappelle, Lafosse Dupaire Lachaise!

Gay, Gay! Ricateau, Jolibois, Chapotin, Jeancolas! Tautin! Suivay Gilles-Murat, Testeforte; Jean Debry, Ours-Fringant; Oyer Brayer Lechanteur Ducoing, Lavigne, Appollon-Buse, Haveck Mille Sainsans Mazet Anroué. Vertu Bleu! Quay Lheureux Acquord! Leroy Boniface Lecocq, Napoléon Crochet, Nicolas Godard, Pouce-Dieu, Turoy, Sondt Camarade Come Petit Cochon. Illest Aimé Leroy Philippe! — Parqui — Pard Mademoiselle Julie Bourbion, Perdrix Gelée.

Camille-Perrier (Malin Compère), Parent Delaigle François, Berne Girod (de l'Ain), Nestor Delafolie; Epourd l'abbé Louis, Luzuret Levieux Sanson Marqueron Levillain Marau. — Victoire! Amiz Perrier; Lafitte Gettey Dehors; Salomon. — Benjamin-Levy Aural Sestaire, Ellegrot Mouton Lascherat Lecluse.

— Oreste, Seigneur Casimir Leblanc, Lerouget, Lebleu, Redouté Lenoir!

Madame Banquesue, Lheureus Hérodière; madame Messire-jean, Durpoyr d'Hyver; madame Barbon, Jambon desiré, madame Béret, née Bourgeonnet; *mam'selle* Charmeusac, Enfant Delaballe! Arrestay Darcourt Lechat Botté! Açomey Rastignac, Mazure Delachevalerie! — Lejeune Gournay, Gentil Barbichon Colombin, Désaule Lamour Post-Théodore Leclair, Sauvey Lepage!

Mam'selle Boucand, Fol Allier; *mam'selle* Jaunet, madame Grosjean, Gardienne Descharmes Destroits Graimbelle; Voyer Dont Uranie-Baric, Quidy Joray Lejeune Klein, Labbé Félaisse, Napoléon - Huart, Pierre - Prou, Gourdin Noirot, Poulain Joyeux? — Autoy! Modeste Aglaé Pinot, femme Quillet! Simple Asperge Verte Aubin-Marie! Hétu Hébé? Dic Lemoye, Hétu Houry?..... Céleste Aglaé Quillet, née Pinot!

Quantat Marguerite Landragin, Laloche, Lecomte Sébastiani Lacharme!

Olé Phénice Desfemmes! Sassety Battue?...

Théâtres.

VAUDEVILLE.

Debut d'Henri Monnier. — Première représentation de la Famille impromptu, *scènes épisodiques.*

Ce n'était pas là un début ordinaire; il y avait foule, foule de public payant, car tout ce qui dans la salle pouvait se louer était loué. — Foule d'amis pourtant, car il n'était personne qui ne s'associât, de vœux et d'espérance, au premier pas d'Henri Monnier dans sa carrière nouvelle. Pour lui comme pour tous artistes, sculpteurs, peintres, musiciens, de mauvais jours sont venus, et il a pris son parti gaîment : il a changé d'état, ou plutôt, non, il n'en a pas changé; il a seulement emprunté une autre manière de traduire ses idées. Les types qu'il jetait sur le papier, si vrais, si vivans, si pittoresques, il a voulu les réaliser au théâtre, et il a dit : Moi aussi je suis comédien. Henri Monnier est véritablement un artiste, si par artiste on entend celui qui crée. Il avait pris sur le fait tous ces originaux avec lesquels il s'était identifié, qu'il nous faisait connaître comme des gens qu'on voit tous les jours. Il vivait, pour ainsi dire, de leur vie d'employé, de petit commis; il vivait de leur vie de grisette. Vous connaissez *les scènes populaires* d'Henri Monnier, ce sont les personnages dont il endosse aujourd'hui la figure, le costume, le langage, toute l'individualité. La pièce est de lui; nul n'aurait pu les saisir comme celui qui les a faits. Il faut le dire, chacun redoutait pour Monnier ce brusque passage de l'abandon, de la joyeuse familiarité d'un salon ou d'un atelier au grand jour de la scène. Aussi quand il a paru, quand il a chanté ses premiers couplets d'une voix mal assurée, comme chacun s'efforçait de l'encourager à force d'applaudissemens! On tremblait presque autant que lui; mais bientôt, sous le travestissement des quatre personnages différens reproduits par lui tour à tour, il a fait preuve du plus véritable talent, et s'est, dès son début, placé au rang de nos meilleurs comédiens. Son masque n'est pas sans quelque rapport avec celui de Lepeintre aîné; il change de visage, de voix, avec une flexibilité étonnante. C'est surtout dans *M. Prud'homme* qu'il faut le voir; le *M. Prud'homme* des scènes populaires, tel que vous et moi le connaissons, depuis le nœud de sa cravate jusqu'à son paraphe. C'est Perlet, mais Perlet avec une gaîté plus communicative. ce n'est point de la caricature; il n'y a point là de charge; c'est un talent d'observation, un talent de fine et spirituelle comédie à vous ravir. Et ici je confonds l'auteur et l'acteur dans les mêmes éloges. *La Famille impromptu*, comme toutes les pièces du même genre, n'est qu'un canevas; c'est moins que rien, quand au fonds, mais les bonnes saillies, les mots piquans y abondent. On a ri aux éclats. Après la pièce, Henri Monnier a été demandé avec transport; il a reparu tremblant d'une émotion qui n'était point jouée, je vous assure. Pauvre Henri Monnier! Il pouvait à peine se soutenir. Brillant succès qui ne fera que s'accroître quand les représentations suivantes auront donné à notre artiste, mieux sûr de ses effets, plus de confiance et plus d'aplomb. Qu'il poursuive : qu'aux travestissemens il fasse succéder d'autres rôles, nos bravos l'y suivront; mais que parmi ses études nouvelles, ses crayons ne soient point oubliés. Il ne faut pas que l'excellent comédien nous fasse tout-à-fait perdre le spirituel dessinateur. N'oublions pas, dans nos félicitations, le directeur qui l'a accueilli. Voilà la foule fixée pour longtems au Vaudeville.

— Cinq actes de comédie de l'ancienne école, consciencieusement rimés en alexandrins, c'est un phénomène par le tems qui court. *La crainte de l'opinion*, jouée lundi au Théâtre-Français, est une œuvre fort estimable où des qualités de style peu communes aujourd'hui, rachètent suffisamment les défauts que l'on peut relever dans l'action et la contexture de l'ouvrage. Ce n'est point assez pour un succès d'argent, mais c'est assez pour un succès très-honorable. David, Menjaud et Mlle Brocard ont bien joué les principaux rôles. L'auteur est M. Barrault, l'un des prédicateurs les plus renommés de la religion Saint-Simonienne. On n'a pu s'en apercevoir qu'à une tirade où, sans que l'on nomme le nouvel apôtre, ses doctrines et leurs miraculeux effets sont assez clairement annoncés. Nous ne demandons pas mieux que de voir se réaliser l'admirable avenir que nous promet M. Barrault; mais au train dont vont les choses, ce pauvre monde n'en prend guère le chemin. Au reste, il paraît que les fonctions actuelles de l'auteur lui imposent l'obligation de renoncer au théâtre et que son premier ouvrage sera aussi son dernier.

— Un vaudeville en un acte, intitulé *les Croix et le Charivari*, a complètement réussi au théâtre des Variétés. La profusion avec laquelle le gouvernement jette les croix d'honneur à la tête du premier venu, appelait l'épigramme scénique, et l'épigramme est venue flageller cette autre sottise du juste milieu. La satire est acre et vive, mais elle est toujours spirituelle; aussi les croix et le charivari ont réussi au théâtre comme dans le monde; succès de satire et de moquerie. Le gouvernement n'est pas épargné dans quelques couplets, et ce sont ceux qui ont été particulièrement redemandés. Jugez par cela de la popularité du pouvoir. Cette pièce est de l'opposition en couplets et de la satire en vaudeville. *Les Croix et le Charivari* doivent attirer la foule au théâtre des Variétés, comme dans les provinces les charivaris réunissent le peuple sous les fenêtres des préfets, des procureurs généraux, ou des décorés de contrebande. Les auteurs de cette spirituelle et maligne bluette, sont MM. Lheric, Brunswick, et un homme d'esprit déjà connu par quelques ouvrages, qui se cache sous le nom de Céran.

— On annonce pour mercredi prochain à l'Opéra, la première représentation de l'*Orgie*, ballet dont la musique est attribuée à M. Caraffa et *les paroles* à M. Scribe; nous avons entendu dire merveille de cet ouvrage; la scène se passe en Espagne, et les décorations et costumes sont, dit-on, d'une exactitude surprenante; le principal rôle du ballet de *l'Orgie* sera rempli par mademoiselle Legallois; on parle d'un pas de trois dansé par mesdames Julia, Noblet et M. Perrot; on le dit d'un effet ravissant.

Revue de la Semaine.

DIALOGUES ENTRE DES OISEAUX DE BASSECOUR, DE RAPINE ET DE PASSAGE.

Non ces oiseaux que la mère d'amour
Met à son char, mais le peuple Vautour
Au bec retord,
A la tranchante serre,
Pour un chien mort
Se fait, dit-on, la guerre.
Il pleut du sang! je n'exagère point.
Si je voulais conter de point en point
Tout le détail, je manquerais d'haleine.
LAFONTAINE.

Préambule indispensable pour l'intelligence des scènes qui suivent.

Les principaux interlocuteurs de ces innocens dialogues sont d'abord, un Grand-Aigle. On l'appelle indifféremment Poussin-Gaulois, Grand-Poulot, Sansonnet-Mignon et Pierrot-Pincemaille.

Ensuite une Outarde brune, à tête noire. C'est un individu qui jouit d'une grande considération parmi les oiseaux, attendu l'élévation de sa taille et la dignité de ses allures, la sévérité de ses principes et la délicatesse de ses sentimens.... Si l'on avait à parler de certains avantages d'un ordre plus matériel, on pourrait ajouter que la chair en est assez consistante et que le fumet en est tout-à-fait distingué.

De plus, une Pintade-Argentée, qui fait des toilettes *mythologiquement* singulières, et qui dit des choses *pyramidalement* curieuses. Elle a l'ambition d'obtenir une place auprès d'une Grue-Couronnée, qui voudrait passer pour célibataire.

En outre, une charmante Poule-Faisanne, à qui l'on reproche seulement d'être un peu menteuse, et d'être, comme on dit à la Chaussée-d'Antin, *remarquablement cancanière.* Elle est originaire des forêts de l'Ukraine, et elle se trouve depuis dix mois dans un état d'exaltation convulsive et de jalousie surprenante, au sujet du Sansonnet-Mignon.

Il assiste ordinairement à leurs conférences un gros Canard, à-peu-près sauvage et toujours affamé, qui ne dit jamais rien (de compréhensible), qui n'en pense pas davantage et qui n'en digère que mieux. Il a pour épouse une petite Chouette Libérale et Pointilleuse, à laquelle il a fait prendre le titre de Marquise.

On verra paraître ensuite une véritable Dinde Anglaise, qui se montre toujours fort irascible et fort orgueilleuse (on n'a jamais pu savoir pourquoi ?).

2° Une vieille Bartavelle de Moscovie, qui se fait accompagner et porter la queue par une Poulette Pondeuse, et qui graisse la pate à un Chardonneret Diplomatique, lequel est *enrhumé* depuis dix-huit mois.

3° Un Canneton Morveux et mal élevé, qui vient de séduire une Poularde, farcie d'idées saugrenues, et de préjugés mal assortis. C'est une des volailles les plus boursoufflées, les plus éventées et les plus libérales de l'aristocratie financière.

4° Une Pie Sentencieuse et Méthodiste, qui vient d'analyser la profession de foi de M. de Lamartine, et qui disserte continuellement sur la Palingénésie de M. Ballanche. Elle est en rapport discordant avec une Sarcelle, qui voudrait soutenir la prééminence intuitive et la supériorité de M. Guizot sur M. le Duc de Broglie.

5° Une Cigogne de la Chaussée-d'Antin, qui se dispute avec une Piegrièche Irlandaise, pour avoir un Serin jaune, du faubourg Saint-Honoré.

6° Une Bécasse de l'ancien régime, qui veut épouser un Corbeau Malade (du juste milieu). Elle a pour accolyte une espèce de Colombe Silencieuse et Dédaigneuse, qui cherche un Merle Blanc.

7° Un autre Corbeau, patriote et désespéré (Il a trouvé sa Pie au nid avec un Pinson Carliste . . . . . .).

8° Deux grandes Poules Mouillées, qui sont revêtues de magnifiques costumes militaires et qui ne battent que d'une aile.

On aura la bonté de prendre garde à une petite Poule Noire!

Elle est très-Officieuse et très-Industrieuse.

On verra qu'elle est, en outre, quêteuse et crasseuse.

Elle élève à la brochette une petite Allouette-Cendrée, qui paraît très-chatouilleuse et très-astucieuse.

On verra paraître ensuite une Buse Constitutionnelle et Mélancolique, qui porte le deuil d'un Oiseau de Proie, et qui se console avec un Pigeon-Fuyard, après s'être attendrie pour un Butor (du mouvement), et pour un Perroquet gris (de la résistance).

De plus, un Etourneau qui vient de faire pondre une Caille (en fourrière).

Un Bouvreuil Ambitieux, morose et tyrannique, lequel est accusé d'avoir fait mourir sa mère après l'avoir torturée. Il a trouvé pour compagne une manière de Mauviette Chétive et Malingre, à laquelle il a eu l'indignité de faire traîner son sabre sur le pavé de Paris, pendant les trois belles journées les plus chaudes de l'été dernier. (On a découvert depuis, à la vérité, qu'ils n'avaient pas été dans les endroits de la ville où il avait fait le plus chaud).

Enfin, une Oie Doctrinaire et spéculative qui voudrait plumer le Coq Gaulois et qui fait les yeux-doux à un Coucou Ministériel. Elle a donné force coups de pates à une Chauve-Souris de la Congrégation, bête intolérante et superstitieuse, qui prétendait que la grand'mère de M. de Montalivet *revenait* toutes les nuits dans le Parc-aux-Cerfs.

La plupart de ces Oiseaux Femelles est en guerre ouverte avec un maudit Epervier qui tourne sans cesse autour de tous les Passereaux, les Paonneaux et les Dindonneaux de la société. On sait qu'il avait arraché la queue à une Canne-petière qu'il a fait crever dans sa peau, de chagrin. Il est accusé de plusieurs crimes, et notamment d'avoir étouffé un Ortolan sur un canapé.

On aperçoit derrière tout le monde une sorte d'oiseau robuste et taquin qui cherche à désorienter une Perruche Artificieuse, ou pour mieux dire, une Grive-Tannée qu'on appelle Madame. On ignore le nom générique de l'individu mâle, on voit seulement qu'il appartient à la classe des *Chasseurs* et qu'il est de la grande espèce des *Oiseaux de nuits*.

On entrevoit encore au fond de la coulisse, à gauche, un Oiseau Mystérieux qui dirige et salarie des émeutes avec l'assistance d'une Orfraye (sorcière épouvantable!) avec un Paon qui perd toutes ses plumes. un Geai Patriote, un Chat-Huant de 93, un Oison Famélique, etc.

SCÈNE PREMIÈRE.

GRANDE-OUTARDE. — SANSONNET-MIGNON.

(La suite aux prochaines livraisons).

— C'est une femme qui voyage, une femme qui, ne pouvant entrer dans cette pauvre France qu'elle aimait tant, vient du moins respirer autour de ses frontières l'air chéri de la patrie adoptive. Marie Stuart pleurait en voyant les nuages que le vent du nord dirigeait vers la France; elle jalousait leur sort. Mais le juste milieu tremble, mais le gouvernement se meurt de peur à cette nouvelle du voyage d'une femme. Ah! vous convenez donc qu'un grand intérêt se rattache à cette princesse exilée : si ce n'était qu'une promenade, qu'un voyage de nécessité ou de plaisir.... C'est égal; nul des membres de cette famille qui, on le sait, n'excite aucune sympathie en France, ne peut se déplacer sans que tout tremble aussitôt dans les hôtels de ceux qui gouvernent. Cependant si vous êtes si forts, si cette famille est tant détestée, pourquoi cette terreur. La duchesse de Berry va sur nos frontières du midi allumer le feu de la guerre civile. Qui vous l'a dit? rêves de poltrons; frayeurs de lièvres politiques. Nous ne croyons pas que tel soit le but du voyage de la princesse; et nous ne le croyons pas, parce que nous connaissons son cœur, et que nous sommes sûrs de son amour pour la France.

— *Le 9 juillet.* C'est par une belle soirée du commencement de juillet. Quelle foule aux Tuileries, sous les arbres des boulevards, sur toutes les promenades! Paris entier s'y est donné rendez-vous, et pourtant le calendrier n'indique aucune fête. Ce n'est point là cette foule qui court au spectacle des émeutes et des charges de cavalerie en groupes sombres et inquiets. Les boutiques ne se ferment point sur son passage. Non; de cette foule joyeuse, de ce bruit confus de voix, s'élève un murmure de bonheur : On dirait qu'il y a de la joie dans l'air. La façade des édifices publics et des maisons est illuminée : on s'aborde sans presque se connaître; on se félicite. Tous les visages sont rians, car il ne faut point compter quelques hommes dont les traits cachent mal un désappointement secret : encore feignent-ils de s'unir à la joie commune. — « Quel bonheur! — Quelle » gloire pour la France!... Vive le Roi! » Partout ces mots éclatent. A quatre heures, au signal du télégraphe, le canon des Invalides s'était fait entendre.... C'est le canon des Invalides qui annonce les fêtes et les victoires, et une victoire, c'est une fête en France. On a prêté une oreille avide... Une même pensée s'est partout répandue avec la rapidité de l'éclair.... On ne s'est pas trompé.... C'est une victoire, c'est la victoire la plus noble et la plus pure, celle que tous les peuples avaient tentée vainement, et dont il était réservé à la restauration d'embellir nos annales militaires. Dans tous les théâtres mille acclamations viennent d'accueillir la grande nouvelle. Honneur à notre brave armée... Honneur au noble chef qui la commande! Que les hommages de la France consolent son cœur paternel du fils qu'il lui a sacrifié, vaillant jeune homme que sa mort a rendu le fils de toutes les mères! Que les nations, affranchies désormais d'un fléau, ruine de leur commerce, bénissent le souverain dont la sagesse les en a délivrées. Ce drapeau blanc qui flotte là sur la colonne, ce drapeau qu'a déjà salué la Grèce comme un signe de salut et de liberté, il flotte à présent où jamais drapeau européen n'avait flotté avant lui. Quel triomphe pour notre France! Combien il embellit encore un avenir, déjà si brillant de toutes les splendeurs du commerce, de l'industrie, des arts et de la paix. Et ce royal enfant qui grandit auprès du trône! Songez que c'est dans peu de jours sa fête! Voilà le glorieux bouquet que lui offrent nos soldats. Ils ont appris de bonne heure à le connaître et à l'aimer. Et sa mère, cette Française d'adoption dont la présence est partout un signal d'allégresse et de gaîté, sa mère qui aime tant à se mêler à nos jeux, à nos spectacles, qu'elle vienne, qu'on la reconnaisse, que notre amour la salue! Ah! Paris est bien aujourd'hui la joyeuse capitale du monde! comme la ville est gaie! comme elle est brillante! C'est vraiment un beau jour que celui-ci!

.... Un an s'est écoulé... nous sommes au 9 juillet. Le même jour est revenu. On se promène encore sur le boulevard; mais il n'y a plus d'arbres ni de gaîté. Le canon des Invalides, le canon de victoire n'a point retenti. Si le tambour se fait entendre, on prête une oreille inquiète et l'on se demande quelle nouvelle émeute le rappel vient de signaler. A chaque pas ces funestes mots : « *Magasins à louer* » sont inscrits sur les boutiques. L'avenir est menaçant, le crédit baisse, le commerce meurt, les arts expirent. En revanche nous avons une Charte-Vérité, les couleurs nationales, un budget de 1,600 millions, M. de Montalivet, les visites domiciliaires et la diplomatie de M. Sébastiani. Le gouvernement a raison de craindre les comparaisons, et de trembler à l'approche des anniversaires.

— Voulez-vous éviter une sérénade avec casseroles et chaudrons, un charivari en un mot? Passez une revue à l'heure du charivari. Le général Roguet s'est bien trouvé de la recette. Il avait reçu l'avis qu'on lui préparait à Lyon un charivari semblable à celui de Grenoble ; à la brune, il est monté à cheval, et il a passé une revue de tous les régimens de la garnison sur la place Louis-le-Grand. Par ce moyen adroit, le général n'a entendu d'autre charivari que les airs exécutés par la musique du régiment.

— Malheureusement, M. Persil n'avait pas de régimens à passer en revue, comme M. Roguet, aussi a-t-il reçu, en arrivant à Condom, le plus beau charivari qui se soit donné de mémoire de député ; par terre et par eau, en barque et à pied sec, les musiciens l'ont accueilli de toutes les façons. On eût dit un charivari sortant du fond de la rivière et des entrailles de la terre. Nous avions oublié de faire mention dans *la Mode* de cette brillante réception. Pardon de l'oubli, M. Persil.

—On a affiché en Belgique le placard suivant : « mardi 28 juin.
» répétition de : *les Protocoles*. mauvaise farce en 26 actes, par

» cinq auteurs associés. Au dénoûment, décharge générale » d'artillerie et combats à outrance. Il y a dans la pièce un » traître et plusieurs niais. Dans l'entr'acte, on chantera une » cantate sur les douceurs de la paix. »

— Quatre-vingts demoiselles avaient été invitées par les autorités de Metz à présenter des fleurs à Louis-Philippe. Soixante-cinq environ ont refusé. Une d'entre elles, mademoiselle C..., a motivé ce refus en disant qu'il n'y avait pas assez longtems qu'elle avait présenté des fleurs à Charles X.

— De nombreuses proclamations des sociétés populaires engagent tous les patriotes à mettre à leur chapeau la cocarde tricolore. On en a déjà vu une douzaine.

— Halte là... Que dis-je ? non, feu ! Car je croyais qu'on observait encore ici les règles du droit de la guerre, et qu'avant de se tuer, on voulait au moins savoir à qui on avait affaire. Non ; feu ! cria l'officier, et déjà les fusils étaient en joue. C'était dans le Bocage, voilà pourquoi la troupe se conduisait comme si le pays et les hommes étaient hors la loi. Les individus qui s'avançaient portaient la casaque vendéenne, et ils étaient armés jusqu'aux dents. Ainsi, feu, tuez. Au moment où la fusillade allait s'engager, le chef de la bande fit un signe maçonnique ou carbonariste, je n'en sais rien. Les fusils se relevèrent ; l'officier s'approcha du bandit, ou du brigand, comme vous voudrez, car ce sont là des épithètes permises quand il s'agit de Vendéens. Le bandit tira de sa ceinture une carte, et l'officier son chapeau, puis il fit volte-face, rejoignit sa troupe et continua la *battue*, car c'est encore là une expression du langage révolutionnaire en Bretagne. On fait des *battues* contre les loups, les bêtes fauves et les Chouans ; vous comprenez la similitude. Or, qu'étaient ces terribles Vendéens qui avaient tout-à-coup inspiré tant d'amitié aux soldats, quel était ce chef qui avait désarmé la rudesse républicaine de l'officier ? Était-ce Cathelineau, Laroche-Jaquelin ou Charette! était-ce seulement Diot. Sortant, La Houssaye ou Delaunay? Non..... c'était..... Vidocq. La bande était une bande de faux Chouans.

— *La porte d'un Ministère en* 1831*. Holà! hé! portier! Où diable êtes-vous donc, et pourquoi vous tenez vous caché dans le fonds de votre loge? Barthe y est-il? — Monsieur? — Barthe y est-il? — Comment dites-vous Monsieur? — Eh, mille soleils de juillet! Vous êtes donc sourd, Barthe y est-il, encore une fois? — Comment cela *Bartilleti*? Que desire Monsieur? —Ce que je desire, c'est que je veux parler à Barthe : ira-t-il aussi se faire sceller à ses anciens amis, par hasard? est-ce qu'il a conservé les suisses, les halebardiers et les huissiers à la chaîne de Monseigneur le comte de Peyronnet?...... Mais que le diable vous étrangle, vous restez là comme des imbéciles et vous ne pouvez seulement pas me dire si Barthe est à la maison? — Voyez, Monsieur. — Comment ça, *voyez*, *Monsieur*? Voyez quoi, s'il vous plaît, Messire le concierge, Monseigneur le suisse de la Chancellerie royale?..... Crois-tu donc, faquin, que je veux grimper là haut, pour m'exposer à la mortification de m'entendre dire par un autre animal que le Ministre est sorti par la rue Neuve du Luxembourg, ainsi que la chose est arrivée il y a six semaines à notre ami Daunou? Je veux que tu me dises purement et simplement si Barthe est à la maison, entends-tu? Apprends que j'ai été clerc d'avoué avec ton Ministre, et que je ne suis pas fait pour faire antichambre avec des valets!..... Monsieur, voilà Son Excellence qui monte en voiture. — A-t-il l'air jésuite avec Son Excellence!.... Eh! Eh! Dis-donc! Barthe! Barthe!..... Il faut que je te parle au sujet du jugement et du recours en grâce.... Arrête, arrête donc cocher! Je veux parler à Barthe!.... Ah! tu n'as pas l'air de m'entendre et tu regardes en louchant de l'autre côté de la voiture! Tu me le paieras et je vais de ce pas voter pour Eusèbe Salverte!

* Historique.

— Il paraît que les bonnets Phrygiens en drap écarlate vont devenir à la mode, car les *ouvrières en casquette* de plusieurs quartiers du Marais sont employées depuis quinze jours à en fabriquer une grande quantité.

— M. l'abbé Châtel avait pris la peine de nous avertir dans son *Mandement* que le *Ruban Tricolore* était le *journal omnibus* de la nouvelle église française, mais comme cette gazette n'a pas cru devoir parler de la solennité champêtre que cet intéressant ecclésiastique est allé célébrer dimanche dernier dans la Banlieue de Paris, nous croyons devoir y suppléer par les détails suivans.

M. l'évêque, coadjuteur-primat des Gaules, c'est-à-dire le citoyen Châtel, est arrivé dimanche matin à Clichy, afin d'y prendre possession de l'église paroissiale et du presbytère de cette commune. Il a cru devoir publier que c'était en vertu d'une ordonnance de *Monseigneur le patriarche des Gaules*, autrement, dit le citoyen F...., marchand épicier, et soi-disant successeur de feu Messire Jacques du Bourg-Molay, en son vivant Souverain Précepteur et Grand-Maître de la Milice du Temple. C'était, comme on sait, un personnage infiniment recommandable, en ce qu'il avait éprouvé la contrariété de se voir emprisonner et supplicier, il y a seulement cinq cent dix-neuf ans, à la suite de plusieurs crimes dont il s'était rendu coupable, et dont il avait fait l'aveu, soit dit en passant, par trois actes qui sont datés des années 1307, 1311, et 1312, ainsi qu'il est aisé de le vérifier à la Bibliothèque nationale.

Il est arrivé, le 3 juillet 1831, que la garde nationale et M. le sous-préfet de St-Denis ont cru devoir interdire l'entrée des deux édifices paroissiaux de Clichy au coadjuteur de M. F...., successeur de Jacques de Molay; ce dont il est résulté que M. Châtel a fait emprunter une table de cabaret qu'il a placée dans la rue, et sur laquelle il a célébré sa messe tricolore, avec les accompagnemens d'un charivari prodigieux, exécuté par les catholiques de Clichy, des Batignoles et autres villages voisins.

Il est aussi résulté de la publication du journal *omnibus* et *patriarcal* de l'abbé Châtel que les principaux néophytes de son église sont d'abord, M. Dubras, trésorier philantropique; un M. Poinsot, qui justifie le nom qu'il porte, on n'en saurait douter; un M. Mulot à qui M. Châtel accorde la qualification de docteur; en outre, madame la Baronne-Douairière de Constant de Rebecque, veuve du patriote; et enfin une certaine madame la Baronne Royer, dont il est à supposer que madame la Marquise de Sémonville a l'agrément et l'honneur de se trouver la troisième ou quatrième belle-mère.

« Voilà les séraphins du nouveau tabernacle;
» Prosterne-toi, Jérusalem! »

— *Facit indignatio versum.* Une personne qui croyait avoir à se plaindre de LA MODE, nous a décoché l'épigramme suivante.

Ce recueil épigrammatique
Est un ouvrage *jésuitique* ;
Mais bien loin d'en prendre le deuil,
Je m'en bats l'œil.

Il se trouve peut-être une faute de quantité dans le second vers, mais la pensée qui domine et qui termine ce charmant quatrain nous a paru d'une philosophie insouciante tout-à-fait aimable. Les rimes en sont *de la plus grande richesse*, et c'était pour ainsi dire une affaire de costume habituel et obligé de la part de l'auteur. Au reste, nous rendons justice à tous les talens remarquables, fussent-ils en prévention d'hostilité contre LA MODE, et nous prophétisons à cette jeune dame qu'on la surnommera bientôt la muse du Palais-Royal et de Neuilly.

LA MODE.

Pl. 164. Peignoir de jaconas à mille raies, étoffe de Burty, rue Richelieu. — Bonnet de dentelle à nœud en cocarde, façon anglaise de madame Tocquet Cuisignier, rue Richelieu, n. 76. —Tablier de gros de Tours glacé.—Mitaines de peau de Suède. — Souliers de peau anglaise.

Figure d'enfant. Robe à pélerine tenant au corsage, étoffe de Burty. — Tablier de jaconas brodé, garni de valencienne. — Guêtres de toile écrue. — Capote de batiste d'Écosse, doublée de gros de Naples. A l'intérieur une petite ruche double de tulle.

Toilette complète de madame Tocquet.

Table INDISPENSABLE des magasins de Giroux, rue du Coq-St-Honoré.

Pl. 165. Robe de mousseline de laine rayée. — Entre chaque raie est une ligne blanche, marquée de petits damiers noirs. — De Burty, rue Richelieu. — Chapeau de paille de riz, à branches de cloches lilas, de madame Lepetit, rue Grange-Batelière, n° 1.

Robe de mousseline semée de petits trèfles blancs. — Pélerine à pans de madame Minette, rue de Rivoli. — Chapeau de moire à plumes touchées de noir, de madame Lepetit.

ENSEMBLE DE TOILETTE. Une robe de gros de Naples écru, corsage plat à dos de redingote.—Tout le long de la jupe, depuis la ceinture, où ils ont deux pouces de long, jusqu'au bas de la jupe, où ils ont la longueur d'une main, sont des brandebourgs de gros de Naples, bordés d'un passe-poil. — Depuis la ceinture, dans le corsage, ils prennent de même fort courts, et s'élargissent sur la poitrine, en venant jusque sur l'épaule. — Façon de mademoiselle Palmyre, rue Lafitte, n° 11. — Chapeau de moire rose pâle, glacé rose vif. — Une touffe de brins de plumes d'autruches, plus pâles sur les bords que vers le bas, de madame Céliane, place Vendôme.

Modes. Les cottages ne sont pas restés dans leur forme primitive; ils ne doivent plus être carrés, avançant devant la joue. — Mais arrondis. — Petits de passe, peu d'ornemens, point de rubans dessous. — Quelquefois encore une cocarde de faveurs.

On place, sur des chapeaux de paille de riz ou de crêpe, deux plumes de paon. — Elles doivent s'écarter un peu l'une de l'autre, en inclinant.

Façons de robes. Pour les robes de moire ou de gaze, pour soirées, on fait de jolis châles décolletés. — Ronds, à dents rondes tout autour. — La dent se borde d'un petit passepoil.

Pour les toilettes d'enfant, nous ne saurions assez recommander madame Tocquet Cuisignier chez qui a été pris le costume entier dont cette livraison donne le modèle. — Il est difficile de donner plus de grâce à ces petites tournures qui n'en ont pas encore, et de mieux saisir ce qui convient à chaque âge.

Bijoux. Pour les toilettes d'été, qui sont simples de manière à défendre les bijoux de luxe, il se fait de jolies parures en mouches du Brésil. — Ces mouches sont conservées en prenant la dureté qui les rend inattaquables. — Elles ont des couleurs changeantes, qui brillent comme l'émail. — Chaque mouche est enchâssée dans un petit sabot d'or, et séparée d'une autre par une rosace. — Ces parures, qui sont rares, sont originales, bien que distinguées.

Parfumerie. C'est un plaisir, c'est une recherche de se trouver quelques momens dans les magasins de Gervais-Chardin, boulevard des Italiens, n° 15, au coin de la rue de Grammont. — De grands salons peints et frottés comme ceux d'un riche hôtel, sont garnis de tout ce qui est nécessaire à la toilette d'une femme élégante. — Le parfum délicieux qui sort de toutes les armoires, des corbeilles, des sultans, a un mélange enivrant. — Gervais-Chardin donne non-seulement ses soins à l'invention de nouvelles odeurs, mais surtout au perfectionnenement de toutes.

Son magasin offre, avec tout ce qui est parfumerie exquise, les mille petits objets à l'usage d'une femme; des flacons, des vases, des petites corbeilles de porcelaine. — Des éventails. — Puis de charmans meubles destinés à recevoir des objets de toilette, d'un choix toujours nouveau.

Ce magasin n'ayant pas de boutique, nous croyons être agréable à nos lectrices en fixant leur attention sur lui, ne fût-ce que pour avoir passé un moment agréable, elles nous remercieront de les y avoir envoyées.

Objets nouveaux. L'orfèvrerie plaquée est certainement une des inventions nouvelles qui aient fait les plus rapides progrès. — Mais jusqu'à présent, nous n'avons rien vu de plus perfectionné que ce qui se fait chez M. Hardelet, rue Notre-Dame-de-Nazareth, n° 29. —Le plaqué en or ou en argent est chez lui d'une égale solidité. — Les moulures sont soignées avec une délicatesse qui n'a pas été imitée. Les objets pour le service de table y sont en grand nombre, et sur des modèles d'autant plus nouveaux, qu'ils sont inventés par M. Hardelet, et ne viennent pas même de modèles d'argenterie. — D'élégantes et gracieuses corbeilles pour mettre les fruits, des sceaux à glace, de charmantes et toutes nouvelles cassolettes à parfums — se trouvent dans ce magasin — des couverts de vermeil. — En un mot, tout le service de table, aussi riche, aussi soigné que s'il venait de chez un de nos meilleurs orfèvres.

LE JUSTE-MILIEU AU SALON.

Êtes-vous curieux de contempler le juste-milieu dans toute sa gloire, d'admirer en détail les capacités nouvelles par qui nous avons le bonheur d'être gouvernés? Vous faut-il des illustrations civiques, militaires, administratives? entrez au salon! C'est un vrai *pandemonium* où elles se sont donné rendez-vous. En voulez-vous? en voilà! N'en voulez-vous plus? en voilà encore! La vertu vous y poursuit, l'héroïsme vous saute aux yeux, la popularité vous prend à la gorge. Ce sont là des choses trop précieuses pour qu'on ne les recherche pas, même en peinture. Venez donc : mais d'abord déposez à la porte votre canne ou votre parapluie. Les retrouverez-vous en sortant? je ne vous en réponds pas. M. Vivien en décidera. C'est un léger inconvénient : n'y faites pas attention, non plus qu'à ce vide que l'on remarque au-dessus de la porte d'entrée. Il y avait là un buste, celui de Louis XVIII. Il a péri le jour de la glorieuse victoire remportée en février sur les monumens et les fleurs de lis, pour la plus grande gloire des arts et de la civilisation. Les adorateurs de la Charte ont brisé la figure de son auteur. Bagatelle! Pour un visage de roi mis en morceaux, nous allons en retrouver une douzaine : car nous sommes aujourd'hui beaucoup plus monarchiques qu'avant la révolution de juillet : nous le sommes *onze fois* plus. Cela vous surprend? Ce que j'affirme, je le prouve. Nous n'avions au salon de 1827 qu'un seul portrait de Charles X : nous avons à celui de 1831 le bonheur de posséder *douze* Louis-Philippe, ni plus ni moins, tant grands que petits, tant à pied qu'à cheval. Je ne jurerais pas qu'il ne m'en fût échappé quelqu'un et que nous n'en eussions treize à la douzaine. Encore je ne parle pas des *dix* majestés en plâtre ou en marbre que nous offre la galerie de sculpture, ce qui en tout fait vingt-deux. Comptez plutôt. Et d'abord vous rencontrez dans le grand salon le Roi des Français à cheval et chapeau bas. Qui donc salue-t-il avec ce respect affectueux et vraiment *filial?* Est-ce le peuple souverain? à la bonne heure. Presque à côté est M. le duc d'Orléans. Son uniforme de hussard est très-beau : son tailleur est un homme de mérite. Vous verrez encore M. le duc d'Orléans en hussard, en canonnier-citoyen, enfin de toutes les façons. Tout près de lui se trouvait mademoiselle Léontine Fay : on l'a dernièrement exilée au fond de la galerie.

Attention! Au-dessous de cette liberté qui guide le peuple de juillet, voici le grand-papa de toutes les révolutions, le héros des Deux Mondes. Est-il sur son cheval de la Bastille? non; mais c'est toujours Lafayette *en cheveux blancs*, comme dit la *Parisienne*, avec une perruque noire. Par une attention délicate, le peintre a mis du tricolore dans le chapeau du grand citoyen, et c'est heureux, ma foi, car à son gilet blanc, je l'aurais pris pour un *Carliste*. Que fait-il sous cet arbre? Peut-être rêve-t-il à une nouvelle lettre aux électeurs. Je l'ignore, mais sur le vert foncé de ce paysage, le héros des Deux-Mondes me fait complètement l'effet de se noyer dans un plat d'épinards.

Qu'est ceci? Un bivouac dans la cour du Louvre. Un bivouac dans Paris! C'est un spectacle que nous n'avions pas avant l'ère de bonheur et de tranquillité que nous a amené *la grande semaine*. Au juste-milieu est un gros monsieur déguisé en officier-supérieur et aussi rond que le budget. Quel bon feu! comme *l'ordre public* se chauffe, bon! Gare aux coups de crosse! Que d'exploits à raconter le lendemain en déjeûnant! Voilà de quoi faire pâlir la gloire de ces braves que je vois là bas culbuter les Bédouins et arborer le drapeau blanc sur les tours d'Alger. Oh! les drôles qui s'avisent de vaincre avec la cocarde blanche, et de faire mentir les prédictions *patriotiques* du *Constitutionnel* et de ses confrères! Les insolens qui se permettent

sous les ordres de M. de Bourmont, de conquérir une colonie pour la France! C'est tout au plus s'ils ont mérité une place au salon : aussi la leur a-t-on faite bien petite. Pauvre M. Gudin!

C'est à n'y plus tenir pour un patriote! Encore des pavillons blancs! La flotte du *despote* Charles X affranchissant la Grèce à Navarin. Au moins nous avions pour compensation *Jemmapes* et *Valmy*. Eh! bien depuis quelques jours Valmy et Jemmapes n'y sont plus : on les a ôtés; ils faisaient pourtant si bien! Quand on voyait Jemmapes, on était sûr que Valmy n'était pas loin. Valmy appelait Jemmapes; Jemmapes appelait Valmy; et maintenant pas plus de Valmy que de Jemmapes, ou de Jemmapes que de Valmy, comme il vous plaira, car pour moi je n'y tiens pas.

Serviteur à M. le maréchal Maison, nommé par Charles X au commandement de l'armée de Morée, et qui fut depuis l'un des commissaires du 4 août à Rambouillet. M. Maison a l'air embarrassé : on dirait qu'il craint les regards du noble et loyal duc de Fitz-James que nous remarquons non loin de lui.

M. Adolphe Nourrit est un des inévitables du salon : il n'y est pas moins de quatre fois. Dieu merci, il n'a pas perdu, à force de chanter la *Parisienne* et la *Marseillaise*, le florissant embonpoint que vous lui avez vu progressivement acquérir pendant les longues et déplorables années de cette abusive et tyrannique restauration. Quatre portraits à raison de trois mentons chacun; total : Douze mentons pour M. Nourrit.

Encore Louis-Philippe; cette fois il prête serment sur un papier. Serait-ce le programme de l'hôtel-de-ville? Vis-à-vis sont des héros des trois journées qui vont se battre sans avoir l'air de songer à celui qui va devenir leur roi. C'est de l'histoire.

Nous aurions été surpris de ne pas voir M. le maréchal Soult au salon de peinture. On sait que l'ancien général de l'armée d'Andalousie aime beaucoup les tableaux, surtout les chefs-d'œuvres de l'école espagnole. En face de M. le maréchal est une scène de pillage.

Quel est ce volatile perché sur un tambour, et surmonté

d'une couronne ! Le coq gaulois ?... Un chapon de basse-cour ?.. Priez M. Débureau, son voisin, de vous l'expliquer. C'est un grand homme que M. Débureau. La révolution aurait dû se l'approprier aussi bien que Mayeux, car il y a du Mayeux et du Débureau dans la révolution ; le grotesque n'y manque pas. Son programme eût été tout aussi bouffon que celui d'aucun autre. Le susdit volatile, soit coq ou chapon, est à proximité d'un autre animal célèbre, d'une notabilité contemporaine, feu le chien Médor que retenait au tombeau de son maître sa fidélité jointe à une chaîne qui lui avait même pelé le cou. Malgré tout ce que le sujet offre de triste et de lamentable, on ne peut s'empêcher de remarquer la ressemblance de cet estimable caniche avec un gâteau de riz ; même couleur, même consistance. Il est à croquer.

Laissons à droite M. l'avocat Déquevauvilliers, lieutenant-colonel de sa légion, que l'on cite à l'exercice comme jurisconsulte, et au palais comme officier. Voilà une Magdeleine pécheresse et pénitente devant une dame dont le livret ne donne que les initiales. Devant le *preux* Quiroga, voilà M. Agier qui lui ressemble à s'y méprendre. Voilà la reine devant mademoiselle Minette, Jésus-Christ entre MM. de Laborde et Labbey de Pompières. Mais qu'est-ce que j'aperçois là ? La dissolution du Tribunat, un coup d'état s'il en fut jamais ! Notez que ce tableau a été commandé par et pour le Palais-Royal. Non loin d'une des gloires de la restauration, du dévoûment de ce brave Bisson, attaqué à la tribune par le *libéral* et *patriote* M. Destuff de Tracy, et si noblement défendu par M. Hyde de Neuville, un Polonais blessé, sur les ruines fumantes de Praga, paraît réfléchir à la politique du *juste-milieu*. Ce n'est pas en vain que M. Sébastiani l'a destiné à périr, et la prédiction semble près de se vérifier. Ici le futur roi des Français reprend possession du Palais-Royal ; c'est en 1814 : voici monseigneur le duc d'Orléans de retour en France ; par qui a-t-il été ramené ? serait-ce, ainsi que les Bourbons de sa branche aînée, par les *hordes étrangères ?* Quelle cocarde porte-t-il ? ce ne sont pas, à coup sûr, les couleurs nationales, et ce n'est pas non plus la cocarde espagnole du général Castanos... Pas de questions indiscrètes, je vous en prie. Il y a loin de l'époque choisie par le peintre et des sermens prêtés alors, avec l'époque où nous nous trouvons et les sermens prêtés et reproduits aujourd'hui par la peinture, c'est tout ce que je puis vous dire, ne m'en demandez pas davantage.

Encore et toujours le Palais-Royal et son histoire. Il y a bal, mais ce n'est pas en 1831, c'est en 1768. Il paraît que les parquets en sont glissants. Le duc d'Orléans, celui qui avait un cocher si distingué, se laisse cheoir et se casse le tendon *d'Achille* ; puisse le même accident n'arriver jamais à son petit-fils !

Assez près de la justice qui tient sa balance de travers (c'est un fait que vous pourrez vérifier, je vous le livre sans arrière-pensée), encore Louis-Philippe prêtant serment vis-à-vis du Temps, puis Louis-Philippe passant une revue de la garde nationale avec le héros des Deux-Mondes, tandis qu'un peu plus loin Bonaparte revient de l'île d'Elbe ; puis des blessés de juillet à l'hôpital. Les malheureux ! comme ils sont pâles et maigres ! ils font pitié.

On reproche en général aux têtes de Louis-Philippe leur embonpoint trop prononcé ; il importait de ne pas s'écarter de la vérité, sans tomber dans l'exagération ; il y avait là une sorte de juste milieu qui ne nous paraît avoir été habilement saisi par aucun peintre.

O Tircis du directoire ! O Céladon du consulat ! O Lovelace de l'empire, sensible Fl...., est-ce bien toi ? ce front grave et soucieux est-il bien le même qu'ont tant de fois ombragé les myrtes de Cythère, comme on disait dans ce tems là ; car tes triomphes sont déjà de l'histoire ancienne. Les dames de Berlin ont dû accuser la renommée de mensonge. Hélas ! Ce n'est plus de la diplomatie galante que tu fais aujourd'hui. Est-tu donc changé au point de tourner le dos à cette jolie femme qui derrière toi pince de la guitare ? Tu fais le cruel ! Il fut un tems où tes rigueurs n'auraient pas lassé sa constance : mais aujourd'hui, prends-y garde !... Je suppose que M. Cousin qui figure ici près de toi, t'aura présenté ses hommages à son dernier voyage en Prusse, car ce n'est pas un Diogène que notre philosophe :

les grands ne gènent pas du tout son soleil. Son *ma* se résigne même à toucher les trente ou quarante mille francs par an que lui rapporte la philosophie. Le pauvre homme! M. Cousin a pour vis-à-vis un bateleur qui fait voir des marionnettes.

Je voudrais n'avoir pas à vous montrer toujours le roi Louis-Philippe et ses sermens ; mais ce n'est pas ma faute. En voilà encore un ; c'est le dernier et le plus curieux ; le sujet est tiré de la mythologie et savez-vous quelles divinités se trouvent là. Je copie le livret : « Le prince est escorté de la liberté ap- » puyée sur la justice, soutenant la vérité et amenant à sa suite » les arts et le commerce. La force nationale est près du trône. » La renommée part pour annoncer au monde ce triomphe, » garanti par les vertus qui planent autour du roi. » Je vous l'ai dit : c'est de la fable.

Théâtres.

VARIÉTÉS.

Première représentation de la reprise des Comités Révolutionnaires.

Cette pièce n'était pas et ne pouvait pas être du goût de tout le monde ; il y a des gens pour qui les échaffauds en permanence sont un moyen de gouvernement supérieur à tous les autres ; ce sont dans le parti révolutionnaire les amis d'un ancien régime d'une autre espèce ; vous avez ouï parler de ces *ultrà* royalistes, voltigeurs de Louis XV ou de Louis XIV, comme il vous plaira, qui n'avaient rien tant à cœur que de ramener la France aux tems de Saint-Louis ou de Henri IV ; les révolutionnaires ont aussi leurs ultrà démagogues, voltigeurs de Camille Desmoulins et de Robespierre, qui ne demanderaient pas mieux que de nous faire rétrograder jusqu'aux immortels beaux jours des Marat et des Collot-d'Herbois ; aussi dès les premières scènes de la pièce nouvelle, quelques patriotes probablement admirateurs d'Hébert et de Fouquié-Thinville, ont-ils demandé que la pièce ne s'achevât pas et que le rideau fût baissé ; mais la majeure partie des spectateurs s'y est opposée avec une énergie dont je n'aurais pas cru que le juste-milieu fût capable ; après une lutte assez opiniâtre, les amis de la liberté ont eu cependant le dessous, et il a été permis aux acteurs de continuer la pièce, et au public de l'écouter jusqu'à la fin ; en sera-t-il ainsi aux représentations suivantes ? je ne l'assurerais pas : cela dépendra du plu ou moins de succès qu'obtiendra l'émeute, dont grâce aux plï cards prévoyans de M. Vivien, nous avons eu, vous et moi, souci deux jours à l'avance.

Revue de la Semaine.

DIALOGUES ENTRE DES OISEAUX DE BASSECOUR, DE RAPINE ET DE PASSAGE.

(Suite.)

SCÈNE PREMIÈRE.

GRANDE-OUTARDE, SANSONNET-MIGNON.

GRANDE-OUTARDE.

Vous disiez-donc qu'on a reçu des nouvelles de votre petit-frère le Martin-Pêcheur ? C'est un aimable et charmant volatile !

SANSONNET-MIGNON.

Il est toujours dans sa grande volière entourée d'eau-vive, il y trouve à manger du biscuit tant qu'il en veut, et les bâtons ne lui manquent pas pour y percher à sa fantaisie. Mais vous m'en parlez trop souvent pour que je n'en sois pas jaloux! On dirait qu'une extrême jeunesse est un grand mérite à vos yeux ?.........

GRANDE-OUTARDE.

Vous faites là une observation qui m'a l'air de vous avoir été soufflée par une Pintade de notre connaissance : elle y va comme une Corneille qui abat des noix, mais je lui tiendrai compte de cela! Apprenez, Monsieur le Sansonnet, que je ne suis pas encore assez dépourvue de jeunesse et de beauté pour me trouver mortifiée d'une pareille remarque, et quant à la jalousie, ce serait sans doute à moi d'en éprouver!......... Vous ne paraissez plus vous rappeler la conversation que nous avons eue dans ce charmant bosquet, d'où nous apercevions l'illumination des Champs-Elysées........ Vous êtes bien ingrat pour un si petit oiseau!

SANSONNET-MIGNON, *(d'un ton de voix clair et criard)*.

Ce n'est pas ma faute!

GRANDE-OUTARDE.

Comment, Monsieur, ce n'est pas votre faute? Mais voulez-vous dire par là que c'est ma faute, à moi?........ Prenez garde que je ne vous donne un coup de bec qui vous fasse rentrer de quatre pouces dans le sable!

LE SANSONNET, *(éperdu)*.

Mais, madame, je n'ai jamais eu l'intention de vous dire une chose....... Je ne crois pas avoir sujet de me plaindre....... Enfin, je ne me suis pas aperçu........

GRANDE-OUTARDE, *(en se radoucissant et se pinçant le bec.)*

Il vous est aisé de me choquer, parce que l'amitié me rend susceptible, mais il est difficile à mes amis de pouvoir me blesser. Je sais bien que ce n'est pas votre faute de n'être qu'un Sansonnet, mais c'est bien votre faute, au moins, de vous laisser cajoler et captiver par une Pintade à laquelle on n'aurait jamais fait la moindre attention, si ce n'était ses criailleries, la conformation de sa nuque, et les bariolages de sa robe.

LE SANSONNET, *avec une émotion qui fait honneur à son caractère.*

Ah! je vous en conjure, Outarde chérie! au nom des Aigles et du Phénix, au nom des rois et du Dieu des oiseaux, au nom de ce qu'il existe de plus sacré dans l'ornithologie, n'allez pas me couvrir d'un ridicule ineffaçable, n'allez pas répéter et faire supposer aux Carlistes, aux Impérialistes, aux Anarchistes, aux étrangers Légitimistes, à tous nos Antagonistes enfin, que je puisse avoir des affinités particulières, et même une affinité quelconque avec les Pintades!... Je vous puis assurer que lorsque celle-ci vient me parler, c'est presque toujours de ses affaires, et que je tâche toujours de ramener la conversation sur la littérature ou la politique. Comment pouvez-vous être jalouse d'une Pintade?... Ah! si vous saviez combien son caquet me paraît quelquefois.............. extraordinaire!

*

GRANDE-OUTARDE, (*triomphante et tout-à-fait radoucie.*)

Ce doit être effectivement une fameuse littérature et une fière politique, que celle d'une Pintade? Je ne doute pas qu'elle ne soit ce qu'ils appellent *classique*, et ce que nous appelions *royaliste*, il y a de cela..... combien donc?... Ah! comme le tems se passe! il y a déjà tout-à-l'heure un an! Je ne doute pas non plus que toute cette famille-là ne soit, au fond du cœur, pour les Bourbons légitimes. Le père en avait été comblé de bienfaits, et le gendre.............. Ah! juste ciel!........ A votre place, je ne pourrais jamais avoir la moindre confiance dans un Moineau si parasite et si grimacié. Mais savez-vous qu'en y réfléchissant bien, pourtant, il serait fort possible que ce fussent des opinions anarchiques que le père aurait inspirées à ces Pintades; d'abord, elles ont toujours eu l'air de Républicaines; ensuite, Monseigneur a déjà dû remarquer, en plus d'une occasion, que les impressions d'enfance, le manque de relations supérieures et le défaut d'habitudes aristocratiques dans la jeunesse, ont toujours l'inconvénient de faire naître un germe d'envie et d'hostilité.....

LE SANSONNET.

Oh non! oh non! je serais fâché que vous conservassiez sur celle que nous rencontrons, et dont nous parlons, une impression si désavantageuse et si peu méritée, je vous assure... D'abord, en littérature, elle aime beaucoup les ouvrages d'un poète nommé, ce me semble, Bonsoir..... Bonjour..... ou Lavigne, plutôt; ainsi que les pièces d'un monsieur qui s'appelle, je crois, Alexandre..... Annibal..... ou César du Mât, peut-être... Ensuite, pour tout ce qui se rapporte à l'essentiel, c'est-à-dire à la politique, je vous puis affirmer que ses opinions sont admirablement parfaites. Il est impossible de nous être plus dévoué, et s'il existe quelqu'un dont les sentimens puissent être comparés à la confiance, à la sécurité, à l'enthousiasme et à l'attachement que vous avez montrés pour nous, depuis *l'événement* en question, c'est assurément cette pauvre Pintade dont vous avez paru soupçonner l'ingénuité.

LA BELLE OUTARDE (*avec un air séducteur.*)

A défaut de la littérature, qui m'est pour ainsi dire étrangère, et dont je n'aurai pas la témérité de parler devant un oiseau qui doit être considéré comme le Frère des Muses, en attendant qu'il en devienne le Père, il me semble, qu'après une conversation où nous nous sommes parlé avec tant de confiance, il me sera permis de vous rappeler une petite affaire particulière, où la politique générale est, à mon avis, fort intéressée. — Vous pensez bien (*poursuit-elle en baissant les yeux*) qu'il ne saurait exister une Outarde assez dénaturée pour ne pas songer aux intérêts de son mari, et pour ne pas s'occuper de la position défavorable où se trouve placé...

SANSONNET-MIGNON.

J'exécuterai toujours vos ordres avec tout le zèle et tout l'empressement possibles, mais tout ce que je puis faire dans la circonstance présente, c'est de vous répéter ce que je vous avais déjà dit sur *l'activité* et la *disponibilité*. Ma famille a beaucoup moins de crédit aujourd'hui qu'elle en avait avant la révolution de juillet, et l'on n'accorde rien à mes sollicitations dans aucune division de notre bassecour. On n'est occupé qu'à nourrir les *Échassiers*, abreuver des *Palmipèdes* et apprivoiser des *Oies Sauvages*. Ah! si vous saviez combien ces animaux-là sont difficiles à diriger, à contenir, à désaltérer, et à rassasier surtout, vous feriez patienter par amitié pour nous, tous ceux de vos parens et de vos amis, à qui du moins il est resté l'abri de leur poulailler, de l'eau claire, et, si je ne me trompe, une provision d'orge bien suffisante.....

(*Ici la grande Outarde a quitté brusquement le jeune Oiseau, pour aller conter son affaire à un vieux Faisan-Doré, qui se tenait dans une volière enrichie de magnifiques tableaux de l'école de Séville, et qui s'y grattait les deux oreilles, avec un air de distraction tout-à-fait désobligeant pour les peintres et pour les solliciteurs.*)

(La suite aux prochaines livraisons.)

— UNE TANTE A SA NIÈCE.

Place Royale, 12 juillet.

Ma chère Amélie,

Vous me dites d'aller vous voir; y pensez-vous? nous sommes bloqués et claquemurés chez nous comme dans une forteresse; on est en train même en ce moment de poser une double porte à l'entrée principale de la maison, et M. de La Villette a employé toute la matinée à visiter les serrures, et à faire poser de nouveaux verrous. Vous ne savez donc pas que juillet est commencé depuis douze jours, et que c'est le mois des anniversaires et des Trois Journées.

Croyez-moi, ma chère nièce, vous avez le plus grand tort de rester dans votre Chaussée-d'Antin et de ne pas songer plus sérieusement à la catastrophe qui nous menace tous. Que ne venez-vous passer avec et auprès de nous ce mois de malheur?

Tous nos préparatifs sont faits de manière à pouvoir rester enfermés ici pendant plus d'un mois. Nous avons des provisions de toute espèce; du riz et des pommes de terre, deux cents livres de biscuit pour suppléer au pain frais; (je vous laisse, en effet, à penser si les boulangers ouvriront leurs boutiques;) de la farine pour faire des brioches à mon pauvre petit épagneul, de la viande salée, une douzaine de canards dans le grenier, des poules dans mon salon, et deux moutons vivans que votre oncle fait paître dans une chambre du troisième étage. Le puits qui est au milieu de la cour a été nettoyé et creusé, il nous fournira de l'eau au besoin, car il ne faut pas compter sur les porteurs d'eau. Enfin votre oncle a mis la maison et l'office en état de siège.

Cette nuit, je ne le dis qu'à vous, je suis descendue toute seule à la cave où j'ai caché ma parure en diamans sous une pile de bouteilles vides, j'en étais, je vous l'avoue, bien inquiète, maintenant, me voilà tranquille. Je les défie bien de découvrir ma cachette. En cas de fuite, nous avons avisé à tout, rien ne nous manquerait; nos travestissemens sont prêts; hier nous avons employé toute la journée à les essayer : mon costume et celui d'Héloïse en Auvergnates, celui de M. de La Villette en marchand de peaux de lapin, et le costume de Léon en ramoneur, nous changent entièrement. Notre intention jusqu'à Saint-Maur, est de nous faire passer pour une famille de savoyards *s'en retournant au pays*. Ce qui nous embarrasse et chagrine le plus, c'est la position de ce pauvre M. Boncour, dont les opinions comme homme du juste-milieu sont si prononcées, et qui va se trouver tout-à-fait compromis.

Vous connaissez derrière mon cabinet de toilette cette petite pièce noire où j'ai fait faire une armoire qui se confond avec le mur. Nous avons imaginé de le cacher là à la première alerte; toute ma crainte était que l'armoire ne fut pas assez large; nous en avons fait l'essai hier soir; M. de Boncour a eu quelque peine à s'y placer, mais en se tenant courbé, il y pourra rester plusieurs heures sans trop de fatigue; malgré tout ce que de pareilles dispositions impérieusement commandées par les circonstances ont d'affligeant, vous auriez ri aux larmes en assistant à cette scène où les efforts de M. de Boncour contrastaient de la manière la plus plaisante avec le phlègme de M. de La Villette, vous sourtout, que je vois d'ici toujours folle, toujours imprévoyante, toujours prête à traiter de ridicules les inquiétudes les mieux fondées; comment n'avez-vous pas déjà, dites-le moi, songé mille fois à quitter votre Chaussé-d'Antin : vous êtes là comme sur un volcan, vraiment je ne vous conçois pas; songez donc qu'il n'y a qu'une voix sur les désastres de ce maudit mois: tous nos voisins de la Place Royale, de la rue du Pas-de-la-Mule et de la rue du Pont-au-Choux, pensent et ont fait comme nous, et sont prêts à tout événement. Ah! ma chère Amélie, je vous en conjure, imitez-nous; soyez moins confiante, et rassurez-moi en m'annonçant que vous vous occupez enfin sérieusement des moyens d'échapper à la catastrophe effroyable dont Paris est menacé.

Adieu Amélie, j'attends votre réponse avec l'impatience de l'amitié.

LOUISE DE LAVILLETTE.

RÉPONSE.

Rue de la Chaussée-d'Antin, 13 juillet.

Ma chère Tante,

Pourquoi vous troubler ainsi l'imagination avec vos prévisions sinistres; mon mari qui a été nommé dernièrement capitaine de la garde nationale, vient de me dire que c'était une folie de s'épouvanter d'avance. Vous le verrez ma tante; tout sera calme et vous en serez pour vos moutons et vos canards. Cependant Jules se propose d'aller passer quelques jours à la campagne, à Chatenay; nous partirons le vingt-cinq et nous ne reviendrons que le trois du mois d'août, mais ce n'est pas la peur qui nous décide à partir : depuis longtems madame Fontanier nous poursuivait pour aller les voir, et comme les derniers jours de ce mois-ci sont des jours fériés, et que mon mari serait sans occupation à Paris, nous avons choisi cette époque pour faire à nos amis de Chatenay une visite obligée.

Mais en ce qui vous concerne, je vous le repète, pas de terreur; de grâce soyez sans aucune crainte, car dans tous les cas la tranquillité du Marais est imperturbable, et l'ordre et le repos y sont, vous le savez bien, inamovibles.

AMÉLIE DURAND.

—Les élections sont libres, rien ne doit les influencer, hormis les ministres et les comités directeurs, c'est une chose convenue; nous avons une charte qui le dit et on sait que c'est une charte vérité. Or voulez-vous une preuve de cette liberté d'élection, allez à Marseille.

M. Berryer s'était mis sur les rangs, non par lui ni par ses intrigues, comme il est d'usage pour les candidats du juste milieu, mais par sa bonne et noble renommée.

Il n'avait rien fait pour obtenir un honneur qu'il recevait en même tems des électeurs de la Haute-Loire : il n'était pas même en France; au milieu de cette profusion de questions, de mandats, de professions de foi, de promesses et de votes imposés, on n'avait fait aucune condition au candidat royaliste. La confiance que les électeurs avaient dans son caractère et sa loyauté suffisaient. Il s'était borné à écrire la lettre suivante aux Marseillais à propos de sa candidature :

« Paris, 14 juin. Rien ne peut être plus flatteur, plus pleinement satisfaisant pour moi que la résolution que les électeurs » de Marseille veulent bien prendre. L'honneur qu'ils me font » en m'accordant leurs suffrages est le prix le plus doux et le » plus précieux des efforts que j'ai faits jusqu'à ce jour. Acquérir l'estime et l'approbation des royalistes, mériter leur confiance, c'est tout ce que je souhaite, et je me sens fier et » heureux de pouvoir devenir le représentant et l'organe des » royalistes du midi de la France.

» Je ne pourrai pas faire le voyage de Marseille. De retour » à Paris depuis quelques jours, je partirai de suite pour l'Angleterre, où je suis attendu. Je vais régler les affaires de » l'ex-famille royale, et conclure les transactions relatives » aux biens qu'elle possède encore en France. Je suis obligé » de hâter ce voyage, et ne pourrai pas être de retour pour » l'époque des élection ; il deviendrait inutile si je le reportais » au-delà.

» Veuillez, Monsieur, être mon interprète auprès des habitans de Marseille : dites-leur que je ne négligerai rien pour » me montrer digne de l'honneur qu'ils veulent me faire, et » que, quel que soit le résultat électoral, ils peuvent toujours » être assurés de trouver en moi un défenseur zélé et inébranlable de leurs sentimens comme de leurs intérêts.

Mais l'élection de M. Berryer à Marseille irritait les révolutionnaires, les descendans et les successeurs des héros de la fameuse bande marseillaise. Dès qu'on sut qu'il y avait des chances pour le candidat royaliste, un rassemblement se forma, les chefs se mirent à la tête, et au moment où il ne manquait plus que quatre voix pour la majorité exigée, la bande fit irruption dans le lieu des séances. Alors, ce fut une scène de désordre et de dévastation à faire revivre 93. Le scrutin et les scrutateurs, les électeurs et le président, les meubles et les papiers, tout fut dispersé, chassé, brisé, jeté par la fenêtre; l'autorité gardait le juste milieu entre la résistance et le mouvement, entre l'approbation, la coopération donnée aux Révolutionnaires et la défense qu'elle devait à des droits aussi indignement violés. Vous parliez des entraves mises aux élections sous le ministère de M. de Villèle, du tems de MM. de Polignac et Peyronnet; mais, pour Dieu, à ces époques d'opposition mémorable, avez-vous jamais vu une telle attaque? avez-vous jamais ouï dire qu'une troupe de furieux ait forcé la porte d'un collége libéral pour en chasser les électeurs à coups de bâton.

Le soir l'arbre de la liberté a été planté sur une des places de Marseille. La liberté inaugurée après une pareille scène, quelle dérision!

— Addition au programme des fêtes de juillet. — Le premier jour est consacré au deuil; néanmoins tous les individus qui auront l'air triste seront arrêtés, attendu qu'ils pourraient bien regretter le gouvernement déchu, ou pleurer les morts de juillet, deux choses jugées essentiellement et également séditieuses par le gouvernement du juste-milieu. Le second jour est consacré à la joie; ainsi tous ceux qui auront l'air mécontent et qui ne participeront pas à l'allégresse officielle du juste-milieu, seront arrêtés comme suspects et conspirateurs. Le troisième jour est consacré aux revues militaires; tous les soldats qui seront vus ce jour-là adressant la parole à un bourgeois, et tous les bourgeois qui seront aperçus cherchant à lier conversation avec des soldats, seront arrêtés comme embaucheurs et conspirateurs. En somme, sera arrêté et incarcéré quiconque se réjouira trop ou trop peu, quiconque ne s'attristera pas, quiconque aura une cocarde ou n'en aura pas, quiconque parlera ou ne dira rien.

Ce pourra bien être ainsi la fête des geôliers et des prisons; n'a-t-elle pas déjà commencé depuis quelques jours?

— Tous les journaux ont raconté que sur un monument qu'on vient d'élever à Neuilly, on a placé un boulet lancé du château de Saint-Cloud lors des évènemens de juillet, et dernier présent de Chales X à Louis-Philippe;......... très-bien! Vous saurez donc que la distance à parcourir de Saint-Cloud à Neuilly est pour un boulet de trois mille sept cent cinquante toises, que la portée d'une pièce de huit à quarante-cinq degrés d'élévation, n'est que de mille cinquante toises, que par conséquent toute communication par l'intermédiaire d'un boulet est absolument impossible de Saint-Cloud à Neuilly;..... ce fait, je vous l'atteste et je défie le plus habile artilleur de le nier; le boulet en question, s'il existe, est donc un boulet de *contrebande.*

— Ils m'ont nommé, je peux faire encore quelque bien; — dans un moment où les odieuses intentions d'un juste-milieu liberticide allaient inévitablement s'accomplir, au grand préjudice des libertés et des droits du peuple, je monterai à la tribune où je flétrirai le système d'oppression, de vexation et d'humiliation qu'on voudrait faire peser sur la France; je signalerai tous les abus, je dénoncerai toutes les ambitions, toutes les intrigues, en un mot, je ferai de l'opposition envers et contre tous, et sur tout, afin de faire retrouver le plutôt possible à la France, l'union et le calme qui lui sont si indispensables.... ils m'ont nommé, je peux faire encore un peu de bien....

Si l'émeute a répandu la consternation dans nos villes, je justifierai l'émeute, je dirai que les instigateurs de l'émeute n'étaient qu'égarés, qu'ils ont des droits à l'indulgence, et qu'on doit les absoudre, que le carlisme les avait suffisamment provoqués, afin toujours de faire retrouver le plutôt possible à la

France, l'union et le calme qui lui sont si indispensables, et d'ailleurs je suis assuré à ce prix de ne rien perdre de ma popularité ; ils m'ont nommé, je peux faire encore un peu de bien....

Qu'un fonctionnaire, un préfet, par exemple, ait refusé d'obtempérer aux décisions du ministre dont ses fonctions le faisaient dépendre, je dirai que le préfet a bien fait, qu'il a eu raison et que le ministre avait tort, afin d'assurer le maintien de la hiérarchie administrative, et de l'union indispensable aux hommes du pouvoir...; ils m'ont nommé je peux faire encore un peu de bien...

Pour ce qui est de nos relations avec les puissances étrangères, je dirai qu'elles sont indignes de la France; je lancerai de la tribune contre la Russie, la Prusse ou l'Autriche toutes les provocations, toutes les injures, et je n'aurai pas de cesse que nous ne soyons entrés en campagne contre l'Europe réunie, le tout pour relever la gloire de la France, pour épargner le sang français, remédier aux maux du commerce, alléger les impôts, assurer l'ordre...; ils m'ont nommé je peux faire encore un peu de bien.

Et si à force de contradictions, de personnalités, de menaces, d'attaques et d'injures, je parviens à enlever d'assaut ce portefeuille objet de mon ambition et de tous mes desirs...; ils m'ont nommé dans cinq colléges différents : je ne serai plus seulement le député, mais bien le ministre de la France...; je pourrai faire alors.... oh! n'en doutez pas.... je ferai beaucoup de bien...

*** M. Odillon-Barrot a été élu député par cinq colléges différents ; ce qui lui fait d'autant plus d'honneur et établit d'autant mieux sa popularité et tout son mérite, que M. Vatou n'a été élu que par deux colléges, M. Royer-Collard par un seul, et M. le baron Charles Dupin par aucun.

*** Les amateurs de sermons politiques sont prévenus que M. Fonfrède de Bordeaux vient d'être élu député par le collége électoral de cette ville.

*** On a trouvé un successeur à M. le marquis de Lafayette ; c'est, ou ce sera au besoin, M. le marquis de Bryas, nouveau député de la Gironde.

*** Le 15 juillet, jour de la Saint-Henri, les *observateurs* de M. Vivien ont remarqué aux Tuileries deux individus qui feignaient de se promener et qui portaient l'un un gilet blanc, l'autre un pantalon blanc avec une redingote tirant sur le vert. Le plus grand a même dit en regardant le Ciel : « Voilà une belle journée. » Le conseil des ministres s'est sur le champ rassemblé, et après une délibération qui a duré depuis midi jusqu'à huit heures du soir, il a été résolu que le saint dont la fête tombe le 15 juillet serait banni à perpétuité du calendrier français. Notification en sera faite à Mathieu-Laensberg. Pour remplir la place vacante, il est question de canoniser M. Soult ou M. Sébastiani.

*** Pour une femme qui voyage, toutes nos excellences battent la campagne.

*** Vidocq a une mission en Vendée. Le juste-milieu n'aime pas la noblesse, mais il a du goût pour les gens de marque.

*** Le 5 de ce mois, le général Bonnet a enfin découvert près de Chollet une armée de trente mille Vendéens cachée derrière un arbre. Quand il s'est avancé pour les charger, ces êtres fantastiques se sont évaporés au milieu des flammes.

⁂ *Avis.* — M. Bonnet ayant promis au juste-milieu de lui ramener un Chouan comme trophée de ses victoires, demande instamment un individu de bonne volonté qui consente à jouer ce personnage. Les appointemens seront très-satisfaisans.

⁂ M. Bonnet vient d'engager pour figurer à son triomphe le Sauvage de madame Saqui.

⁂ M. Sébastiani a été sevré hier : l'enfant se porte bien.

⁂ Le juste-milieu se met en frais de magnificence pour les fêtes de juillet : il y paraîtra avec toutes ses pompes.

⁂ Le 27 juillet à la fête des pleurs, c'est M. Mouton qui conduira la pompe funèbre.

⁂ Si le juste-milieu veut qu'on pleure pendant un jour, c'est pour qu'on soit un jour dans l'année sans rire.... à ses dépens.

⁂ Il se trouve une disposition superflue dans le programme de M. d'Argout; c'est celle qui prescrit un deuil public. Il y a un an que la France est en deuil.

⁂ Trois conspirateurs carlistes extrêmement féroces viennent d'être arrêtés. On espère tirer deux d'importantes révélations. Le premier a cinq ans, le second en a quatre, le troisième est encore en nourrice. On assure que M. Sébastiani se porte caution pour ce dernier.

⁂ Cinq douzaines de nouvelles proclamations *carlistes* viennent d'être commandées. Elles seront payées sur les 1,500,000 francs de dépenses secrètes. On invite MM. les fabricans à soigner cette fois l'orthographe.

⁂ Aux fêtes de juillet, dix mille hommes d'infanterie, cinq régimens de cavalerie et quarante pièces de canon seront préposés à surveiller l'enthousiasme. On ne se réjouira qu'entre deux factionnaires.

— Nous nous faisons un véritable plaisir d'annoncer à nos élégantes lectrices de Paris la soirée musicale que doit donner madame G. Ducrest, le 21 juillet, dans les salons de M. Petzold, rue Grange-Batelière, n° 1. Madame Ducrest, le spirituel auteur de *Paris en Province*, n'a rien négligé pour rendre cette soirée on ne peut plus agréable sous tous les rapports.—Le prix des billets est de 6 fr.

— Aux dernières représentations du ballet de *Flore et Zéphire*, le rôle de l'amour avait été donné à une jeune enfant de huit ans qui s'est fait remarquer et applaudir.

Félicité Lepetit a une physionomie heureuse pour la scène ; de grands beaux yeux noirs très-expressifs prendront encore de l'éclat avec quelques années ; elle a déjà de la grâce et de l'intelligence ; avec de l'étude, elle pourra devenir une très-agréable danseuse.

Nous avons pris d'autant plus d'intérêt à cette enfant, que madame Lepetit, sa mère, nous donne souvent de jolis modèles que nos planches retracent.

— *Découverte importante faite par le hasard le plus bizarre.* Personne n'avait pu encore enlever les signes apportés en naissant, tels que taches de vin et autres. M. Didier Hausner, chimiste, les fait disparaître sans retour et sans laisser de traces. Il prouve l'infaillibilité du moyen par un essai (*gratis*) sur une petite partie du signe; il n'est rien exigé qu'après le succès parfait. Cette découverte va faire grand bruit ; beaucoup de personnes douteront d'abord de la possibilité d'obtenir les résultats promis, mais les faits lèveront ces doutes. S'adresser rue du Cloître-Notre-Dame, n° 10, de midi à quatre heures.

LA MODE.

Pl. 166. Robe de mousseline unie, corsage drapé croisé, bordé d'une petite dentelle. — Jockeis à dents festonnées. — Bijoux d'or et pierres. — La coîffure doit être une natte tournant trois fois sur elle-même; les papillottes de côté, retenues par une mèche qui fait le bandeau.

Robe de mousseline à raies lilas brochées; corsage à la grecque. — Chemisette brodée. — Chaîne de hyacinthes encadrées d'or. — Coîffure à la chinoise; la touffe de papillottes qui tombe sur le front appartient aux cheveux de derrière, et ne doit tomber qu'à la hauteur du sourcil.

Meuble de bois peint vernis, et toile imprimée de Verdelle, rue Neuve-Montmorency.

Façons de robes de Mademoiselle Palmyre, rue Laffitte, n° 11.

Pl. 167. Robe de jaconas blanc, pélerine double à pans, bordée de dents doublées. — Au cou, deux petites pates nouées sans rosette ferment la pélerine. — Chapeau de paille de riz à panache *espérance*, des magasins de madame Hocquet, rue Ventadour, n. 11.

Veste de drap léger. — Pantalon de coutil. — Guêtres de toile.

Tabouret en rose-vood, incrusté d'érable, couvert en peau.

Ensembles de toilette. — Un négligé le plus élégant qui se puisse voir était la toilette d'une jeune femme récemment mariée. — Un peignoir de mousseline blanche, brodée au-dessus de l'ourlet à la hauteur des genoux. — La broderie remontait sur les devants jusqu'à la ceinture. — Entre les deux rangs de broderie, étaient des nœuds de gaze rose glacée de blanc, faits en coques et bouts en pointes. — Quatre dans la hauteur de la jupe ; le cinquième était à la ruche du cou. — La pélerine s'ouvrant devant coupée droite sur la poitrine, brodée autour et bordée d'une Malines. — Le peignoir dans son entier était doublé en gros de Naples rose. Façon de Palmire. — Un bonnet d'Angleterre garni de deux rangs d'Angleterre froncés à l'anglaise. — Deux nœuds en cocarde de ruban de gaze rose glacée blanc. — Des souliers de peau hanneton.

Toilette du soir. — Une robe de gaze de soie bleu ciel, corsage à châle rond, à dents rondes tout autour ; manches blanches. — Dans les cheveux une guirlande de plumes courtes d'oiseaux du Brésil, tournant autour de la coiffure. — Une parure de mouches. — Des souliers de gros de Naples blanc.

Coiffures.—Les Ferronnières ont perdu beaucoup de distinction. — En toilette, elles en conservent encore, mais en négligé, sous les chapeaux, elles sont généralement de moins bon goût qu'elles n'ont été.

La passe des chapeaux se fait toujours petite. — Les faux bonnets à petits rubans, les coques près l'une de l'autre, sont bien souvent abandonnées ; quelquefois on met des bouffettes de faveur, soit de semblable, soit de différente couleur que celle du chapeau. — Ceci encore commence à être retranché.

Façons de robes. — A toutes les robes des pélerines. — Pour celles du matin, deux pélerines carrées, droites, étagées fermant devant, sont les mieux. — Pour les robes blanches, les formes plus habillées sont bien ; des dents, des pans ; les devants en pointe, croisant sous la ceinture, sans la passer.

Il est bien à observer que principalement pour les robes de mousseline les manches de dessous doivent être peu raides. — Elles n'ont qu'à soutenir l'étoffe de manière à ce qu'elle ne tombe pas, mais il faut que la manche de dessous soit assez flexible pour suivre le mouvement du bras comme la manche légère qui la couvre. — Du reste rien n'est plus disgracieux et plus désavantageux à la taille que ces manches contre lesquelles on se heurte en approchant une femme, et qui semblent au contact être faites de bois ou de carton.

Lingerie. — De charmans services à thé nous ont été montrés sortant des magasins d'Houdot, rue Sainte-Hyacinthe.—En fil écru et fil blanc damassé ; un côté est entièrement écru, l'autre est damassé écru sur fond blanc. — De riches dessins, un tissu fin. — Ces services sont une recherche de fort bon goût pour les thés ou les déjeuners.

Objets nouveaux et meubles. — A la campagne, pour la promenade on porte à la main des *éventails parasols* qui représentent une énorme fleur, un soleil, un papier. — C'est léger. — Les femmes peuvent facilement en faire une occupation amusante en les montant elles-mêmes. (Chez Susse).

De jolis petits pupitres en rose wood, pour supporter un livre afin de lire au lit, nous ont été montrés chez Vervelle, rue Neuve-Montmorency. — Le prix est de 25 francs.

Chez le même, des corbeilles à pain, carrées avec un tour de bois quelconque soit de citron, soit d'acajou, avec le fond en jonc tressé. 18 francs.

Plutôt comme objets d'ameublement que comme utilité du moment, nous citerons de charmans soufflets d'une forme et d'un genre tout-à-fait inconnus ; le vent est placé dans l'intérieur du bois et n'est pas visible par des ouvertures dans le milieu des aîles. — A forme ovale, crénelé tout autour, incrusté de joli bois, 20 fr.

En citant souvent ce magasin, nous prenons la coutume d'annoncer les prix. Vervelle, bien connu par le fini de son travail, ne l'est pas encore assez pour la rigidité avec laquelle il a établi ses *prix fixes*. — C'est bien quelque chose (nous le pensons du moins) de savoir que ce qu'on trouve telle part a une supériorité de perfection sur beaucoup, et bon marché entre la plupart.

Alphonse Giroux. — Dont la galerie de tableaux contient de fort bons ouvrages, vient de s'augmenter d'un grand nombre de belles aquarelles qu'il destine à placer dans les albums, et à copier pour les personnes qui desirent travailler d'après de bons maîtres.

A NÉMÉSIS.

Non, sous quelque drapeau que le barde se range,
La muse sert sa gloire et non ses passions!
Non, je n'ai pas coupé les ailes de cet ange
Pour l'atteler hurlant au char des factions!
Non, je n'ai pas couvert du masque populaire
Son front resplendissant des feux du saint parvis!
Ni pour fouetter et mordre, irritant sa colère,
Changé ma muse en Némésis!

D'implacables serpens je ne l'ai pas coîffée;
Je ne l'ai pas menée, une verge à la main,
Injuriant la gloire avec le luth d'Orphée,
Traîner les noms fameux aux ruisseaux du chemin!
Prostituant ses vers aux haines de la rue;
Je n'ai pas arraché la prêtresse au saint lieu,
A la dérision je ne l'ai pas vendue,
Comme Judas vendit son Dieu!

Non, non, je l'ai conduite au fond des solitudes,
Comme un amant jaloux d'une chaste beauté;
J'ai gardé ses beaux pieds des atteintes trop rudes
Dont la terre eût blessé leur tendre nudité;
J'ai couronné son front d'étoiles immortelles,
J'ai parfumé mon cœur pour lui faire un séjour,
Et je n'ai rien laissé s'abriter sous ses ailes
Que la prière et que l'amour!

L'or pur que sous mes pas semait sa main prospère
N'a point payé la vigne ou le champ du potier,
Il n'a point engraissé les sillons de mon père
Ni les coffres jaloux d'un avide héritier;
Elle sait où du ciel ce divin denier tombe,
Tu peux sans le ternir me reprocher cet or!
D'autres bouches un jour te diront sur ma tombe
Où fut enfoui mon trésor!

Je n'ai rien demandé que des chants à sa lyre,
Des soupirs pour une ombre et des hymnes pour Dieu :
Puis, quand l'âge est venu m'enlever son délire,
J'ai dit à cette autre âme un trop précoce adieu :
« Quitte un cœur que le poids de la patrie accable,
» Fuis nos villes de boue et notre âge de bruit;
» Quand l'eau pure des lacs se mêle avec le sable,
» Le cygne remonte et s'enfuit!

» Honte à qui peut chanter pendant que Rome brûle,
» S'il n'a l'âme et la lyre et les yeux de Néron,
» Pendant que l'incendie en fleuve ardent circule
» Des temples au palais, du Cirque au Panthéon!
» Honte à qui peut chanter pendant que chaque femme
» Sur le front de ses fils voit la mort ondoyer,
» Que chaque citoyen regarde si la flamme
» Dévore déjà son foyer!

» Honte à qui peut chanter pendant que les sicaires,
» En secouant leur torche, aiguisent leurs poignards,
» Jettent les dieux proscrits aux rires populaires,
» Ou traînent aux égoûts les bustes des Césars!
» C'est l'heure de combattre avec l'arme qui reste!
» C'est l'heure de monter au rostre ensanglanté,
» Et de défendre au moins de la voix et du geste
» Rome, les dieux, la liberté. »

La liberté ! Ce mot dans ma bouche t'outrage ?
Tu crois qu'un sang d'Ilote est assez pur pour moi,
Et que Dieu de ses dons fit un digne partage :
L'esclavage pour nous, la liberté pour toi !
Tu crois que des Séjans le dédaigneux sourire
Est un prix assez noble aux cœurs tels que le mien ?
Que le ciel m'a jeté la bassesse et la lyre,
A toi l'âme du citoyen !

Tu crois que ce saint nom qui fait vibrer la terre,
Ce nom que l'ange envie aux généreux mortels,
Entre Caton et toi doit rester un mystère ?
Que les pavés vainqueurs sont ses premiers autels ?
Tu crois que d'un Chrétien ce mot brise la bouche,
Et que nous adorons notre honte et nos fers,
Si nous n'adorons pas ta liberté farouche
Sur l'autel que tu sers ?

Détrompe-toi, poète, et permets-nous d'être hommes !
Nos mères nous ont faits tous du même limon :
La terre qui vous porte est la terre où nous sommes :
Les fibres de nos cœurs vibrent au même son.
Patrie et liberté, gloire, vertu, courage,
Quel pacte de ces biens m'a donc déshérité ?
Quel jour ai-je vendu ma part de l'héritage
Aux élus de la liberté ?

Va, n'attends pas de moi que je la sacrifie
Ni devant tes dédains, ni devant le trépas !
Ton dieu n'est pas le mien, et je m'en glorifie :
J'en adore un plus haut que tu ne comprends pas !
La liberté que j'aime est née avec notre âme
Le jour où le plus juste a bravé le plus fort,
Le jour où Jéhova dit au fils de la femme :
« Choisis, des fers ou de la mort ! »

Que ces tyrans divers dont la vertu se joue,
Selon l'heure et les lieux s'appellent peuple ou roi,
Déshonorent la pourpre ou salissent la boue,
La honte qui les flatte est la même pour moi!
Qu'importe sous quel pied se courbe un front d'esclave?
Le joug d'or ou de fer n'en est pas moins honteux.
Des rois tu l'affrontas! des tribuns je le brave!
Qui fut plus libre de nous deux?

Fais-nous ton dieu plus beau si tu veux qu'on l'adore!
Ouvre un plus large seuil à ses cultes divers;
Chasse de nos parvis, que la peur déshonore,
La vengeance et la mort, gardiennes des enfers!
Écarte Némésis de l'autel populaire,
Pour que le suppliant n'y soit pas insulté;
Sois la lyre vivante et non pas le Cerbère
Du temple de la liberté!

Un jour de nobles pleurs laveront ce délire,
Et ta main déplorant le son qu'elle a tiré,
Plus juste, arrachera des cordes de ta lyre
La corde injurieuse où la haine a vibré!
Moi, j'aurai bu cent fois l'amère calomnie
Sans que ma lèvre même en garde un souvenir,
Car je sais que le tems est fidèle au génie,
Et mon cœur croit à l'avenir!

Alp. de Lamartine

LES PIEDS-DE-NEZ.

Mystification tragico-burlesque en trois journées, mêlée de pleurs, de rires, de chants, de danses, de parades et de comestibles, ornée de tous les décors, évolutions, musique et accessoires analogues au sujet et à la circonstance; par huit auteurs associés. (M. d'Arg.... seul consent à se nommer).

La scène se passe à Paris.

PREMIÈRE JOURNÉE. (ON PLEURERA.)

Dès le matin, lecture sera faite dans les rues et carrefours d'une ordonnance enjoignant à tous les citoyens sans exception de s'affliger et de pleurer immédiatement sous peine de prison et d'amende suivant les cas.

Marche funèbre. Le juste-milieu formera la tête du cortége, monté sur un corbillard où la France sera placée dans une toile d'emballage. M. Cas. P. sera sur le siége afin de fouetter l'attelage composé de quatre journaux ministériels avec le *Moniteur* en arbalète. M. Sébast.... se tiendra derrière le corbillard et ses collégues à la portière; le cheval de M. Vivien et M. Vivien lui-même marcheront en avant. Tous ces messieurs, hommes et bêtes, seront enveloppés de crêpes de la tête aux pieds et paraîtront profondément affligés.

Viendra ensuite une troupe de pleureurs également pénétrés d'une tristesse sincère et officielle. On y remarquera:

Les fonctionnaires, ennemis de tous les abus, qui depuis la révolution de juillet ne cumulent par tête que quatre ou cinq places;

Les amis de l'*égalité* qui ont aujourd'hui des équipages pour éclabousser les passans, des laquais pour leur obéir et des chasseurs dits chasseurs *Mérilhou* pour les annoncer ;

Les *revendeurs en grand* de fusils anglais pour le compte de l'état, lesquels ne gagnent que trente pour cent sur le marché que leur a consenti le maréchal Soult ;

Les huissiers, les gardes du commerce et les geôliers qui depuis un an sont devenus propriétaires et éligibles ;

Le cortége fera de tems à autre une station pendant laquelle tous ces personnages sangloteront en mesure : chacun d'eux aura sur les épaules un manteau noir semé de larmes d'argent.

Les autres détails de l'ordre et des particularités de la fête seront indiqués par l'affiche du jour.

Depuis le lever jusqu'au coucher du soleil, M. Persil frappera, de quart-d'heure en quart-d'heure, un coup sur sa poitrine, un autre coup sur son *chaudron*.

SECONDE JOURNÉE. (ON RIRA.)

Dès le matin, lecture sera faite, dans les rues et carrefours, d'une ordonnance enjoignant à tous les citoyens sans exception d'être joyeux et de rire, sous peine d'emprisonnement ou d'amende, suivant les cas.

Le juste-milieu donnera le premier l'exemple : on le verra déposer tout-à-coup son affliction et ses crêpes de la veille, et devenir, à point nommé, d'une gaîté folle. Il n'y aura pas moyen de le contenir ; il traversera toutes les rues de la capitale, suivi d'un cortége de *rieurs* infiniment plus nombreux que les *pleureurs* de la première journée, lequel se composera :

Des banquiers ruinés, des fabricans et manufacturiers ruinés, des commerçans en gros ruinés, des commerçans en détail ruinés, des artistes en tous genres ruinés, des directeurs de théâtres ruinés, des gens de lettres ruinés, de tous ceux que la liberté à force d'amendes a ruinés ; bref, de tous les gens ruinés depuis un an.

Les fonctionnaires et employés destitués viendront immédiatement après, et riront plus fort que les autres.

Tout ce monde, qui ne respirera ce jour-là que joie et délirante allégresse, formera une file à tenir vingt fois la distance de Saint-Cloud à Neuilly, c'est-à-dire la portée moyenne d'un canon du juste-milieu, conquis par lui sur la férocité de Charles X, après avoir servi aux atroces vengeances et aux sanglans adieux de ce dernier.

Des spectacles, parades et divertissemens de tous les genres auront lieu aux Champs-Elysées; M. Deca... y fera l'essai d'un nouveau genre de bascules qu'on dit merveilleux; M. l'abbé L.... tiendra les loteries et autres jeux de hasard; M. Cas. P.... aura la surveillance des balançoires et celle des danseurs de corde; M. d'Arg... montrera les marionnettes; l'âne savant sera conduit par M. de Mont...; le tir au pistolet et au fusil sera dans les attributions de M. le maréchal Soult qui s'est chargé de fournir les armes; M. Sébastiani fera voir des balles de calibre provenant d'anciennes blessures; M. Barthe pincera de la guitare, et chantera de charmans couplets sur l'air de : *Gai, gai, marions-nous;* M. Vivien fera tourner les chevaux de bois; plusieurs députés du centre donneront des séances de ventriloquie. A quatre heures précises, les trois Dupin, se tenant étroitement embrassés, s'élèveront dans un ballon aux cris mille fois répétés de *vivent les sauveurs de la France !*

Les mâts de cocagne ne seront pas oubliés dans les divertissemens du jour : ils seront garnis de décorations, d'habits brodés, de sinécures et de saucissons; un grand nombre de nouveaux-venus à la chambre, et d'aspirans fonctionnaires se proposent de concourir.

Le soir illumination générale, et grand bal où dominera surtout la chaîne anglaise.

TROISIÈME JOURNÉE. (ON MANGERA.)

Dès le matin, lecture sera faite, dans les rues et carrefours, d'une ordonnance enjoignant à tous les citoyens sans exception d'avoir bon appétit, sous peine d'amende ou de prison, suivant les cas.

L'ordonnance ne nous paraissant nullement nécessaire, nous en supprimons les détails.

DISPOSITIONS GÉNÉRALES POUR LES TROIS JOURNÉES.

Afin de modérer au besoin la tristesse, la joie et l'appétit, M. Mouton disposera ses batteries hydrauliques sur toutes les places.

Pour surveiller le sentiment, toute la garnison sera sous les armes, et au besoin recevra des cartouches.

Dans le but d'éviter tout désagrément, tel que gourmades, horions et coups de crosse, chacun devra passer le matin de huit à dix heures à la préfecture de police, afin de savoir de quelle couleur il lui sera permis de s'habiller, l'arc-en-ciel étant mis en état de surveillance. On donnera de onze heures à deux des renseignemens sur les gilets; à trois heures un bureau sera ouvert pour les cravates, et un autre à cinq heures pour les fleurs autorisées ou bien insultantes et provocatrices. Trois séances du conseil des ministres ont été consacrées à discuter le *chapitre des chapeaux*.

Comme on ne sait pas ce qui peut arriver, des logemens nouveaux et fort agréables seront préparés à Sainte-Pélagie, à la Force et à la Conciergerie. Pour le maintien de l'harmonie, il y aura dans toutes les rues un *violon*.

Du reste, liberté pleine et entière.

Nota. Que les acteurs, ordonnateurs ou spectateurs des susdites fêtes soient ou non contens, la dépense n'en sera pas moins payée par eux, et l'on ne rendra pas l'argent.

Théâtres.

ACADÉMIE ROYALE DE MUSIQUE.

Première représentation de l'Orgie, *ballet en trois actes de MM. Scribe et Coraly, musique de M. Caraffa.*

L'émeute y consentant, nous avons eu *l'Orgie*, une *Orgie* espagnole, avec ses costumes pittoresques, ses danses lascives et animées, son ivresse tumultueuse, ses cris et ses rixes; puis les couteaux se sont tirés, chacun a entouré son bras d'un manteau, et, sans l'alcade et sa baguette blanche, le sang coulait en vérité.

Alors sont venus de jeunes gentilshommes, gais, fringans, étourdis, piaffant, caracolant à la porte de l'auberge, et les piqueurs, et les meutes, et les chevaux qui hennissaient; tout cela était vrai, exact, la nature même.

Mais les jeunes gens se mêlent aux danses; la confusion se met partout, on crie, on se heurte. Un invalide, soutenu par une jolie fille, entre au milieu de cette folle joie.

Or, comme don Carlos a peu épargné le vin d'Espagne, les yeux noirs de la belle Antigone lui semblent plus brillans encore que de coutume, il s'approche et prend insolemment les plus beaux bras du monde pour s'en faire un collier, comme dit *Hernani*, pendant que ses amis battent le vieillard et donnent des nazardes à l'hôte; le tumulte grandit, le guet enfonce la porte pour saisir les coupables, mais la jolie fille et don Carlos ont disparu.

Sauf le premier acte, la donnée de ce ballet n'est autre que

*

celle de *Léocadie*; enfant, fureur du frère et mariage de don Carlos, c'est tout comme dans l'opéra de M. Scribe.

Ce charmant ballet complètera sans doute un ravissant spectacle pour la fin de la saison, car la foule doit être pour longtems fixée à l'Opéra, si l'on réunit souvent *le Philtre* et *l'Orgie*.

C'est, il nous semble, une très-heureuse idée d'avoir remplacé les éternelles danses nobles par des fandangos et des boléros d'une originalité piquante; rien n'est plus gracieux et plus nouveau que le pas de M. Perrot et de madame Montessu, pas auquel la musique de M. Caraffa s'adapte merveilleusement.

Tout le monde voudra voir la fête du village, avec son feu d'artifice, ses eaux et son incendie, tout le monde admirera le jeu nerveux et pathétique de mademoiselle Legallois qui a tout-à-fait rajeuni ce vieux drame usé de Léocadie en y jetant une grande variété de talent.

Somme toute, ce ballet est amusant et il émeut fortement, décors d'une rare exécution, costumes d'une exactitude parfaite, danses vraies, nationales, remplies de toute la passion espagnole, voilà à notre avis les élémens d'un beau et durable succès.

Revue de la Semaine.

DISCOURS DU ROI.

La Chambre nouvelle doit se rassembler aujourd'hui; peut-être à l'heure où vous lirez ces lignes, le discours du trône aura-t-il été officiellement prononcé, solennellement et officiellement entendu; l'Imprimerie Royale l'aura vomi par milliers sur nos places publiques et dans nos rues; 1 franc, 2 francs, 5 francs les vingt lignes! et demain les vingt lignes ne se vendront plus qu'un sol; demain chacun de nous le saura par cœur, demain tout le monde se hâtera déjà de l'oublier;

Ce discours que contiendra-t-il? comme vous aujourd'hui je l'ignore, et je me suis vainement adressé à Madame Isaacson pour en obtenir communication avant le grand jour; il est des mystères que Madame Isaacson malgré sa puissance ne saurait pénétrer, et d'ailleurs Madame Isaacson n'est dans l'intimité d'aucun ministre; mais d'avance, et sans crainte d'être démenti par l'événement, je puis vous dire ce que le discours en question ne contiendra pas : il ne faut pas être sorcier pour deviner de ces choses là.

De la situation misérable du pays le discours ne dira rien.

Il ne dira pas que le budjet de seize cents millions va être réduit de moitié, et que la révolution est décidée enfin à nous donner ce gouvernement à bon marché tant et si pompeusement promis par elle.

Il ne dira pas que les périodiques émeutes ne sont pas complètement appaisées, que les bandes d'assommeurs sont organisées, et que la capitale ne peut être plus d'un mois tranquille.

Il ne dira pas que les visites domiciliaires de M. Montalivet ont cessé, que le foyer domestique est devenu un sanctuaire inviolable.

Il ne dira pas que la religion chrétienne est moins protégée en France qu'en Turquie, et que la croix du Panthéon vient de tomber, dans la semaine, sous le marteau de ceux qui devaient la faire respecter.

Il ne dira pas les massacres de Tarascon, les violations du scrutin à Marseille, et les désordres dont toute la France n'a cessé de gémir depuis dix mois.

Il ne dira pas que le commerce est souffrant, que la misère est universelle, que le malencontreux système du gouvernement a ruiné toute industrie et tari toute source de prospérité; il ne dira pas que la France est, ou peu s'en faut, à l'agonie.

Il ne dira pas que la guerre sotte et bizarre qu'on nous fait faire à l'embouchure du Tage ne peut se terminer à l'avantage de la nation.

Il ne dira pas que Don Miguel se moque de nos menaces, et que le pape et le duc de Modène se rient de nos suppliques.

Il ne dira pas à la nation de se lever en masse et de marcher au secours de cette héroïque Pologne qui ne peut être secourue que par nous et que nous seuls pourrions sauver.

Il ne dira pas les échecs diplomatiques du pouvoir en Italie, ses échecs diplomatiques à Vienne, ses échecs diplomatiques à Pétersbourg, ses échecs diplomatiques partout.

Que dira-t-il donc? Encore une fois, le l'ignore, et ne m'en inquiète guères; je m'en tiens à ce que le discours ne dira pas.

— On n'a pas encore oublié qu'au mois d'août dernier, toute une famille très-noble et très-opulente, avait eu la délicatesse et le bon goût d'arriver à Paris dans un *Omnibus* de Neuilly.

Au mois de septembre suivant, les mêmes personnes ne sortaient plus que dans une espèce de carriole à ciel de coutil, et attelée de deux gros chevaux.

Au mois d'octobre, elles se promenaient dans une berline à deux chevaux, dont les portières étaient ornées d'une espèce de couronne.

Quinze jours plus tard, on les rencontrait dans une belle voiture à quatre chevaux précédée d'un piqueur en petite livrée d'écurie.

Au bout de quinze jours, c'était dans un carrosse à quatre chevaux, précédé d'un piqueur en grande livrée, laquelle était suivie d'un autre carrosse attelé de deux chevaux.

Quinze jours après, on a fait mettre quatre chevaux au premier carrosse en n'en laissant que deux à celui de la suite; mais on a grossi le cortége au moyen de deux garçons d'attelage en grandes livrées rouges.

Ensuite on a mis quatre chevaux à chacune des deux voitures; ensuite on en a mis six à la première et quatre à la seconde. On en est pour le moment à faire atteler les deux carrosses à chacun six chevaux, avec le piqueur en avant, et quatre garçons d'attelage en arrière, ce qui fait en attendant mieux treize chevaux et douze personnes en livrée, pour faire le voyage de Paris à Saint-Cloud.

On voit que cette famille est déjà tout aussi loin de l'aimable popularité de l'*Omnibus* et de la touchante simplicité de la carriole, que du programme de l'Hôtel-de-Ville.

— Une grande conspiration éclata à Saint-Gervais près de Béziers, bourg pourri de M. Viennet le tragique.

C'était le jour de la fête patronale de l'endroit. Où n'éclate-t-il pas des conspirations par le gouvernement qui court, gouvernement adoré de toute la France, au dire de ceux qui mangent son budjet de seize cents millions! Cependant les conspirateurs ne portaient pas la cocarde tricolore, ce n'étaient pas des décorés de juillet, des médaillistes ou des patriotes; c'étaient de simples hommes. Ils se promenaient dans les rues, première preuve de la conspiration; ils portaient à la boutonnière un bouquet blanc, seconde preuve. Enfin, quelques-uns tenaient à la main une tige de lis, attendu que les lis sont fort beaux et fort aimés à Saint-Gervais, en dépit de M. Viennet le tragique et le poète des mules, j'oubliais une des preuves les plus évidentes de la conspiration; quelques-un avaient lié leurs bouquets avec des rubans verts, crime impardonnable! Aussitôt, dès que le procureur du roi eut le vent de la conspiration botanique, il descendit, accompagné du juge d'instruction, du greffier, de son clerc, de ses huissiers, de ses gendarmes, tous prêts à instrumenter à leur manière contre les bouquets séditieux et les fleurs proscrites.

Toutefois, et malgré leur bonne envie de rencontrer un complot contre l'État dans la rue, les Persil du pays ne purent pas même y trouver une petite conspiration en herbe. En désespoir de cause, et faute de mieux, ils firent arrêter deux jeunes gens, par mesure de précaution, et pour qu'il ne fut pas dit que leur expédition eut été inutile au salut de l'État; puis ils rentrèrent tout triomphans chez eux, et le lendemain ils écrivirent au chef-lieu du département qu'une grande conspiration pouvant éclater à tout moment à Saint-Gervais, il était urgent d'y envoyer de la troupe pour contenir les factieux et rassurer les patriotes. Deux cents hommes du 6e de ligne furent en conséquence dirigés en toute hâte sur la ville suspecte, et logés arbitrairement chez tous ceux qui avaient été vus avec une fleur blanche à la boutonnière. Maintenant les habitans de Saint-Gervais, tout en prenant leur parti, voudraient bien savoir si la proscription des lis s'étend jusqu'à la tubéreuse, au muguet, à la rose blanche, au jasmin, à l'hortensia, à l'œillet blanc, et généralement à toutes les fleurs qui ne sont pas de la couleur du gouvernement, lequel en a fort peu du reste, comme chacun sait. Nous invitons le conseil d'état à se prononcer sur cette grande question: il s'agit de simples, il doit s'y connaître.

— La lettre publiée par M. Lennox est un scandale de plus

et réellemment un outrage à la révolution de juillet et à son roi ; qu'on en juge par les faits suivans qu'elle contient.

« Chacun sait que, pendant toute l'émigration, pendant son séjour en Angleterre, en Sicile et en Espagne, et pendant les quinze années de la restauration, le roi actuel ne s'est pas fait faute d'adresser d'abord des témoignages de repentir et de respect, ensuite des protestations d'obéissance, d'amour et de dévoûment absolu envers ses parens de la branche aînée.

» Chacun sait qu'en 1811 il quitta la Sicile pour se rendre en Catalogne, où il espérait avoir le commandement d'une armée combinée anglo-sicilienne et espagnole contre les Français.

» Il fit à cette époque une proclamation datée de Taragonne et adressée aux soldats de l'armée espagnole, pour les engager à soutenir les droits des Bourbons d'Espagne, dont il se disait le parent et le représentant; il en adressa une autre aux soldats de l'armée française pour les engager à quitter les drapeaux de l'*usurpateur* et à venir se ranger sous la bannière de la légitimité.

» Chacun sait également qu'en 1815 le même prince se rendit à Lyon pour y combattre, sous le drapeau blanc, avec la cocarde de Coblentz et de l'émigration, pour la cause des Bourbons de la branche aînée, et pour repousser, par la force des armes, ce même drapeau tricolore de Jemmapes et de Valmy, qui revenait alors de l'île d'Elbe.

» Mais ce que tout le monde ne sait pas, c'est que le 14 juin 1830, le roi Louis-Philippe et la reine des Français se trouvaient à Rosny, chez la duchesse de Berri, leur nièce, lorsque Charles X arriva au château, accompagné d'une suite nombreuse ; le roi actuel accourut au-devant du roi déchu, et s'empressa de lui adresser des félicitations très-vives sur la fameuse proclamation royale qu'il venait d'envoyer à tous les électeurs, d'après le conseil de M. de Polignac, et dans laquelle il parlait de son *immuable* volonté. Charles X, flatté du compliment, lui répondit ces propres paroles : *Il n'y a rien que de juste ; c'est court, mais c'est ferme.*

— On écrit d'Edimbourg que les mémoires manuscrits de la duchesse de Perth viennent d'être vendus à Londres pour la somme de trois mille deux cents livres sterling. On y trouve une foule de détails intéressans sur la cour de Louis XIV, ainsi que sur celle du roi Jacques pendant le séjour de LL. MM. BB. au château de St-Germain-en-Laye. Il était déjà connu que la duchesse de Perth avait promis d'informer sa sœur de la réception qui serait faite par Louis XIV au roi leur maître, et que pour éviter de commettre aucune imprudence en s'acquittant de sa promesse, elle se contenta de lui envoyer immédiatement après son arrivée, la portion d'un feuillet de son livre de prières où se trouvaient les quatre premiers versets du psaume 109; *Dixit Dominus Domino meo sede a dextris meis, donec ponam inimicos tuos scabellum pedum tuorum* etc, et cette application de la duchesse de Perth avait toujours été citée comme étant fort équitable et fort ingénieuse. En rendant compte de l'établissement de Saint-Cyr, elle y témoigne d'un fait qui n'était pas inconnu en France, mais dont la révélation n'était appuyée que sur le témoignage de deux anciennes religieuses de cette maison, et c'est à savoir que l'air et les paroles du *God save the King* sont d'origine française. « Lorsque le roy très-chrétien entroit dans » la chapelle, tout le chœur desdittes demoiselles nobles y » chantoist à chasque foys les parolles suyvantes et sur un » très bel ayr du sieur de Lully;

Grand Dieu, sauvez le roy!
Grand Dieu, sauvez le roy!
Vangez le roy!
Que toujours glorieux,
Louis victorieux
voye ses ennemis
toujours soumis!
Grand Dieu, sauvez le roy!
Grand Dieu, vengez le roy!
vive le roy!

La tradition de Saint-Cyr portait que le compositeur Handel pendant sa visite à la supérieure de cette maison royale avait demandé et obtenu la permission de copier l'air et les paroles de cette invocation gallicane, dont il avait ensuite fait hommage au roi d'Angleterre Georges Ier. On nous a communiqué en outre plusieurs extraits de la correspondance de Louis XIV avec le roi Jacques, ainsi qu'avec la reine Marie de Modène. et nous regrettons que le défaut d'espace nous empêche de les publier aujourd'hui.

— La même lettre d'Edimbourg annonce que l'état-major du régiment de garde royale écossaise qui est en garnison dans cette capitale, a eu l'honneur d'offrir un déjeuner à monseigneur le duc de Bordeaux, et qu'à la suite du repas pendant lequel la musique a joué continuellement les airs de *God save the King* et de *vive Henry quatre*, on a fait manœuvrer et défiler le régiment devant S. A. R. Cette fête militaire avait réuni, nous dit-on, toute la population d'Edimbourg et la haute noblesse des environs, pour qui les princes français paraissent être l'objet des soins les plus assidus et de l'hospitalité la plus respectueuse.

— Les chapeaux gris sont proscrits; la mode doit subir comme tout le reste de la France, le despotisme du juste-milieu. Cependant, comment aurait-elle pu croire à ce funeste coup d'état? Les Révolutionnaires n'auraient pu le prévoir eux-mêmes en voyant naguère leur chef, je parle sans jeu de mots, constamment coiffé d'un chapeau gris. Qui n'a rencontré, en effet, Louis-Philippe portant un chapeau gris, et se promenant ainsi coiffé, sans penser le moins du monde à être républicain, dans les rues de la capitale. Dernièrement encore son fils n'a-t-il pas traversé Paris avec un semblable chapeau? Voyez donc l'esclandre si un assommeur l'avait rencontré! Patience donc, il faudra, grâce au juste-milieu, supporter la dévorante ardeur du soleil d'août avec un chapeau noir sur la tête. Mais ne voit-il pas, le pauvre aveugle, un autre danger en cela; je veux le lui indiquer, bien que je ne sois pas précisément de ses amis. Les rayons du soleil, absorbés par le chapeau noir, embrâseront la tête des patriotes les plus calmes; de là peut venir une fièvre chaude d'opposition, une fièvre cérébrale de mouvement, que sais-je? peut-être une révolution... Voilà où on en sera venu avec la proscription des chapeaux gris qui eussent repoussé les rayons du soleil et rafraîchi la tête des Républicains... Que le ministère y pense sérieusement.

— Aux assises des Deux-Sèvres un témoin, interrogé sur la moralité d'un accusé, a répondu qu'il n'était ni honnête homme, ni coquin, qu'il était du *juste-milieu.* Sur ce, le témoin a été réprimandé par le procureur du roi et le président, qui ont vu là une grosse inconvenance. La réprimande n'est pas le moins comique de l'affaire.

— Il y a ici une conspiration à éventer ; alerte ! — Entourez l'hôtel. — Que la gendarmerie se porte aux avenues. — Que la ligne garde les portes. — Emparez vous des issues. — A moi les mouchards, marchons. — Mais non, prenons-les en traîtres, ces braves ne se méfient de rien, ils ne comprennent pas ces moyens. Qu'on ouvre cette poterne, où est la clef de cette porte dérobée ? —Le portier ne voulut pas la trouver ; c'était un vieux brave qui ne pouvait comprendre qu'on n'agit pas franchement avec des guerriers. Force fut de passer par la porte principale. Le chef de l'expédition entre avec ses gendarmes ; il va droit chez le colonel-major de l'hôtel et chez le lieutenant colonel, secrétaire du gouverneur. Un malheureux, chassé de la maison pour cause d'inconduite, avait voulu se venger ; il avait inscrit leurs noms sur une liste de conspirateurs invalides. Or le gouvernement, plus invalide lui-même, que tous les pauvres débris de soldats qui se traînent sur l'esplanade, avait eu peur, une conspiration d'invalides l'avait fait trembler : ils étaient de force à se mesurer avec lui. L'expédition avait donc été ordonnée et faite en toute hâte, puis, quand on a été aux preuves, on n'a rien trouvé, et le pouvoir en a été pour ses frayeurs. C'est l'usage.

⁂ La révolution s'attaque aux Invalides, encore se laisse-t-elle battre.

⁂ Le boulet de Neuilly n'est qu'une boulette.

⁂ A Douvres on montre une coulœuvrine qu'on appelle le pistolet de poche de la reine Anne, et que l'on dit porter au-delà du détroit ; le canon de Saint-Cloud sera le pistolet de poche de Louis-Philippe.

⁂ Pour atteindre les sauveurs de la France, on a inventé des canons qui portent à sept lieues, le canon de Saint-Cloud servira de modèle.

⁂ On montre sur les murs du château de Neuilly un coup de pistolet tiré d'une fenêtre des Tuileries.

⁂ Incessamment on fera voir au Palais-Royal ou à Neuilly un boulet de canon tiré d'Holy-Rood.

⁂ Le juste-milieu vient d'inventer de nouvelles pièces de campagne dont la portée moyenne est de six lieues.

⁂ Entre les *pendeurs* et les *guillotineurs* le juste-milieu a choisi les *assommeurs*.

⁂ Le prix des places vient d'augmenter aux diligences en raison du nombre des sauveurs qui se sauvent.

⁂ La révolution vient de supprimer les consuls généraux de commerce, le commerce l'était depuis longtems.

⁂ Pourriez-vous me donner des nouvelles de la formidable expédition partie de Toulon pour bombarder Lisbonne et pulvériser don Miguel ?

⁂ Le mois de juillet s'appellera désormais le mois des départs.

*** Les ouvriers emballeurs sont les seuls qui aient gagné au retour du mois de juillet.

*** Grande fête offerte le 30 du courant aux patriotes de juillet par les ouvriers emballeurs.

*** Les journaux du ministère nous apprennent qu'on voit à Neuilly la liberté. Elle est en plâtre.

*** On vient d'ouvrir à Marseille un cours de pugilat appliqué aux élections par un ami de la liberté.

*** Sous le règne de la liberté, le *Manuel du Boxeur* deviendra un partie obligée de l'éducation de tout électeur et éligible.

*** A la proscription des lis *carlistes* a succédé celle des peupliers républicains. Tout le règne végétal y passera. Le juste-milieu devrait bien pourtant ne pas sortir du règne animal.

*** On vient de mettre toutes les pépinières en état de suspicion.

*** Le juste-milieu devient *assommant*.

*** Le 27, Paris sera une vallée de larmes, que le juste-milieu prenne garde de s'y noyer.

*** On vient de découvrir deux grandes conspirations contre le juste-milieu, la conspiration des chapeaux gris et la conspiration des Invalides.

*** Depuis la découverte du fameux boulet de Saint-Cloud à Neuilly, les Parisiens craignent de voir tomber sur les boulevards des bombes lancées de Saint-Pétersbourg.

*** Les grands partisans de la liberté ne laissent pas même à la France la liberté de se coiffer à sa fantaisie.

*** On annonce que dans les bals de l'hiver prochain *la carmagnole* remplacera *la galoppe* dans certains salons.

*** Le duc de Nemours a obtenu, dit-on, la croix d'honneur pour le capitaine du *Rodeur* qui, lors de la charmante scène du tréport, lui présenta un tirebouchon avec une grâce remarquable.

*** Le ministère ne veut pas de l'arbre de la liberté...... le ministère a peur de son ombre.

*** On vient de donner à une rose nouvellement découverte, le nom de Rose-Louis-Philippe.

Pourvu qu'on ne dise pas du roi-citoyen :

Et rose il a vécu....

*** Le jour de la fête des comestibles, on distribuera au peuple beaucoup de *crêpes*.

*** On lit, non pas dans les Petites-Affiches, mais dans le Globe, l'annonce suivante :

Religion Saint-Simonienne. — Toutes les personnes qui ont des renseignemens ou éclaircissemens à demander sur la religion Saint-Simonienne peuvent se présenter tous les jours, de onze heures à quatre, etc., etc., etc.

Un magnifique yathagan a été déposé au bureau de *la Mode* par un militaire qui a fait la campagne d'Alger, et qui depuis a donné sa démission du grade qui lui appartenait ; ce yathagan est à vendre : on peut le voir tous les jours d'onze heures à trois au bureau de *la Mode*.

LA MODE.

Pl. 168. — Figure vue de face : robe de châly des magasins de Delille, rue Sainte-Anne. — Fichu de mousseline à entre-deux, bordés de dentelle. — La dentelle n'est appliquée que du pied, elle doit jouer légèrement dans la longueur. — Des magasins de madame Minette, rue de Rivoli. — Chapeau de crêpe à bavolet, soutenu : de madame Hocquet, rue Ventadour, n° 11. — Souliers de maroquin.

Figure vue derrière : robe de Châly de Delille. — Pélerine de mousseline de madame Minette. — Chapeau de crêpe à bavolet soutenu avec une touffe de brins de plumes d'autruche séparés des côtes. Montés sur une petite aigrette noire. — De madame Hocquet. — Brodequins de peau anglaise et gros de Naples hanneton.

Ensembles de toilette. — Robe de mousseline blanche à corsage montant, draperie croisée. — Ruche de tulle bordée d'une petite dentelle. — Cravate de gros de Naples couleur paille et cerise. — Ceinture pareille. — Chapeau de paille de riz. — Un pavot couleur paille. — Des brodequins de peau et gros de Naples gris poussière. — Des gants jaune pâle. — Un châle de mousseline cachemire fond blanc à rosaces bigarrées de couleurs douces.

Négligé. — Une robe de gros de Naples noir, corsage croisé à plis plats. — Manches très-justes du bas, fermées par un petit poignet extrêmement étroit. — Col de mousseline de l'Inde, brodé et garni d'une dentelle à tuyaux haute d'un doigt. — Cravate de foulard fond blanc ; dessins vert-rouge et noir. — Capote de moire écrue. — A rubans de gaze satinée bleue. — Le nœud était séparé par moitié par le ruban qui tournait autour de la capote. — Des souliers de maroquin noir, des guètres de mérinos vert olive. — Des gants de Suède. — Un mouchoir de batiste bordé d'une large raie unie violet puce. — Un châle de cachemire imprimé en Mosaïques.

Coiffures. — Les cheveux en coques sur le devant, sont tout-à-fait devenus mauvais goût, des bandeaux plats sont préférables.

Les nattes en couronne sont aussi généralement la coîffure
de perruquier, deux coques inégales, dont l'une avance
siéent infiniment mieux et sont de meilleur goût.
passe des cheveux, on met quelquefois un seul bout
iban qui couronne le front ; il est destiné à remplir le
laissent les papillottes, lorsqu'elles sont disposées pour
chaque côté des joues.

de robe. — Un négligé dont quelques personnes dé-
l'élégance en en faisant une *toilette*, est une robe de
ne blanche unie, en redingote, ouverte devant. — Le
est croisé, la jupe a sur chaque bord un ourlet large
doigts, au bas un très-large ourlet comme aux autres
Il est mieux de laisser le jupon de dessous en fine
as broderie ni dentelle, que de le porter très-apparent.
ignant à ce peignoir une double pélerine garnie de den-
devient une recherche de simplicité de fort bon goût.

ire. — De petits corsets généralement peu connus,
été rappelés, et nous les indiquerons comme grande commodité aux personnes qui ne les connaîtraient pas. — Leur principal emploi est de soutenir la taille sans gêner, pendant la nuit. — Et en raison de l'extrême liberté qu'ils laissent aux mouvemens, les femmes enceintes peuvent les porter de préférence à tout autre.

C'est un petit corsage qui se compose par devant de pièces rapportées, jointes ensemble par un point à jour qui ne blesse nullement. — Les pièces sont disposées de manière que suivant la forme de la personne, le corset soutient sans comprimer. — Le dos est en basin et se lace à la paresseuse. — Il y a une ceinture de basin qui serre la taille à volonté.

Chez mademoiselle Allan, élève de Lacroix, rue Sainte-Anne.

Meubles et objets nouveaux. — De jolis petits bureaux de femme. — Parfaitement placé dans un cabinet de travail, avec un casier dans le fond, le devant qui s'ouvre s'allonge. — De toutes sortes de bois au choix, de jolie forme légère. — 95. Chez Vervelle, rue Montmorency.

Chez Susse, passage des Panoramas, il a paru les premières ombrelles de soie brochée. — Sur un fond brun sont des ramages verts. — Ou telle autre couleur sur une autre. — Le manche est en bois de fer, elles sont montées avec soin.

On a fait en bois, de même que les vases modèles étrusqués, des tasses, des petites boîtes à épingles, à plumes. Beaucoup de petits objets qui se peignent.

Le cabinet de Susse, place de la Bourse, vient de s'augmenter de quelques jolis tableaux, et d'un nombreux choix d'aquarelles et de sépia.

Les personnes qui habitent la campagne, ont peut-être souvent regretté les tableaux en location qu'elles trouvaient à Paris à leur disposition. — Nous pensons leur être agréable en leur annonçant que Susse se charge de l'envoie de ces tableaux en les louant aux mêmes conditions que pour Paris. — En y ajoutant toutefois le port de l'envoi et du retour. — Il suffit d'indiquer un répondant à Paris, on n'a plus à s'occuper d'aucun soin.

Il se charge en même tems d'y joindre les couleurs, les pinceaux et les huiles qui sont nécessaires.

ANNIVERSAIRE

DES GLORIEUSES

A SAINTE-PÉLAGIE.

C'était lundi soir, dans une des étroites et étouffantes cellules de Sainte-Pélagie. Autour d'une petite table, plusieurs prisonniers étaient groupés et entassés en cercle, confondant leurs souffrances dans le spectacle d'une commune persécution.

Il y avait là un chevalier de Saint-Louis, ancien officier de la garde, un général révolutionnaire, trois décorés de juillet, un officier bonapartiste, un pauvre ouvrier blessé dans les trois jours, des journalistes de toutes couleurs, un artilleur réformé et un garde-du-corps; des étudians en droit et en médecine, des jeunes gens à la physionomie exaltée, formaient le fond du tableau et encadraient cette scène pittoresque. Tous les détenus politiques dont regorgent les prisons de France avaient là leur représentans; et il n'y avait dans cette cellule que des hommes à principes fixes, raides et invariables, des cœurs fermement dévoués à une doctrine, des âmes remplies de conviction et de foi: pas de juste milieu entre ces opinions tranchées. C'était un singulier spectacle que de voir ainsi toutes ces têtes brûlantes d'enthousiasme, se presser amies sous la voûte du même cachot. La conversation éclatait en saillies, vive, chaude, animée, elle pétillait en étincelles de sarcasmes, en expression d'amère plainte et de désappointement cr[illegible]

Comment! vous ici, disait le chevalier de Saint-Louis au général D..., vous qui le premier avez mis un costume de général à la tête des guenilles de la révolution.

— Et la rencontre vous étonne, sans doute ?

— Elle est au moins bizarre. Que le gouvernement nous repousse et nous persécute, je le comprends encore ; mais qu'il vous renie, vous autres qui l'avez fait ce qu'il est, qui l'avez créé et mis au monde, qui l'avez tiré de dessous une barricade. vous qui enfin présentiez vos poitrines aux boulets de la place de Grève, tandis que les boulets de Saint-Cloud restaient, quoiqu'on en ait dit, à mi-chemin de Neuilly. En vérité, il y a là une inconséquence que je ne conçois pas.

— Et pourtant elle est réelle, regardez ici autour de vous.

— Je puis vous en fournir une preuve, dit brusquement un décoré de juillet. Pour avoir mis l'autre jour mon ruban bleu à la boutonnière, on m'a assailli, on m'a assommé, puis on m'a procuré l'honneur de votre compagnie. Franchement, n'eût-il pas mieux valu ne pas me donner cette décoration, puisqu'elle devait être pour moi un signe de persécution et d'anathême.

— Et moi, dit un étudiant, je me suis montré avec une cocarde tricolore ; voilà mon crime. L'autre jour, Louis-Philippe en avait une énorme à son chapeau : Il est au Palais-Royal, et moi ici. Quand on a eu besoin de nous, on nous a flattés et caressés, on nous a officiellement remerciés du haut de la tribune. On avait peur, et alors il n'y avait pas d'assez mielleuses paroles pour nous allécher. Maintenant on nous traite hautement et fièrement de perturbateurs et de factieux. Ah ! si j'avais su, j'aurais pris mes licences et laissé là leur liberté.

— Voulez-vous mieux encore, dit un jeune homme qui était dans le fond de la salle. Je n'avais qu'un simple chapeau gris, je passe sur le quai de l'École, on me l'enfonce sur les yeux ; je cite l'exemple de Louis-Philippe ; on m'appelle républicain et anarchiste. Je me plains plus fort, attendu que le chapeau me coûtait quinze francs, et que je ne lui supposais pas d'opinion ; le caporal m'arrête après m'avoir préalablement écrasé mon pauvre chapeau d'un coup de crosse. On me conduit au corps de garde, et je reconnais dans le caporal le chapelier qui m'avait vendu mon chapeau gris. Voilà pourtant un an que je me battais pour la liberté. Du diable! si je me serais douté devant le Louvre, qu'après la victoire je n'aurais pas même conquis la liberté de me coiffer à ma fantaisie.

— Et vous mon brave, dit l'ancien garde-du-corps à l'ouvrier blessé, vous m'avez l'air tout aussi désappointé que ces messieurs.

— On le serait à moins. Voici le remerciment pour le bras qui me manque et dont vos camarades m'ont débarrassé. En vérité, c'était bien la peine de me faire estropier par une balle royaliste pour être réduit un mois après à mourir de faim, et pour me voir ensuite emprisonné comme un malfaiteur. Il est vrai que j'ai fait la folie de me plaindre, de demander du pain un peu trop haut, et de crier dans la rue vive la liberté dix mois après la révolution.

— Et la presse, voyez sa récompense, dit un journaliste; la presse libérale a fait la révolution, et ceux qui ont profité de cette révolution, ceux qui l'ont mangée, ont rivé les fers de la presse et jeté les journalistes au cachot. En quinze ans les juges de la restauration n'ont pas prononcé autant de condamnations contre les écrivains qu'on en a vu fulminer contr'eux dans l'espace de six mois.

— Qui vous eut dit, messieurs les royalistes, dit l'artilleur républicain, que nous célébrerions ensemble et dans la même geôle l'anniversaire de la révolution de juillet.

— Maintenant je ne vois rien là d'extraordinaire, reprit le chevalier de Saint-Louis, nous avons été battus et vous avez été dupes; avouons-le de bonne foi, vaincus et vainqueurs votre gouvernement nous a jetés de côté. Les coquilles aux deux plaideurs : l'huître est au milieu, elle lui est restée Ai-je dit vrai.

— Mille fois vrai, s'écrièrent tous les prisonniers, et en ce moment la cloche de la retraite vint interrompre la conversation.

— Dans quatre jours, dit le chevalier en se retirant, je vous donne rendez-vous dans cette même cellule , nous y célébrerons l'anniversaire des trois journées.

Le vendredi 29, les convives étaient autour de la table, les verres se heurtaient, les toasts se succédaient rapidement, et, avec les toasts venaenit la gaîté, qui fait oublier la geole, la joie qui dore les barreaux de fer, qui brise les anneaux de la chaîne, qui donne la liberté à l'âme du captif. Au milieu du choc des paroles, des cliquetis des verres et du tumultueux désordre d'un festin de jeunes gens, on entendait de tems en tems éclater une parole politique, surgir une saillie de regret, de désir et de désappointement.

Puis, comme le champagne vint pétiller au dessert, toutes les opinions éclatèrent avec lui, toutes les cervelles sautèrent au plancher avec le bouchon. Alors les toasts s'entrechoquèrent opposés. Ennemis, amis, patriotes et royalistes, ils se mêlèrent; c'était une guerre civile de verres, une Vendée de toasts et de santés portées à tous les régimes. Ecoutez-les: A la Liberté, à la République, à Henry V, aux Souvenirs de Juillet, aux deux Révolutions, aux Exilés d'Holyrood, aux Victimes des Trois Jours, aux Morts des Barricades, aux Morts de la Garde Royale, au Roi, à Napoléon II, et les verres, chargés de ces toasts, se heurtèrent mêlés sans se rompre.

Ainsi le banquet dura encore une heure, puis vinrent les chansons politiques, expressions d'enthousiasme, de dépit, de vœux, d'esprit national, d'affection, de menace et de haine. Les longs corridors de Sainte-Pélagie retentirent des accens de la *Marseillaise*, mêlés au vieux chant de *Vive Henri IV*; la *Carmagnole* accompagnait le *Chant Français*, et le *Ça ira* se mariait à la *Parisienne;* harmonie de chants opposés, concert discordant, retentissement de la division des esprits. Tous les partis de bonne foi étaient là représentés, tous hormis le parti de ceux qui n'appartiennent à aucune opinion, et qui, au besoin, appartiendraient à toutes.

Les prisonniers célébraient l'anniversaire des trois jours, c'était la fête des Dupes.

ÉPITRE A M^{R} ***,

POÈTE ET CANDIDAT A LA DÉPUTATION.

Eh quoi ! vous, député ? quel caprice soudain ?...
Quoi ! nouvel aspirant aux honneurs politiques,
Vous voulez, désertant les joutes poétiques,
Confier votre nom aux hasards du scrutin !
Vous, député !... Bon Dieu ! que vous a fait la France
Pour vouloir la représenter ?...
Est-il de candidats trop petite abondance ?
Tous ces *grands citoyens*, notre seule espérance,
Comme ils disent sans plaisanter,
Auraient-ils donc sitôt abandonné la chance,
Ou bien sur nos Solons pensez-vous l'emporter ?
De votre ambition contez-nous le mystère.
Vous payez, je le sais, en gros propriétaire,
Bien au-delà du cens exigé par la loi ;
Cens moyennant lequel on a tout ; bonne foi,
Conscience insensible à tout l'or de la terre,
Savoir, talens, franchise austère ;
Enfin tout ce qui fait, à juste prix coté,
Le grand complet d'un député.
Vous avez donc le cens : *item*, je le suppose,
Le sens commun ; passons ! là n'est point l'embarras ;
Pour celui-là, c'est autre chose,
La Charte ne s'en mêle pas.
Bien plus, grâce aux bienfaits de notre loi nouvelle.

Vous possédez l'âge requis;
Car jouissant des droits par sa valeur conquis,
On veut que la jeunesse aujourd'hui se révèle.
La jeunesse à présent doit régir le pays;
La jeunesse avant tout : bientôt même, je pense
Que nos législateurs vont tomber en enfance
Pour joindre encor bien mieux l'exemple à leur avis.
Vous voilà donc en règle; il n'est rien à redire.
Mais de grâce, voyons, quel démon vous inspire?
Vers ces tristes sentiers qui pousse ainsi vos pas?
Vous, amant de la poésie,
Trésor consolateur, douce et pure ambroisie
Que mélangea le ciel aux peines d'ici-bas!
Epris d'un saint respect pour notre vieille histoire,
Vos chants interrogeaient ces débris solennels,
Menacés par la bande noire
Et par le lourd ciseau des froids industriels,
Dons précieux des arts, souvenirs de nos pères,
Où le baron Charles Dupin,
L'homme-chiffre, compas en main,
Qui fait du blanc au noir l'échelle des lumières;
Ne voit que des moëllons, des vieux murs et des pierres
Sur tant de mètres de terrain.
Déjà nous vous voyons, candidat populaire,
Mesurant vos respects au taux du percepteur,
Formuler vos vertus en humble circulaire
Auprès du malotru qui, d'un air protecteur,
Puise dans votre tabatière,
Et vous fait jusqu'au fond boire la coupe amère
Où s'abreuve un solliciteur.
Vous jurez, aux transports d'une foule unanime,
De faire guerre à mort au vieux droit légitime,
C'est très-bien : mais hélas! d'épines acérées
La pointe sous des fleurs se cache aussi pour vous.
Bientôt vont s'envoler illusions dorées :
En dépit du velours si doux

De leurs banquettes rembourrées,
Souvent nos députés sont assis sur des clous.
La popularité s'use bien vite en France ;
Bientôt, malgré votre éloquence
Qu'un journal complaisant corrige tous les jours,
Et les : *Sensation*, les : *Bravo* d'obligeance
Qu'il entremêle à vos discours,
Votre gloire éclipsée est de plus en plus terne ;
La disgrâce succède aux triomphes si courts ;
Et chez vous quelque soir les héros des faubourgs
Viennent crier : A la lanterne !
Et quel plaisir encor l'avenir vous promet
D'apercevoir votre figure,
Sous les carreaux de Martinet,
Grimacer en caricature
Entre *Mayeux* et *Dumanet !*
Que vous aurez l'âme ravie,
Fournissant chaque jour un calembourg nouveau,
De vous voir cloué tout en vie
Au pilori de *Figaro !*
Mais c'est le goût du tems : tout à la politique ;
Ce travers a gagné jeunes, vieux, grands, petits ;
Pour cette idole despotique,
Que de stupidités, et même encor bien pis !
Partout la politique a fixé son séjour :
Même aux Variétés Odry lui sert d'organe,
Et j'y retrouve en coqs-à-l'âne
Toutes les questions du jour.
Le savetier du coin, blotti dans son échoppe,
De constitution fournirait l'univers ;
Mon voisin le tailleur, en gouvernant l'Europe,
Coud ses culottes à l'envers.
Il n'est point d'épicier de mauvaise bourgade,
Qui de l'homme, en expert, ne discute les droits,
Ne fasse leur procès aux rois
Entre son poivre et sa muscade,

Et d'un journal menteur trop crédule jouet,
Tranchant de l'esprit fort et du petit Voltaire,
Ne décoche en passant quelque plat quolibet
A l'église où priait sa mère.
L'on ne croit plus à Dieu, l'on ne croit plus aux femmes,
On ne croit plus à l'art, cet aliment des âmes;
Du rire bon et franc le régne est éclipsé.
L'auteur court les emplois et l'artiste spécule
Rejetant derrière eux un bizarre scrupule,
Poètes, orateurs, moralistes fameux,
Des tems passés tous les grands hommes,
S'ils revenaient à vivre en cet âge où nous sommes,
Peut-être bien feraient comme eux.
Dédaigneux aujourd'hui de l'éclat d'un vain lustre.
A de solides biens ils voudraient l'allier.
Le vieil Homère seul, ce mendiant illustre,
Garderait son ancien métier.
Comme autrefois encor, sans changer de carrière;
Il mandierait matin et soir,
Mais ce serait en habit noir.
Dans les salons d'un ministère.
Boileau, critique âpre et sévère,
Pour l'intérêt public épris de passion,
Afin qu'on lui jetât le gâteau de Cerbère,
Ferait dans un journal de l'opposition.
On verrait le poète et du Cid et d'Horace
Sur les bancs de la gauche assis,
Du budget grossissant peser la lourde masse,
Et, frondeur permanent, troubler de sa menace;
A son terrible aspect, tous nos visirs transis,
Moyen fort usité de demander leur place.
De nos contemporains si j'en crois les récits,
Il faudrait à Racine au moins une ambassade.
Du théâtre à ses yeux la gloire serait fade :
Adieu Phèdre, Athalie, Andromaque et Burrhus;
Pascal augmenterait le nombre des ventrus.

Malherbe quitterait une muse légère.
Dans le conseil d'état il irait s'implanter.
Et Poquelin et Labruyère,
Diraient, en s'arrachant une place derrière :
« S'il n'en existe plus, il en faut inventer. »
Et qui sait ? nous verrions La Fontaine lui-même,
Subissant de nos mœurs l'universel effet,
Poète insouciant, lui si bon, lui qu'on aime,
Par un penchant nouveau briguer l'honneur suprême
D'être *Monsieur le sous-préfet.*
Mais ces pauvres gens-là, (quelle erreur infinie!)
Ne se doutaient en rien de notre habileté.
C'étaient tout bonnement des hommes de génie,
Ils n'allaient tout au plus qu'à l'immortalité.
Ah! tenez-vous-en là : les accords de la lyre,
A défaut de leur vieil empire,
Ont des plaisirs encor quand les autres ont fui.
Il est, il est toujours des cœurs qui les comprennent;
Avant peu, croyez-moi, de meilleurs jours reviennent.
Pour nous les ramener je compte sur l'ennui.
Chantez donc : et s'il faut qu'un emploi d'importance,
Qu'un éclatant honneur illustre votre nom,
A votre ambition j'offre une belle chance...
Briguez la papauté chez Monsieur Saint-Simon.

Mars 1831.

Revue de la Semaine.

Elle sortit, le visage couvert d'un voile noir; de grosses larmes roulaient sur ses joues pâles et creuses, et il y avait de la douleur dans tout son être. Allait-elle vers le Louvre, ou bien vers la rue Froidmanteau, là où les morts de juillet reposent à côté d'un égoût ? Oh non ! son mort à elle dort dans un endroit inconnu; on l'a mis là, dans une tombe déserte, lointaine et ignorée, puis on a jeté de la terre dessus, et personne n'y a plus pensé; personne excepté elle et quelques autres encore qui ont là des souvenirs d'amour, car dans cette tombe aussi il y a des fils, des fiancés, des frères. Ces morts ont fait pleurer des yeux de jeunes filles et déchiré des entrailles de mère.

Pauvre jeune homme! il avait douze années de service et des galons de sergent, pas davantage; mais il avait un noble cœur, et on lui avait promis l'épaulette, cette épaulette qui fait tressaillir le cœur du jeune homme, qui fait pleurer le soldat qui ne l'obtient pas à son tour, comme pleure une femme; et il attendait l'épaulette pour se marier.

Vint la révolution avec ses trois jours de combats sanglans et de guerre civile; le sergent avait juré fidélité, et, je vous l'ai dit, il avait du dévoûment dans le cœur; puis, le sergent n'entendait rien aux discussions politiques, il ne connaissait que son serment et son roi. Il se battit donc : une balle le tua le 28 juillet au détour du Pont-Royal, devant le jardin des Tuileries. Il tomba en jetant un long et triste regard du côté où demeurait sa fiancée; il eût voulu lui dire un dernier adieu, mourir dans ses bras, reposer sa tête vacillante sur son cœur... Hélas ! deux enfans l'achevèrent.

Le 30 juillet, la fiancée du garde royal, le cœur déchiré par les angoisses et la cruelle agonie de trois jours d'incertitude, apprit la funeste nouvelle. La mort de son époux lui fut révélée par un de ses camarades échappé au massacre. Il lui dit le lieu où on l'avait enseveli, et son dernier soupir qui avait été pour elle.

Voilà un an qu'il est mort : elle va lui rendre un dernier devoir d'amour et pleurer sur sa tombe délaissée.

Elle embrassa cette terre qui recouvrait son bien-aimé ; elle la baigna de ses larmes. Pauvre jeune fille ! elle ne comprend rien à vos joies; vos fêtes lui poignardent le cœur. Quand elle a entendu dire que vous alliez célébrer l'anniversaire de ces trois jours, le nom et le souvenir de son amant lui sont venus à l'âme. Vos cérémonies pour solenniser la guerre civile de juillet, la tueront.

Lorsqu'elle retourna des lieux où gissait son fiancé, le feu vacillant des lampions officiels éclairait les Tuileries et les Champs-Élysées. Le peuple de juillet venait de fêter ses morts; il s'était réuni ce jour-là autour de ses monumens faits de toile et de papier, dans ses amphithéâtres peints de rouge, pour ne pas déroger aux couleurs révolutionnaires ; il avait entendu chanter, par des comédiens, des hymnes et des cantates patriotiques, et en ce moment, il digérait le pain de la munificence civique, et il dormait dans le vin.

Elle s'en retournait navrée et abîmée dans la douleur. Vous tous, qui avez un fils, un époux, un amant, parmi ces braves qui sont tombés il y a un an sous la mitraille populaire, vous avez compris ses larmes. Ces pauvres soldats ne sont-ils pas aussi des victimes ? La fidélité aux sermens, le dévoûment, le courage, ne méritent-ils pas aussi une larme et un souvenir ?

— Rions, rions à étouffer. La comédie se joue : un acte il y a quinze ans ; un acte il y a un an ; un acte l'autre jour. O comédiens, faites-moi donc rire ; continuez la farce, elle est burlesque et vous vous en tirez à merveille.

Le personnage de la nouvelle pièce, est M. de Sémonville

mille pardons, vénérable pair, de la dénomination; mais aussi pourquoi mettre en scène la comédie et la jouer si bien. Odry ne se fache pas quand je l'appelle un délicieux farceur. La pairie va tomber, les pairs s'en vont comme les rois, l'hérédité est au pied du mur. Grâces à la révolution, un fils de pair de France sera commis d'octroi ou marchand de bonnets de coton. A merveille! c'est une conséquence de la comédie de quinze ans, puis de la comédie de l'an dernier. Le dénouement approche, il faut l'éloigner. Vite encore la comédie, un tour de Scapin.

On a donc fait ou dû faire une répétition au Palais-Royal, puis on a donné la représentation au palais du Luxembourg. Au Palais-Royal, on a, m'assure-t-on, imaginé l'intrigue, on a dialogué la pièce. Il a été dit que M. de Sémonville parlerait le premier, le prince royal devait avoir la réplique. A qui persuadera-t-on que le duc d'Orléans ait pu parler de lui-même? Ce ne sera pas à moi : je l'ai entendu, je l'ai vu chercher en tatonnant la suite de son discours en sa mémoire.

Quelques aunes de vieille soie jaune et autant de noire, le peintre vitrier a peint sur le jaune un grand aigle à deux têtes, on a adapté le tout à un baton en guise de hampe, voilà les drapeaux d'Ulm. Quant à la lettre d'envoi de Napoléon au Sénat, elle est aux archives; allez-y voir. Ceci est une version. Mais M. de Sémonville ne veut pas être comédien d'hier, il veut dater ses débuts de plus loin.

Voici l'autre version, laquelle est vraie, je n'étais pas dans les coulisses, mais c'est toujours de la comédie.

Quand les armées étrangères entrèrent à Paris en 1814, M. de Sémonville ne voulut pas laisser brûler les drapeaux confiés au Sénat. Il les cacha avec la lettre d'envoi au fond d'un mystérieux souterrain dans lequel lui seul pouvait descendre; aucun autre ne connaissait la trape. De tems en tems il venait pleurer sur ses pauvres drapeaux et sur la lettre d'envoi de Napoléon; puis, les yeux tout rouges encore de ses pleurs, il allait baiser amoureusement le drapeau blanc, et protester de son dévoûment au Roi et de sa haine contre l'usurpateur. Cette comédie, je vous le répète, a duré quinze ans. Ne vous fachez pas.

M. de Sémonville, c'est vous qui l'avez dit en plein palais du Luxembourg.

Allons, braves gens du parterre, auriez-vous maintenant le cœur de tuer cette pauvre pairie, la voilà qui se sauve sous l'autel de la gloire, qui se cache sous les drapeaux conquis par la victoire. Un peu de pitié pour elle, bons et honnêtes révolutionnaires, en faveur des drapeaux d'Ulm et de la lettre d'envoi qui est aux archives, et du discours de M. de Sémonville, et de sa dissimulation et de son admirable dévoûment. Ce serait un crime d'achever qui vous demande aussi piteusement la vie. Grâce, grâce, peut-être on vous retrouvera encore quelques drapeaux cachés dans les mystérieux souterrains du Luxembourg; puis si vous donnez la vie, la comédie continuera et vous rirez. Le début promet. Quand vous n'irez pas voir Desbureaux, vous aurez les incroyables révélations et les admirables apostrophes de M. de Sémonville.

— Tu es le plus petit, donc tu payeras pour les autres. La Prusse arme contre la France, attaquez don Miguel; la Russie se moque de nos négociations en faveur de la Pologne, canonnez don Miguel; l'Autriche se rit de nos invitations et s'obstine à ne pas évacuer l'Italie; bombardez don Miguel; le duc de Modène fair pendre un patriote, lancez des fusées à la Congrève contre don Miguel; la Hollande ne veut pas reconnaître le préfet anglais que nous avons aidé à installer à Bruxelles, brûlez le palais de don Miguel; l'Espagne nous impose l'éloignement de ses révolutionnaires, pillez la marine de don Miguel; enfin l'Europe entière se moque de la sottise et de la faiblesse du juste-milieu, la France, grâces à son gouvernement, est donnée en risée aux autres nations; détrônez, fusillez, tuez, exterminez don Miguel. En un mot lisez Lafontaine et faites l'application de la fable : Allez la chercher s'il le faut jusque sous les murs de Lisbonne.

—Un chef de Zoave voulait avoir la croix de la Légion-d'Honneur; pourquoi ne l'aurait-il pas, lui, Arabe du désert, brave comme son damas, léger comme la gazelle, farouche comme le lion. Mais le Zoave était accoutumé à couper des têtes pour son dey, à les porter en tribut à son pacha, il croyait qu'il fallait couper des têtes et tuer des ennemis, pour obtenir la croix, pauvre ignorant! Il demandait donc combien il fallait tuer de Bédouins et de Cabaïles pour la mériter; pour toute réponse, les Français lui rirent au visage. Si jamais il venait en France, le Zoave verrait que la croix s'obtient à meilleur marché, et que la plupart de ceux qui la portent aujourd'hui ont fait peu d'efforts pour la mériter. Allez donc vous faire dire les exploits de tous ces pacifiques chevaliers, enrubannés en masse, depuis qu'il n'existe plus de priviléges, et que nous avons une Charte-Vérité.

— Jusqu à ce jour, vous aviez refusé de croire à l'humanité de M. de Robespierre et de ses collègues; M. Barthélemi ne vous le pardonnera pas. Ce bon M. de Robespierre! ce bon M. de Saint-Just! ce bon M. Danton, ce bon M. Marat! On les a calomniés, le fait est sûr. C'est ici-bas le sort de la vertu : il n'est pas de réputation où les mauvaises langues ne trouvent à mordre.

Il est tems enfin de réhabiliter leur mémoire trop indignement outragée; c'étaient les meilleurs gens du monde, des philantropes dignes du prix-Monthion, de bons vivans aimant à rire, chantant la gaudriole et la romance, et ne guillotinant que tout-à-fait à contre-cœur et pour le bien public. Si vous croyez que je plaisante, écoutez M. Barthélemi dans sa dernière livraison de *Némésis*.

« Oh ! vous les jugez mal, ces hommes : comme nous
» Ils étaient tolérans, pacifiques et doux. »

Ah! de grâce, M. Barthélemi, dites : *moi*, et non pas : *nous*, et que Dieu nous garde de votre *tolérance!*

» L'indomptable Danton, l'effervescent Camille,
» Idolâtraient les arts, les banquets de famille,
» Les rayons du soleil qui tombent d'un ciel pur,
» Et les rêves d'amour dans les bois de Tibur.

On prétend que M. Barthélemi s'occupe d'une histoire en vers de la Convention considérée comme société anacréontique. Ce poème sera dédié à M. Barrère.

— *Avis au public.* — On parle d'un nouveau théâtre qui vient de s'ouvrir, quai d'Orsay, au bout du pont Louis XVI, dans un emplacement où la comédie a été jouée pendant quinze ans sans que personne ne le sût ; la troupe extrêmement nombreuse, se compose d'acteurs expédiés de toutes les parties de la France, ce qui parfois produit une cacophonie d'accents qui n'est pas sans bizarrerie.

A peine pourrait-on citer dans toute la troupe deux ou trois sujets véritablement dignes de l'approbation du public. Cette troupe est placée sous l'administration de huit directeurs associés qui la gouvernent en souverains absolus, et se soucient fort peu de plaire ou de déplaire au public dont ils accaparent l'argent. Les représentations ont lieu tous les jours, de 2 à 6 heures, excepté les fêtes et dimanches. Le compliment d'ouverture auquel on attachait beaucoup d'importance, à cause du nom de l'auteur, ou plutôt des auteurs, a eu très-peu de succès. Tout ce pathos et ces belles promesses n'ont séduit personne. Les pièces en répétition que nous verrons successivement sont : *Rome sauvée* ; (Dup... dit *le sauveur*, remplira le rôle de *Cicéron.*) Fel... remplira le principal rôle ; *le Diplomate*, *la Foire aux Places*. Tous les acteurs joueront dans cette dernière pièce. Il est question de finir l'année théâtrale par un proverbe ayant pour titre : *Au bout du fossé la culbute.*

— Jadis on se saluait avant de se battre, on ne se coupait jamais la gorge sans avoir échangé le salut des armes ; la politesse française, devenue proverbiale en Europe, exigeait surtout que jamais l'injure ne se mêlât aux préliminaires du combat. Depuis quelque tems on prélude à la guerre par des provocations et des insultes lancées du haut de la tribune, de la manière la plus inconvenante : ce sont des soufflets qu'on essaye d'appliquer sur la joue des peuples, avant de vider la querelle avec eux. Les orateurs ont oublié, sans doute, que, toujours, notre nation a été renommée pour l'exquise politesse de ses mœurs, pour la courtoisie et les chevaleresques habitudes de ses hommes de guerre.

Cependant on pouvait croire qu'au moins, à la tribune de la chambre des Pairs, de telles provocations si ridicules de jactance, et qui ne sont, il faut le dire, nullement de bon ton, n'essayeraient pas de se faire entendre. Mieux que cela, elles y ont pris un caractère officiel, en sortant de la bouche même d'une personne très-haut placée; avec l'attitude que le royauté bourgeoise a prise à l'égard des puissances étrangères, lui sied-il bien de se donner ainsi des airs de provocation à leur égard, et dans tous càs, serait-ce du haut de la tribune qu'il conviendrait de leur jeter le gant.

Ce n'est pas ainsi que les puissances en agissent avec nous, et, en toutes choses, leurs procédés dans les derniers tems, valent mieux que les nôtres; qu'on me permette d'en citer un exemple, tout-à-fait digne de remarque.

Naguères en Russie, comme M. de Mortemart avait refusé d'assister à un *Te Denm* que l'empereur avait fait chanter dans l'église de....., où se trouvaient des drapeaux conquis sur la France, dans la campagne de 1812, l'empereur ordonna que les cérémonies de ce genre seraient à l'avenir célébrées dans un autre lieu, pour ne pas blesser davantage la susceptibilité nationale de l'ambassadeur français.

La galanterie militaire aurait-elle fui de Paris, pour aller s'établir sur les bords de la Néva? De grâce, messieurs, si vous vous croyez en droit de provoquer, mettez-y plus d'aménité, plus de courtoisie, et surtout que l'effet suive de près vos paroles. Souvenez-vous que nos pères, pour le moins aussi braves que vous, saluaient les Anglais à Fontenoy, avant de faire feu sur eux, et que les officiers de l'armée, en disant : *après vous, messieurs les Anglais*, tiraient leur chapeau avant de tirer leur épée. On se battait pourtant bien à Fontenoy. Battons-nous donc, si cela vous plaît, mais, pour Dieu, que ce soit en gens de France, en hommes de cœur, en bien appris, que ce ne soit pas en fanfarons....

— Dans la journée du 27, à la sortie du Panthéon, le roi Louis-Philippe a été vu, rue de Vaugirard, acceptant d'un homme du peuple en chemise un verre de coco, qu'il a paru boire avec un extrême plaisir. M. le Duc d'Orléans y a mis moins de recherche; il a pris sans façon la bouteille, et a bu à même. Malgré son titre d'ex-souverain populaire, Don Pedro, témoin de cette scène, semblait la contempler avec une sorte d'étonnement.

—Mercredi, en première ligne du cortège, au retour de Louis-Philippe, on voyait sept à huit citoyennes décorées de juillet, dont l'une était vêtue d'une robe de percale avec une pélerine de taffetas noir et un bonnet de crêpe du plus grand deuil, orné d'une cocarde aux trois couleurs de Valmy. Elle marchait à la tête de ses illustres compagnes, en portant un étendart aux trois couleurs de Jemmapes. On n'a jamais pu savoir si c'était mademoiselle Bourbiou, madame Grosjean, mademoiselle Uranie Baric ou mademoiselle Valérie Despallières

Aussitôt que cette avant-garde héroïque a paru dans la cour du Palais-Royal, toutes les princesses et les dames de leur maison se sont montrées aux fenêtres en costume de veuves, avec le voile tombant et les pleureuses en baptiste, ce qui paraissait d'un cérémonial un peu gothique pour une fête révolutionnaire en commémoration d'une guerre de pavés. Pendant ce tems-là, le roi citoyen agitait son chapeau en l'air, ou donnait des poignées de main à droite et à gauche, et S. M. répétait continuellement : *je désire votre bonheur, je ne désire que votre bonheur, tout ce que je désire est pour votre bonheur !* Lorsque le roi est arrivé au haut de son escalier, il s'est aperçu que l'empereur Don Pedro devait être resté sur la place ou dans la cour du Palais-Royal, où S. M. impériale se trouvait effectivement arrêtée par une foule de curieux, avec qui le grand monarque a passé plus de vingt minutes en conversation très-familière. Les uns lui demandaient quel âge avait au juste, et comment se portait Dona Maria? Un autre interrogeait S. M. sur ses projets relativement à la conquête du Portugal! On lui demandait s'il faisait aussi chaud au Brésil que dans la cour du Palais-Royal, et finalement s'il avait eu la facilité d'en rapporter beaucoup d'argent. A tout cela *l'empereur constitutionnel et défenseur perpétuel du Brésil* a répondu de la manière la plus satisfaisante, et il a mis dans sa poche une grande quantité d'adresses imprimées dont on avait eu l'obligeance de lui faire hommage. La fête a été terminée par un grand dîner qui devait être fort sérieux, puisque tous les convives y étaient en grand deuil, et voilà l'historique de la journée du 27.

Don Pedro de Bragance et Bourbon, est un fort beau prince, mais sa figure nous a paru moins régulière et moins animée que celle du Roi de Portugal, son frère. Il était vêtu d'un simple uniforme vert avec des épaulettes de colonel et le grand-cordon de son ordre de la *Rose du Sud*, qui est tiercé de vert et de blanc: S. M. ne portait aucune décoration portugaise. Elle a paru distinguer favorablement et spécialement tous les héros et les héroïnes de la grande semaine; et l'on doit observer à son honneur que c'est le témoignage d'une grande générosité de la part d'un souverain qui vient d'être chassé par le peuple de sa capitale.

— *Recette pour improviser sûrement*: à MM. les Députés et Pairs de France. Quand il est bien décidé que vous monterez à la tribune, pour improviser, vous commandez un discours deux jours à l'avance: on vous apporte le discours et vous l'étudiez: quand vous savez le discours sur le bout du doigt, vous vous adressez à une personne de confiance, à une personne dont vous soyez sûr, et qui soit sûre d'elle-même, et vous obtenez d'elle qu'elle voudra bien, dans l'une de ses prochaines harangues, vous adresser différentes interpellations auxquelles vous aurez l'air de répondre ensuite, sans y avoir été préparé.... Attention! voici le signal; on vous interpelle.... C'est le moment d'improviser. Vous montez donc à la tribune, où vous débitez, avec tout l'entraînement et toute la chaleur dont il vous est donné de faire usage, le discours que vous avez appris par cœur ; tout le monde s'y laisse prendre; et il n'est personne qui ne croie que vous avez réellement improvisé.... C'est ma recette.... Esayez-en.... Vous m'en direz des nouvelles.

⁂ L'improvisateur Sgricci et M. Eugène de Pradel ont été reçus en audience particulière par monseigneur le duc d'Orléans.

⁂ La Chambre des Pairs a arboré les drapeaux Sémonville, en signe de détresse.

⁂ M. le grand référendaire ne s'appellera plus que le grand dépositaire.

⁂ On assure que le *Père Sournois des Petites Danaïdes* va prendre à partie M. le grand référendaire.

⁂ Ce n'est pas un pair..... c'est un compère.

⁂ Dans la première séance de la Chambre, le premier député admis a été M. Séné, médecin. On espère que M. Séné fera aller le juste-milieu.

⁂ Le juste-milieu, voulant essayer ses forces, s'est colleté l'autre jour avec un invalide à qui il ne manquait que les deux bras et une jambe. L'issue du combat n'a pas été douteuse : c'est à l'invalide qu'est restée la victoire.

⁂ *Les deux victoires.* — 5 *juillet* 1830. Le drapeau blanc flotte *sur* les murs d'Alger. — 11 *juillet* 1831. Le drapeau tricolore flotte *sous* les murs de Lisbonne.

⁂ Les victoires du juste-milieu ne sont que des *sous-victoires*.

⁂ Le juste-milieu vient de remporter une grande victoire *sous* Don Miguel.

⁂ En fait de gloire, le juste-milieu ne sera jamais qu'en *sous-ordre*.

⁂ Une mauvaise farce, intitulée *le Compère*, vient d'être sifflée au théâtre du Luxembourg.

⁂ M. de Sém..... a l'honneur de prévenir le public qu'il donne chez lui des séances d'improvisation, et va en ville. On est prié de lui commander les sujets vingt-quatre heures d'avance.

⁂ M. de Sém..... se propose d'ouvrir incessamment au Temple une boutique de tapissier.

⁂ M. de Sém..... sera *drapé* par toute la France.

⁂ La farce du Luxembourg n'a été *improvisée* qu'après six répétitions générales.

⁂ Dans le monde politique, M. Sém..... en est réduit à faire *tapisserie*.

⁂ En vente chez tous les marchands de musique, *le Vieux Drapeau*, avec des variations nouvelles par M. de Sém.....

⁂ M. de Sém..... vient de s'engager comme *démonstrateur* au salon de Curtius.

⁂ Tandis que le drapeau tricolore était *dessous*, le drapeau portugais était *dessus*.

⁂ Pour entrer plus facilement dans le port de Lisbonne, la flotte du juste-milieu passerait, au besoin, *sous* les eaux du Tage.

⁂ Le marchand de curiosités qui est devenu possesseur des balles de M. Sébastiani a fait également acquisition du boulet de Neuilly.

⁂ Le juste-milieu vient de recevoir un nouvel affront de la part d'une grande puissance, plaignez Don Miguel.

⁂ On parle d'un traité fort avantageux conclu avec les États-Unis ; ils nous devaient de l'argent, nous leur envoyons vingt-cinq millions.

⁂ Plusieurs malheureux ayant embrouillé dans leur tête les dispositions du programme de M. d'Argout, ont ri le jour des pleurs et pleuré le jour des rires. Ils ont été sur-le-champ incarcérés.

LA MODE.

Pl. 169. *Figure de face.* Pantalon de coutil anglais, fil blanc, habit de drap, collet de velours. — Gilet de soie. Gants de peau.

Figure vue derrière. Redingote juste; pantalon de nankin. — Chapeau de castor gris foncé. — Gants de tricot.

Ensembles de toilette. Une robe de chály, fond blanc, dessins de fleurs, couleur bois, rouge et bleu. — Pelerine de batiste, garnie d'un rang de petits plis à festons. — Chapeau de paille, avec un bouquet de plumes blanches. — Brodequins de prunelle et peau; gros vert. — Gants de fil d'Ecosse, blancs. — Une ombrelle de moire blanche.

Robe de gaze, jaune souffre. — Corsage décolleté, à châle bordé de dents arrondies; tout autour une petite blonde; les cheveux en couronne, le bout frisé; derrière, sur le côté, un nœud de gaze satinée, fond noir à raies jaunes, rouges et vert clair. — Manches longues; parure de mosaïque en plaques, enchassées d'or bruni. Une Ferronnière, dont la chaîne, large de quelques lignes, était formée de petites grecques, jointes par un anneau émaillé. — Souliers et gants blancs.

Coiffures. — Une large couronne peu haute, une rangée de boucles très-crêpées, ne sortant que de l'extrémité au-dessus de la couronne. — Deux touffes de papillotes. — Cette coiffure est une des plus jolies qui se fasse en négligé.

Nous avons vu de chez madame Lepetit, rue Grange-Batelière, n° 2, un chapeau de moire bleue, qui, par derrière, au lieu d'un bavolet, avait un très-grand nœud, composé de quatre coques et deux bouts. — Il s'étendait assez pour garnir tout le derrière du chapeau, dont le bord était peu saillant ; il avait sur le côté une touffe de plumes bleues, panachées en bleu plus foncé, mêlées à des rubans de gaze de l'effet le plus gracieux.

Jusqu'à ce que la mode exclusive des plumes se passe un peu, nous n'aurons rien de nouveau à dire. Les plumes sont tout ce qui se porte le plus.

Robes. — Les châles pour les robes décolletées ont beaucoup de variétés. — Ils sont infiniment gracieux, et siéent fort bien à la taille, qu'ils élargissent, en lui donnant de l'élégance.

Lingerie — De jolies pélerines sont rondes derrière, à pans par devant, ne passant la ceinture que de quelques pouces, venant à l'épaule sous la couture ; la seconde pélerine fait col. — Elles s'attachent par deux pattes larges comme un ruban. — Elles sont fort bien en tulle brodé, imitation de dentelle.

Des tabliers de batiste unie, ou jaconas de même couleur, se brodent tout autour en laine de couleur, et à la fente des poches. — Les premiers que nous ayons vus venaient de la *Balayeuse*, boulevart des Italiens.

Service de table. — Les couteaux répondent à l'argenterie, qui est moulée en relief. — Ils doivent avoir les viroles et les sabots à moulures en bosse. — Dessins gothiques.

D'autres assez extraordinaires sont en agathe rouge ou brun. — Le manche ne doit avoir aucune monture.

Sur les manches d'ivoire, au lieu d'un écusson d'argent, il est beaucoup plus élégant de faire graver le chiffre ou les armes en noir, sur l'ivoire même.

MEUBLES ET NOUVEAUTÉS. — Les vases qui sont le plus adoptés sont à doubles fins. — Ayant à peu-près la forme d'un baril, ils ont un double fond. — Disposés pour recevoir de la terre, ils ont un petit trou, qui se ferme lorsque l'on veut y mettre de l'eau.

D'autres à forme Médicis, élevés sur un pied en socle. Chez Darte, Palais-Royal, ce modèle nous a été montré tout récemment, fond bleu de roi, parsemé d'étoiles d'or, le socle en or uni.

On fait de riches et élégantes corbeilles de cristal taillé, destinées à recevoir des fleurs, en les posant sur une console ou une table de salon. — Ces mêmes corbeilles peuvent servir à mettre des fruits, et faire le milieu d'un surtout sur une table. On fait aussi les candelabres pareils, ils ont un brillant qui réfléchit la flamme et double de lumière.

Des lampes de porcelaine, peintes dans toute la hauteur de la colonne, sont une innovation peu adoptée, mais qui est assez jolie.

BIJOUX. — Les chaines de cou et les bracelets doivent être en or bruni, sans ciselure. — Des anneaux ovales, un peu bombés.

Des chaînes appelées en pyramides, sont effectivement des pyramides, longues d'un petit pouce, émaillées, or sur couleur. — Elles sont jointes l'une à l'autre par une boule grosse comme une noisette, en or bruni, sans émail ni ciselure.

LA COUR

AUX GALERIES DU LOUVRE.

Il est quatre heures, et, suivant l'invitation des gardiens, le Musée vient d'être évacué par la foule. M. le comte de F..... arrive, avec autant d'empressement et de célérité que le lui permettent les suites naturelles d'une comédie de soixante ans, dont les derniers actes paraissent avoir été fatigans pour lui; il commence par faire épousseter deux tableaux dont il est à-peu-près l'auteur : il tire de sa poche un petit miroir au moyen duquel il ajuste sa perruque, et finalement, il se dirige vers le grand escalier en se répétant à lui-même une ou deux phrases de compliment qui paraissent avoir été convenues entre sa mémoire et son imagination, deux sortes de puissances qu'il ne lui a jamais été possible de mettre d'accord. Il paraît qu'au milieu de cette opération laborieuse, M. le comte est tombé sur l'escalier, dans un état d'agitation convulsive, et qu'on l'a transporté dans la salle des *grands hommes*, où l'on a eu la maladresse de déranger sa cravate en voulant détacher les agraffes de son corset. On n'a pas entendu reparler de ce fonctionnaire.

Un gardien du Musée s'approche alors d'un jeune chevalier de Saint-Louis et de Saint-Ferdinand, en lui disant, avec un peu d'embarras : — Oserais-je demander à Monsieur si Monsieur connaît le roi ? — Qui, Leroy ? Est-ce Leroy, votre camarade, le gardien du Musée d'Angoulême? — Mais, Monsieur, c'est bien notre camarade si vous voulez, puisqu'il appelle tous les citoyens ses camarades, et qu'il a donné des poignées de main au petit Coquinot, le marmiton des *Frères-Provençaux*, qui n'est pas, tout de même, un petit citoyen bien propre; mais c'est le roi du Palais-Royal, voyez-vous; non pas l'horloger, mais le roi des Français populaires, comme dit *le Messager* qu'on envoie *gratis* à tous les employés du Louvre, et qui est une fameuse gazette! — Si je ne connaissais pas ce camarade-là, ce ne serait pas faute d'avoir vu sa figure à l'exposition de cette année! Mais pourquoi me dites-vous tout cela? — Monsieur, reprend le gardien du Musée, c'est que le roi va venir ici dans un moment avec la reine, et comme il paraît que Monsieur le Directeur-Général connaît Monsieur, il vient de me dire qu'il fallait vous aller demander bien poliment, si ce serait un effet de votre part d'ôter votre chapeau... lors... ce... que... — Vous direz de ma part, à votre directeur, que je ne suis pas assez mal élevé pour garder mon chapeau sur la tête devant une princesse du sang royal de France, et vous pouvez lui dire aussi que je le remercie de l'avis qu'il m'a fait donner. Le jeune militaire a quitté la place et il a descendu l'escalier avec un peu plus de célérité que ne l'avait fait M. le directeur-général.

Le roi populaire arrive en disant à toutes les personnes de sa connaissance qu'il rencontre dans les salons et dans les galeries : —Vous devez être content?—Vous êtes content? — Je suis sûr que vous êtes content! — J'étais assuré que vous seriez content! — Je suis enchanté que vous soyez content.

Chacun lui répond, avec un air d'enthousiasme et d'orgueil national : — Ah! Sire, quelle exposition! — Quelle admirable exposition! — C'est une exposition magnifique! — On n'avait jamais vu, depuis plus de trente ans, une aussi belle exposition!

— C'est chahmant! c'est chahmant! c'est chahmant! répète un des principaux courtisans du Palais-Royal. — Quoi donc, Marquis? — La évohution, la évohution, la évohution! — Mais, cer Alfonse, c'est te l'espossition tont il s'assit, lui dit sa femme avec un air de contrariété dissimulée. — Oui, oui, l'espohition, la évohution, la évohution, poursuit l'aimable Alfonse; pas volé dutout, pas volé dutout! Peupe sublime! peupe sublime!

— Par ma foi, s'écrie le secrétaire général du Musée, avec

une voix à faire éclater les vitres du Louvre, je ne sais pas si la révolution de juillet a été *charmante*, et si les trois journées ont été *glorieuses*, mais elles n'ont pas été profitables aux Musées royaux du moins ! car, sans parler des curiosités et des antiquités magnifiques dont on n'a jamais pu retrouver les moindres vestiges aux Tuileries ni à Saint-Cloud, et sans compter le Musée des Armures et celui des Arts-et-Métiers qu'on a saccagés de fond en comble, on nous a pris ici des tableaux jusque dans la grande galerie; on nous a enlevé pour plus de deux millions de bijoux du moyen âge, et d'autres objets de la rareté la plus précieuse; on nous a pris au Musée Charles X....... Hou, hou, hou, hou, murmurent tous les assistans. — J'avais eu la précaution d'en faire imprimer la liste avec les descriptions raisonnées en 1474 articles, et si le gouvernement n'a pas voulu qu'on publiât....... — Hou, hou, hou, hou ! répètent les courtisans en s'éloignant du secrétaire du Musée comme s'il avait déjà le choléra-morbus.

Monseigneur le prince royal a cru pouvoir assurer, d'après la décision de mademoiselle sa tante, que le plus habile peintre de l'exposition était, sans contredit, M. Scheffer, et que le plus bel ouvrage de M. Scheffer était, sans contredit son portrait de Louis-Philippe Ier.

Quelle est donc cette femme dont vous regardez le portrait avec je ne sais quel air de mystère ? demande en passant la personne la plus respectable de la compagnie. Tous les regards se croisent et se détournent avec un embarras surprenant : on aurait pu supposer qu'il était question de madame de Feu..... Mais madame de Montj.... qui brille toujours par la présence d'esprit, n'hésite pas à répliquer d'un air indifférent et désintéressé : — Madame, c'est le portrait de madame Anatole. — Anatole de Montes..... Anatole de Montes..... — Mais du-tout, Marquis, ce n'est pas plus madame Anatole de Montes..... que madame Anatole de Law..... C'est madame Anatole de l'Opéra. Faites-nous l'amitié d'aller regarder par la fenêtre avec M. d'Argout.

Il est à savoir que M. le ministre des travaux publics avait pris et liberté de disserter sur les Beaux-Arts, et qu'il venait de distribuer des paroles de blâme ou d'admiration d'une manière tellement hétéroclyte, que M. le baron Ath..... avait fini par l'entraîner dans une embrâsure de fenêtre, en lui parlant à-peu-près de la manière suivante : — Vous êtes prié de ne rien dire sur la peinture, la sculpture et l'architecture, attendu qu'il se trouve autour de nous plusieurs personnes inconnues et dont les physionomies paraissent suspectes au général Rum..... Vous sentez combien il est essentiel de ne pas déconsidérer la cour aux yeux des artistes, afin qu'il n'en résulte aucune explosion de murmures, et pour ne pas susciter quelque nouvelle attaque contre le gouvernement de S. M. qui n'a besoin, comme vous savez, d'aucun surcroît d'embarras.

Il paraît que cette mercuriale officielle a produit un bon effet, car on ajoute que M. le maréchal S.... qui voudrait profiter de la circonstance pour faire acheter ses tableaux par le Musée, les a fait voir avant-hier à son collègue des travaux publics, en les lui signalant comme autant de chefs-d'œuvres impayables. S. Exc. a répondu, avec un air de condescendance à moitié dubitative, et parfaitement diplomatique : — Oui, sûrement, c'est vrai, mais..... On n'en a pas su davantage, et tout donne à penser que M. d'Argout ne passera pas un tel marché à la légère, et qu'il parlera désormais avec toute la prudence et la discrétion nécessaires à un ministre des arts, qui s'informait dernièrement si *Daniel de Volterre* était parent de l'auteur de la *Henriade*.

LA GUERRE... OUI LA GUERRE...

EH! MON DIEU OUI, LA GUERRE... JE VOUS DIS QUE C'EST LA GUERRE!!!

La guerre, tant désirée, voulue, exigée par tous..... Et qu'est-ce qui déclare cette guerre? La France, la Russie, l'Autriche, l'Angleterre, la Prusse.... Non pas ma foi!...... La Hollande! Oui, la Hollande!.... Ceci signifie que le 4 du présent mois, dans l'après-dîner, à neuf heures trente minutes, heure militaire, la ville d'Anvers *a dû* être bombardée par la citadelle de cette place; qu'à la minute même, toujours heure militaire, nos troupes *ont dû* entrer en Belgique afin de protéger cette puissance contre la Hollande; que de son côté la Prusse *a dû* ou *devra* prêter main-forte aux Hollandais; que successivement la Russie et l'Autriche *devront* se ranger du parti de la Prusse et de la Hollande, pendant que l'Angleterre *devra* se ranger du parti de la France et de la Belgique.... Et de tout ceci, guerre générale, conflagration générale, chaos obligé, bouleversement universel, ou pour le moins mouvemens de troupes, évolutions en tous sens, marches et contre-marches, haltes et campemens, et puis négociations, tergiversations, capitulations, préliminaires et protocoles, avec accompagnement de notes diplomatiques, plus que jamais inintelligibles, et un mélange de *Choléra morbus* devenu par le fait même inévitable... Ah! le bon tems!!! Rassurez-vous néanmoins, et n'oubliez pas que plus encore dans la suite des tems et dans l'enchaînement des faits, que, sur le revers du dernier écu que la révolution de juillet et son budget de 1,600 millions vous ont laissé, est écrit ceci :

Dieu protège la France.

Correspondance.

AU DIRECTEUR DE LA MODE.

Monsieur et cher collègue,

Je crois devoir vous annoncer que l'exposition des ouvrages de nos Princesses, au profit des pauvres de Paris, a été remplacée, pour cette année, par une exposition des ouvrages des Dames de la *Société Biblique*, et l'on nous a prévenu que le produit de la vente devait servir à solder les frais d'une tournée de Missionnaires Calvinistes, qu'elles vont envoyer dans tous nos départemens. A l'exemple de leur émule et leur ami, M. l'abbé Châtel, ces Dames ont étalé le produit de leur industrie dans un Bazar, et sans avoir de patente, ce qui, vous en conviendrez, n'est pas autrement agréable et profitable pour les malheureux patentés! On y voyait, en première ligne et sur tous les étalages, une quantité de petits livres de je ne sais quelle religion, qu'on disait avoir été composés par la fille de madame de Staël. Je ne me connais guères en Théologie protestante, et c'est sans doute à cause de cela que je n'ai rien compris du tout à cette *religiosité régénératrice envers l'esprit, pour des Chrétiens réveillés, qui ont entendu du Père*. Je vous dirai, monsieur, que ce qui m'a le plus étonné, c'était une *paire de pantoufles* de femmes, en tapisserie de laine, à gros points, laquelle était d'une dimension tellement démesurée que cette paire de pantoufles en avait une physionomie de *supposition calomnieuse* et de *jugement téméraire*. On a prétendu qu'elles avaient été faites par madame P.... (de la L....). Je ne conçois pas comment une Dame sociétaire de la *Morale chrétienne* a pu se livrer à des imaginations si monstrueuses, si désobligeantes pour ses co-réligionnaires, et si peu charitables par conséquent? On voyait ensuite une collection de *petites poupées* disgracieuses et mal bâties, qu'on cherchait à faire valoir, en nous les donnant pour être l'ouvrage de madame V...., la femme de l'amiral. De plus, une ou deux *bagues de crin*, dans un *petit panier de cartes découpées.* On se disait à l'oreille, avec un air de vénération, que ces objets avaient été confectionnés par les mains évangéliques et libérales du général Mac O...., et c'était un *gros lot*, dont le prix a fini par s'élever jusqu'à 30 centimes. Voyez jusqu'où peut aller l'exaltation des idées politiques et du sentiment religieux chez les doctrinaires ! Enfin, monsieur le directeur, il y avait à l'exposition de ces bonnes Dames une telle quantité de petits objets fabriqués par madame de Sal...., par madame de Rumf...., par madame Nau, surnommée de Ch...., qu'on aurait dit la réunion de toutes les boutiques à trois sous de l'enclos du Temple. Il y avait une centaine, au moins, de petits *porte-allumettes* et de petits portefeuilles en papier *tricolore*, envoyés par la famille du général Laf...., avec des milliers de *petites cocardes* aux trois couleurs, pour les petits garçons qu'on veut récompenser. On y voyait, en outre, un portrait de M. Necker, au crayon rouge, avec un buste de M. le duc de Chartres, en pâte d'orgeat, une figure de mademoiselle d'Orléans, en sucre de betteraves, et des paysages de M. le prince de Joinville, qui ressemblaient à des tremblemens de terre comme deux gouttes d'eau. Il ne faut pas vous laisser ignorer qu'il s'y trouvait encore un *triangle de papillottes*, sur lesquelles madame de Br.... avait eu la charité de copier des passages de l'Ecriture Sainte, et finalement une cinquantaine de chapeaux de papier gauffrés, avec des guirlandes de fleurs de pains à cacheter *bleu-Marie-Louise* et *rouge-Adelaïde*. Il paraît que les dames de la société biblique ne sacrifient pas aux grâces, et je suis fâché d'avoir à vous dire que tous les habitués des expositions d'objets à la mode, ont trouvé qu'il était impossible de les louer sur leurs petits talens.

J'ai l'honneur de vous saluer, en vous recommandant de faire imprimer mon adresse, à la suite de ma signature.

JOLLIVET,

Marchand de nouveautés. Marché des Enfans-Rouges, n° 93, bis.

P. S. Vous savez sûrement que nos collègues du Palais-Royal viennent d'inventer une couleur sombre, appelée *rouge-Adelaïde*: c'est une nuance mélangée des anciennes couleurs *brique-terne*, *fumée d'enfer* et *sang de bœuf*. Elle a du succès dans la banlieue.

Revue de la Semaine.

— Décidément, la Révolution porte malheur à ses poètes. Du moment qu'ils veulent la chanter, ils sont frappés, comme on eût dit en vieux style, de la réprobation des Muses. Il n'est rien là d'étonnant : c'est qu'en effet, rien au monde n'est plus anti-poétique que la Révolution et son esprit. Elle tend inévitablemens à réduire notre littérature à la *Marseillaise*, et autres belles choses que l'on chante dans la rue, et aux *Vendanges de Bourgogne*. Plus, à la prose de journaux et de tribune. La moderne poésie, celle qui parle à l'âme et au cœur, puise ses inspirations dans les pensées religieuses, dans les souvenirs et les traditions de notre histoire. La Révolution souille et abat les églises, traîne les croix dans la boue, se retranche dans un sec et brutal matérialisme ; la Révolution dévaste les plus nobles monumens de notre France, renie toutes nos vieilles gloires, et ne veut dater nos annales que de la bienheureuse ère de 1789. Je vous le demande ; où trouver là matière à inspirations ! M. Casimir Delavigne, qui paraît s'être constitué le Tyrtée de nos héros de 1830, après être tombé de la *Parisienne* à *une Semaine de Paris*, de la *Semaine de Paris* à la *Varsovienne*, de la *Varsovienne* au *Dies iræ* de l'abbé Châtel, vient d'entrer dans la lice avec les chanteurs des rues, pour célébrer, à l'occasion des *mémorables* anniversaires, la gloire de l'illustre Médor. On sait que ce pauvre animal, attaché comme décoration théâtrale, par je ne sais qui, près des tombeaux du Louvre, où il était censé pleurer son maître, et sans doute mort de chagrin, puisqu'il n'y est plus, à moins pourtant qu'il n'ait rompu sa chaîne, est en possession d'émouvoir la fibre populaire. M. Casimir Delavigne a donc célébré Médor : il a eu la prétention de lutter contre les Bardes, dont les vers se vendent un sou sur la voie publique, avec autorisation de M. le préfet de police. Mais, la vérité nous oblige à le dire, nous craignons que l'académicien ne soit pas vainqueur dans ce défi poétique : il rime plus richement que ses concurrens, d'accord ; mais il manque à sa complainte ce charme, cette naïveté, ce je ne sais quoi, qui a fait le succès colossal de celles de la *bête du Gévaudan* et de *Papavoine*. Panseron l'a mise en musique ; elle est sur beau papier. Malheureusement ce n'est pas assez, et nous ne répondons pas que l'auteur de l'*Ecole des Vieillards* obtienne les honneurs de la rue et de l'orgue de Barbarie.

— Et vous aussi, M. Victor Hugo! Vous, fidèle autrefois à nos chrétiennes et antiques croyances, on vous a commandé des vers, pour être chantés en compagnie de la *Marseillaise*, dans une espèce d'apothéose païenne, sous les voûtes d'une église, dépouillée de son autel et de sa croix, et vous avez fait des vers. L'auteur de la belle ode sur la naissance du duc de Bordeaux s'est associé à ceux qui ont voulu souiller de fange le berceau du Royal enfant, aux lâches calomniateurs de sa mère exilée, et vous n'avez pas trouvé dans votre âme de poète une inspiration pour la défendre! Le poète qui eut de si nobles accens pour les martyrs de la Vendée, se mêle aux fêtes des hommes qui couvrent de mouchards cette Vendée, terre d'héroïsme et de franchise, et qui ravissent aux vieux soldats de Corfou et de Laval, les armes d'honneur, récompense de la fidélité et du courage. La même voix qui eut des pleurs pour les Vierges de Verdun, pour Louis XVII, pour le père d'Henri Dieudonné, la voix qui célébra les trophées de Navarin, le sacre de Charles X, tous les souvenirs, toutes les gloires de la Restauration, prend aujourd'hui le ton et les accens des *Héros des Barricades!* Est-ce à dire, M. Victor Hugo, que cette Restauration n'était bonne à être chantée qu'au tems de sa splendeur ; que le nom de nos princes ne vous dit rien du moment qu'ils ne sont plus entourés des pompes des Tuileries ; que leur malheur est moins auguste pour vous que leur puissance?

*

Delille, que vous pouvez bien ne pas estimer comme poète, mais qui méritait, sous d'autres rapports, d'être imité par vous, Delille refusa de chanter l'empire, et pourtant l'empire valait bien le gouvernement de juillet et ses programmes. Delille, en face de Napoléon, pleura ses maîtres, ses bienfaiteurs proscrits. On ne vous demandait pas d'en faire autant, mais, pour vous-même, on aurait pu compter au moins sur votre silence. Au reste, la Révolution ne doit pas être satisfaite de son nouveau poète; vous l'avez mal servie. Vous avez mal gagné les éloges officiels des journaux du ministère; il paraît que les sujets que vous traitiez jadis, étaient une meilleure source d'inspiration. Vous avez composé cette fois de méchans et de très-méchans vers. Croyez-moi, faites encore quelques études de poésie révolutionnaire, M. Victor Hugo. Prenez leçon de M. Rouget de L'Isle, le pensionnaire et le décoré de Louis-Philippe. Il pourra vous former aux bonnes traditions de l'époque où le Panthéon fut déjà un temple, pour lequel les poètes d'alors composaient aussi des hymnes, et vous savez quels dieux on y adorait. Du courage, travaillez; à l'avenir, vous réussirez mieux peut-être. Car, autrement, je vous en avertis, les *programmistes* du Palais-Royal, les puissans du jour pourraient bien une autre fois vous faire l'affront d'adresser ailleurs leurs commandes.

— Des désordres ont eu lieu à Sainte-Pélagie; les prisonniers irrités des inflexibles rigueurs du juste-milieu, se sont soulevés contre leurs geôliers; l'émeute s'est faite jusque sous les verroux. Eh! bon Dieu! il était un moyen bien simple d'éviter ces désordres. Ils n'auraient pas éclaté si peu de jours avant, l'amnistie avait ouvert les portes des cachots. L'article que nous avons publié sur l'anniversaire des trois jours à Sainte-Pélagie, et dont on a apprécié la couleur de vérité et l'exactitude de détails, n'aurait pas été publié non plus, si les impitoyables modérés n'eussent retenu sous les verroux tous les prisonniers politiques. Au tems de cette restauration tant attaquée, chaque fête, chaque solennité politique était marquée par une amnistie. Ses plus cruels ennemis participaient alors eux-mêmes à ses bienfaits, et la voix du monarque brisait les chaînes des détenus. La révolution n'est pas aussi généreuse, et pourtant c'était là une noble et digne manière de célébrer les anniversaires patriotiques de juillet, ces anniversaires de jours qui, nous devons l'avouer, furent remarquables par la modération du peuple, mais non, pas d'amnistie. Le juste-milieu est sans pitié ; laissez-lui ses rancunes ; il faut qu'il se venge.

— Monseigneur le duc d'Orléans devait se rendre à Nantes pour y distribuer les croix que son père a envoyées aux patriotes de la Loire-Inférieure ; ayant été retenu à Paris pour la composition du discours qu'il a improvisé à la Chambre des Pairs, on a envoyé à sa place M. Moreau, maître des requêtes, connu au conseil d'état par une foule de vaudevilles très-spirituels. Les Nantais ne pourront qu'être très-flattés de recevoir les croix et les médailles de juillet de la main du spirituel auteur de *Cassandre* et de *M. Vautour*. On doit féliciter le président du conseil de l'heureuse idée qu'il a eue, en confiant cette glorieuse mission à un vaudevilliste fameux par un grand nombre de parades grivoises et de piquantes parodies.

— Il n'y a, dans la Chambre nouvelle, de majorité pour aucun système : un jour elle vote pour la révolution pure, le lendemain pour le juste-milieu. Que peut-il résulter des délibérations d'une pareille assemblée ? Le chaos, pas autre chose.

— Le *Courrier Français* disait, à l'occasion du changement de ministère, la Bourse est essentiellement opposée à la révolution et au gouvernement qu'elle a créé. Une nouvelle favorable à Henri V serait un meilleur moyen de hausse que le salut de la Pologne.

— Criez que les théâtres sont libres, je ne vous dirai pas le contraire, car ils ont depuis quelque tems donné assez de preuves de cette liberté et même de licence. Mais voulez-vous voir comment et à quelles conditions ils sont libres, écoutez. Le théâtre des Variétés qui certes use tout à son aise de la liberté politique, vient de jouer une pièce nouvelle, dont je ne vous parle du reste que comme ayant fourni l'occasion d'une innovation singulière, car pour la pièce elle-même, elle ne vaut pas la peine qu'on s'en occupe; le théâtre das Variétés craignait d'un côté d'indisposer les Révolutionnaires purs, en leur représentant au naturel MM. Saint-Just, Robespierre et Couthon; de l'autre, il craignait d'éloigner les spectateurs modérés par des épigrammes contre la comédie du juste-milieu. Qu'a-t-il fait dans cette perplexe situation? — Il a mis sur son affiche cette annonce nouvelle et bizarre : *Pièce sans un mot de politique.* Voilà bien qui fait voir où en sont aujourd'hui les théâtres, où en est la liberté en France, où nous en sommes tous, et dans ces quelques lignes imprimées sur une affiche de théâtre, il y a la révélation de toute une situation.

— La session de la Chambre-Chaos a commencé par une indécente plaisanterie contre un des hommes avec lesquels nous serions le moins disposés à sympathiser, mais qu'il n'est pas permis à la révolution d'injurier sans mériter le reproche d'ingratitude. Un bulletin s'est trouvé dans l'urne avec ce vote : Jacques Lafaillite. Certes le tour est infâme s'il part d'une main ennemie; mais ne serait-ce pas aussi un ami, un chaud partisan de M. Lafitte, qui aurait glissé mystérieusement ce bulletin pour exciter l'indignation de la Chambre contre les adversaires du candidat à la présidence? Ce serait là encore et toujours de la comédie, et pourtant la scène ne se passait point au palais du Luxembourg, et M. de Sém... n'est pas député.

— Le général Mouton a été fait maréchal de France, pour avoir lavé la tête aux Parisiens, sur la place Vendôme; le général Bourmont a démérité du maréchalat, pour avoir vaincu les Arabes et conquis glorieusement Alger; c'est de la justice.

Le général Clausel a été fait maréchal de France, pour avoir été prendre des mains de M. de Bourmont le commandement de l'armée victorieuse; M. de Bourmont a mérité d'être oublié pour avoir donné la victoire à cette armée, c'est encore de la justice. M. de Lobau a conquis son bâton de maréchal sous l'eau des pompes, M. de Bourmont a gagné le sien sous le feu des Maures et des Bédouins, on le donne à l'un, on veut avoir l'air de l'ôter à l'autre, c'est toujours de la justice.

— Le vingt-neuf juillet, Louis-Philippe a passé une revue et chacun de crier à la beauté du coup d'œil, à la bonne tenue des troupes, au bel aspect qu'offraient les gardes nationales, aux brillans uniformes des états-majors, au magnifique effet de cette revue. Tout cela est juste et vrai. La revue était belle, tout allait au mieux; au moyen d'un petit tour de charlatanisme, suite de *la grande Comédie de quinze ans*, on a même trouvé le moyen de faire de l'enthousiasme et de provoquer des vivat. Reste à savoir si c'est pour avoir de belles revues, de beaux états-majors, de belles lignes de soldats rangées le long des boulevards, que l'on a fait la révolution. Nous ne croyons pas que telle ait été l'intention de ceux qui l'ont faite; et pourtant n'est-ce pas là tout ce que nous avons gagné à la révolution depuis un an.... De belles revues.

— L'académie vient de décider que M. de Monthion avait fondé un prix pour la meilleure comédie. Mais M. de Monthion n'y avait pas pensé un instant; n'importe. Peut-être M. de Sémonville a-t-il poussé l'académie à cette interprétation. D'ailleurs, M. de Monthion a fondé des prix pour tout, il doit donc avoir fondé un prix pour la meilleure comédie, sans y comprendre la comédie de *Quinze Ans*, qui n'en est pas moins au-dessus de toutes les autres. Or, comme l'académie s'occupait de ce prix, il y a quelques jours, M. de Jouy, que probablement vous croyez mort depuis longtems, mais qui vit encore à l'académie, proposa de ne donner le prix qu'à la comédie qui serait écrite en vers et jouée au Théâtre-Français ou à l'Odéon, pas à d'autres, vous m'entendez bien. De sorte que, si Molière s'avisait de concourir, son *Avare* ne pourrait obtenir de l'académie le prix Monthion, parce que l'*Avare* est en prose, et que le *Marino Faliero* de M. Casimir Delavigne, par exemple, ne pourrait non plus être couronné par l'académie, bien qu'il soit en vers, parce qu'il a été joué à la Porte-Saint-Martin. Puis, supposons que les acteurs du Théâtre-Français et de l'Odéon soient détestables, mille fois plus mauvais que ceux du plus menu théâtre du boulevard, l'auteur qui voudra obtenir le prix Monthion, sera forcé de faire défigurer son œuvre par eux, s'il ne veut pas être repoussé du concours. C'était bien la peine de changer les intentions de M. de Monthion, pour fonder un prix dramatique, et ne pas admettre au concours toute espèce de comédie, sans en excepter, n'êtes-vous pas de mon avis, cette impayable et excellente comédie de *Quinze Ans*.

— Savez-vous, mon cher M. Vitet, que Victor Hugo nous a bien mal servis? Cela fera du tort à mon programme. Fiez-vous donc aux noms! Je serais tenté de lui renvoyer ses fournitures si nous n'étions pas si près de la cérémonie; son hymne du Panthéon est détestable; elle n'est bonne à être dite, ni à être chantée; et, tout ministre des beaux-arts et du commerce que je suis, je ne sais vraiment pas comment on s'y prendra pour la mettre en musique. C'est ce qu'il y a au monde de plus anti-harmonieux, de plus anti-musical; ne fût-ce que sa couronne de colonnes... Essayons un peu sur le premier vers.

Ceux qui pieusement sont morts pour la patrie...

Ceux qui pi... tra la la la... tra la la... *Ceux qui pi*... *Ceux qui pi*... Quelle coupe! Placez donc un accord là-dessus! — Voyons, M. le ministre, si je serai plus heureux que vous. *Ceux qui pieu*... *Ceux qui pieu*... la la... la... la... *Ceux qui pieu*... J'ai eu beau rédiger les articles *musique* dans l'ancien *Globe*, je ne vois pas comment sortir de là. — Il n'y a qu'un moyen, M. Vitet, c'est de dire à Hérold d'étouffer si bien les paroles sous le bruit des accompagnemens, qu'on ne puisse pas en saisir un mot ; Victor Hugo, s'il ne nous en sait pas gré, sera bien ingrat.

(*Historique.*)

— On sait que l'illustre E. B. T. Moricault, *grand officier de la Société de Statistique*, avait calculé l'année dernière combien il devait exister de *chats* en Angleterre, et combien il avait dû périr de *bossus* depuis trente ans, à la suite de toutes les distributions gratuites de comestibles qui ont eu lieu à Paris, à dater des réjouissances pour la paix d'Amiens.

Il est à considérer que le tempérament colérique et les dispositions contentieuses des bossus les exposaient à tous les abus de la force physique et des rivalités les plus violentes ; de sorte que la Morgue était toujours remplie de bossus le lendemain des fêtes populaires ; ainsi, l'on voit que les sujets des méditations statistiques et des calculs de M. Moricault sont toujours d'un intérêt très-général et très-important.

Nous avons résolu de fonder un prix, à l'exemple de la *Revue de Paris*, et nous desirons trouver un statisticien qui puisse nous dire :

1° Quel est le nombre des citoyens habillés en uniforme de garde nationale, y compris la buffleterie, qu'il est possible *d'embrasser* depuis six heures du matin jusqu'à sept après midi, sur la place de Grève ou dans une petite cour de la rue d'Anjou ?

2° Combien on peut donner de *poignées de main*, à droite et à gauche et sans discontinuer, bien entendu, depuis la Porte Saint-Antoine jusqu'à la Montagne Sainte-Geneviève, et depuis l'Ecole de Droit jusqu'au pied du grand escalier du Palais-Royal ?

3° Quel est au juste le nombre des *coups de chapeau* qu'il est possible de distribuer pendant douze heures et vingt minutes, par un *glorieux* soleil de juillet, et malgré les inconvéniens d'une perruque mal attachée, dont les boucles mouillées vous aveuglent, et dont la totalité s'enlèverait à chaque fois avec votre chapeau si vous n'aviez la précaution d'y porter la main gauche avec une grande régularité ?

Voilà quel est notre programme. Si M. César Moreau, E. B. T. Moricault, ou tel autre calculateur de nos sociétés synoptiques veut remplir nos conditions, nous lui décernerons une médaille de plomb doré à l'effigie d'un grand prince, avec la figure d'un grand général sur le revers du jeton.

— Parmi les nouvelles découvertes à qui un auguste personnage se propose d'accorder avant peu sa bienveillance et ses brevets d'invention, à défaut d'encouragemens plus dispendieux, on parle beaucoup d'une machine à vapeur pour *tirer les vers du nez*. On dit que le moteur de l'appareil est la fumée du rhum ou de l'eau-de-vie d'Andaye, et l'on ajoute que cette machine est à l'usage de M. Vivien qui n'en connaît pas encore très-bien le mécanisme.

On parle aussi d'un instrument excellent pour *siffler des sansonnets*; il réunit à plusieurs genres de mérite celui d'être monté sur tous les tons possibles, et de tenir si peu de place qu'il pourrait être caché dans le gosier de M. de Sémonville.

— Ecoutez, Messieurs, écoutez la grande victoire qui vient de nous arriver, franche de port, dans une lettre de Metz ! Ça ne serait pas mieux quand on l'aurait faite exprès. C'est du positif, c'est de l'officiel; cette fois, nous ne vous mystifions pas, car en voici les détails, les grands détails, les fameux détails ! Ouvrez les yeux et les oreilles, c'est vous qui en aurez l'étrenne. De notre côté, trente mille hommes; de leur côté, soixante mille hommes ! Voyez-vous ça d'ici ? Notre cavalerie était postée sur les arbres, et notre artillerie dans le fond d'un précipice d'où elle dominait toute la plaine. Après deux jours de combat, nous avons mis les ennemis en pleine déroute : sur soixante mille, nous en avons tué ou pris quatre-vingt mille-sept-cent-soixante-quatre et quelques; entre autres, cinquante-trois généraux en chef. Il ne s'est échappé que deux hommes, et encore par la faute d'un de nos officiers qui a fait une fausse manœuvre, mais on est sur leurs traces. Nous nous sommes emparés de quinze cents bouches à feu toutes chargées. De notre côté, nous n'avons eu qu'un fantassin blessé au petit doigt et un cheval tué *sous* son cavalier. Tels sont les résultats de cette grande journée; Faites-en part à vos amis et connaissances. A présent, Messieurs, mettez vos armes en faisceaux, ayez de l'enthousiasme, réjouissez-vous, dansez en rond, ça donne soif; quand on a soif, on boit, quand on boit, les cabaretiers sont contens; ça fait aller le commerce, qui a besoin d'un coup d'épaule. A la bonne heure donc! et sous ce rapport, je ne demande pas mieux, moi aussi, que d'applaudir à la fausse nouvelle.

— On a retrouvé ce portrait fait il y a quelques années; il n'a pas semblé que le tems eût altéré la ressemblance.

Connaissez-vous ce grand fonctionnaire,
A tout le monde en tout tems nécessaire,
Au rein si souple, et toujours bien assis
Ou sur l'abeille ou sur la fleur de lis?
Comme il intrigue avec façon civile!
Qu'il a d'esprit! et qu'il a l'âme vile!
Pour saluer un favori certain,
N'espérez pas vous lever plus matin.
Comme de loin il voit un homme en place!
Et, sans le voir, comme aisément il passe
Près de celui que demain l'on remplace!
Comme il aimait le grand Napoléon!
Depuis dix ans comme il aime un Bourbon!
Comme à propos il garde le silence!
Comme il vous dit: « Que faut-il que je pense? »
Comme il s'informe, en sortant de son lit,
De celui-là qu'on croit être en crédit!
Comme sur rien jamais il ne décide!
Près du pouvoir c'est un amant timide
Qui fait entendre au puissant aujourd'hui
Qu'hier encore il soupirait pour lui.
Cet homme à tous, à lui surtout utile,
Serait-ce, par hasard, le sieur de S*********?

⁂ Le comité directeur (on ne nous a pas dit de quelle opinion politique) vient d'établir une commission de recherches afin de découvrir l'endroit où M. le Grand Référendaire a *caché* sa cocarde blanche?

⁂ Parmi les nombreuses adresses dont on avait fait hommage à Don Pedro, à la suite de toutes ses conversations dans la cour du Palais-Royal, il s'est trouvé, sans compter celles des marchands de nouveautés et des épiciers-droguistes, l'adresse d'un fripier-dégraisseur et celle d'un restaurateur à 40 sous.

⁂ On vient de découvrir la cocarde blanche de M. de Sémonville. Elle était cachée sous sa nouvelle cocarde aux trois couleurs qui ne tenait qu'à un fil.

⁂ M. Comte, le physicien-escamoteur, vient de prendre pour associé M. de Sém.....

⁂ Un député, M. Coulmann, assurait l'autre jour à la tribune que les *assommeurs patriotes* de Marseille avaient agi dans un principe louable. M. Barrère, l'homme aux *mesures acerbes* s'est fait inscrire chez M. Coulmann.

⁂ On prétend que Don Pedro s'occupe d'organiser une expédition à Terceira, contre le Portugal. Sa flotte sera composée de coquilles de noix.

⁂ Don Pedro compte charger ses canons avec des constitutions anglaises.

⁂ Don Pedro veut faire flotter son drapeau *sous* les murs de Lisbonne, en compagnie du drapeau tricolore. Nous doutons qu'il ait le *dessus*.

⁂ L'armée de Don Pedro sera composée de quatre hommes. M. Agier en sollicite le commandement.

⁂ Les fusées du juste-milieu n'ont jeté de la poudre aux yeux de personne.

⁂ Maintenant que les fêtes sont passées, le juste-milieu est au bout de ses *artifices*.

⁂ Le juste-milieu a l'intention de desirer que les Polonais soient sauvés.

⁂ On ne dit plus, c'est un Jocrisse..., on dit, c'est un Sém...

⁂ Dans la soirée du 4, un jeune et brillant improvisateur a quitté cette ville avec une ample collection de discours les mieux assortis; M. de Sém..... l'a, dit-on, accompagné jusqu'à la barrière.

⁂ M. de Sém.... a écrit de suite en Belgique, pour qu'on lui mît de côté quelques drapeaux.

⁂ La guerre étant déclarée, le ministère reste.... La bonne plaisanterie!

⁂ Le ministère tiendra longtems.... il doit tenir jusqu'à la paix.

⁂ A la revue du 29 juillet, pour échauffer l'enthousiasme, le juste-milieu a imaginé d'annoncer une grande victoire des Polonais. Il est plus facile d'annoncer des victoires que d'en remporter.

⁂ Pendant les fêtes, l'ex-empereur du Brésil a été d'une politesse extrême envers le peuple souverain. Don Pedro n'a pas de rancune : un peu plus, il chantait la *Marseillaise*.

⁂ En ce moment les Belges dansent *l'anglaise*. Le juste-milieu bat.... la mesure.

⁂ Le juste-milieu nous ayant promis que les forteresses de la Belgique seraient démolies, on va s'occuper de les réparer.

⁂ Le juste-milieu va être poursuivi conformément aux lois contre ceux qui débitent de faux extraits de journaux.

⁂ Le 29 juillet, une représentation du *Menteur* a été donnée devant un nombreux auditoire. Un grand personnage remplissait le principal rôle.

⁂ M. Victor H. ne porte plus que des habits retournés.

⁂ Depuis quelques jours tous les chiens de la capitale font queue chez M. Cas. Delav.

⁂ Le jour des pleurs, M. Cas. Delav. a prêté son mouchoir au chien médor.

⁂ M. Cas. Delav. est l'inventeur de la poésie *canine*.

⁂ Le chien de Montargis a remis sa carte chez un célèbre académicien.

⁂ L'hymne de M. Victor H. est *officiellement* mauvaise.

⁂ M. Victor H. s'occupe d'un *hymne à l'Être-Suprême*.

⁂ M. Victor H. vient de réclamer son rôle dans la *Comédie de Quinze ans*.

⁂ M. Victor H. s'exerce tous les matins pendant deux heures à chanter la *Marseillaise*.

⁂ M. Victor H. se dispose à faire pénitence à la porte du Panthéon pour ses vieux péchés monarchiques : c'est le *Héros des Deux-Mondes* qui lui servira de parrain.

⁂ Don Pedro a demandé à M. Victor H. un chant de guerre pour son armée cinq hommes.

⁂ M. Victor H. met en vers le programme de l'Hôtel-de-Ville.

⁂ Les *corps bleus* de M. Victor H. sont devenus tricolores.

⁂ M. Victor H. n'a pu voir la révolution sans changer de couleur.

⁂ M. Victor H. va publier une nouvelle édition de ses poésies avec des variantes.

⁂ M. Victor H. doit adresser une ode aux drapeaux de M. de Sém....

⁂ La France étant menacée de la guerre, il nous fallait un maréchal pacifique. On a choisi M. *Mouton*.

⁂ L'ambassadeur d'Autriche ayant demandé à M. de Sémonville les drapeaux d'Ulm, en vertu des traités de 1814 et de 1815, M. de Sémonville a fait constater que ces drapeaux n'avaient jamais appartenu à l'Autriche.

⁂ Pour devenir maréchal de France il faudra prouver dorénavant qu'on a fait partie du corps des pompiers.

⁂ Depuis que partout on parle de guerre, dans de certains salons on entend beaucoup moins parler de Jemmapes et de Valmy.

⁂ On a organisé complètement à Metz une batterie de siége pour le service du juste-milieu, elle sera commandée par le maréchal Lobau.

LETTRE TROUVÉE DANS LA BOITE DU JOURNAL.

A MONSIEUR LE RÉDACTEUR DE LA MODE.

Monsieur,

Veuillez faire connaître par la voie de votre estimable journal que nous sommes dans l'intention de prendre à partie M. de Sém.... grand référendaire, pour une parade qu'il s'est permis *d'improviser* à notre détriment; bien que cette parade ait fort diverti le public, et que nous convenions avec sincérité que nous n'en avons jamais représenté d'aussi burlesque devant le respectable auditoire qui nous honore depuis tant d'années de ses suffrages, nous voulons poursuivre avec vigueur un homme qui depuis tant d'années nous fait un tort réel en allant sur nos brisées. Il est tems qu'il sache que c'est nous, nous seuls qui avons le privilége d'exploiter le domaine de la parade; nous avons jusqu'à présent fermé les yeux sur tous les abus semblables dont nous avons été victimes sous tous les gouvernemens qui se sont succédé depuis 40 ans, mais nous ne voulons pas l'être plus longtems du rival le plus dangereux que nous ayons jamais eu, et cette fois nous entendons le forcer à nous dédommager du tort qu'il nous a fait depuis 1789.

C'est en vain que M. de Sém.... prétendrait échapper au reproche de contrefaçon en soutenant que sa perruque n'a pas de queue rouge, et qu'il ne s'enfarine point le visage. Nous espérons que M. de Belleyme ne se laissera pas prendre à ces subterfuges et que la décision rendue par cet estimable magistrat sera confirmée unanimement par arrêt de la cour, sous la présidence de M. Séguier.

Dans l'attente de ce jugement qui fixera un point important de jurisprudence sur lequel nous avons vainement invoqué l'opinion de M. Persil et celle de M. Dupin, nous avons l'honneur d'être avec estime, vos très-humbles.

T. Bobêche, P. Débureau, G. Bobineau et Alexandrine-Angélina, née Saqui.

Nous aurions bien pu poursuivre également plusieurs personnages très-haut placés qui se permettent souvent aussi de chasser sur nos terres, mais nous espérons que ceci servira de leçon à tous ceux qui voudraient désormais monter sur nos tréteaux.

Les vues de Lulworth et d'Holy-Rood que nous avons publiées avec les dernières livraisons de *la Mode*, ont obtenu un succès qui prouve que bien des souvenirs se rattachent en France à ces deux solitudes royales : de nombreuses demandes nous ayant été faites de ces lithographies depuis leur publication, nous en avons fait faire un nouveau tirage : on pourra se procurer maintenant des exemplaires des vues de Lulworth et d'Holy-Rood au bureau de *la Mode*, au prix de 75 cent. chaque et de 1 franc 50 centimes ensemble. Ceux de nos souscripteurs dont l'abonnement ne commence qu'au 1er août, et qui n'avaient pas droit à l'envoi de ces lithographies, les recevront néanmoins en sus de la gravure avec la livraison de ce jour.

Un magnifique Yathagan a été déposé au bureau de *la Mode*, par un militaire qui a fait la campagne d'Alger, et qui depuis a donné sa démission du grade qui lui appartenait; ce yathagan est à vendre : on peut le voir tous les jours, au bureau de *la Mode*, d'onze heures à trois heures.

Erratum. — Ainsi que nos abonnés s'en seront aperçus déjà, quelques erreurs typographiques se sont glissées dans l'Épître en vers, que contenait le dernier numéro de *la Mode*. Quelques retranchemens ayant été faits à cette pièce, des lignes de points étaient nécessaires pour indiquer des lacunes. Ils ont été oubliés, et il en est résulté que des rimes féminines différentes se suivent, au grand détriment de l'harmonie. Dans cette même épître, au lieu de :

Et par le lourd *ciseau* des froids industriels

Lisez :

Et par le lourd *niveau*.

Au lieu de :

De *constitution* fournirait l'univers.

Lisez :

De *constitutions*

LA MODE.

Une foule de femmes et d'hommes d'une mise élégante abonde tous les soirs aux Tuileries, et vient respirer le frais dans l'allée des orangers ; malgré l'affluence de toilettes qu'offre cette réunion, il n'y a pas moyen d'y découvrir la plus petite mode nouvelle. Nous avons seulement remarqué que le blanc, pour robes, est plus que jamais en faveur. Une robe de couleur unie est maintenant une rareté ; celles fond blanc ont des dessins de couleur très-petits.

Les chapeaux et les capotes forment la plus grande majorité des coiffures de promenade ; on voit cependant quelques bonnets qui sont ornés de rubans.

Les souliers-cothurnes sont en plus grand nombre que les brodequins : ils doivent sans doute la préférence dont ils jouissent à la chaleur. Les brodequins sont tous d'une nuance pâle : celle tourterelle nous a semblé la plus généralement adoptée.

Les bas de fil d'Écosse et à jour sont les seuls de bon ton.

Les coiffures à la chinoise, avec deux petits crochets de cheveux sur les tempes, se multiplient journellement. Beaucoup de femmes portent aussi les cheveux lisses sur le front ; d'autres à l'anglaise ; c'est-à-dire en longs tirebouchons ; d'autres enfin n'ont pas quitté les touffes. Aucune mode n'existant pour la disposition des cheveux sur le front, les dames adoptent celle qui convient le mieux au caractère de leur figure.

Aux représentations de l'*Orgie*, à l'Opéra, les toilettes qui ont été le plus remarquées sont les robes blanches et les chapeaux à plumes.

Parmi les détails les plus saillans étaient un chapeau de paille de riz avec trois petites aigrettes en esprit, les pieds, également blancs, étaient réunis par un nœud de ruban. Ces trois aigrettes étaient disposées en éventail.

Les coiffures en cheveux étaient, en général, fort simples. quelques-unes avaient, sur le côté, des bouquets en petites roses pompon ou d'autres petites fleurs légères; le plus grand nombre n'avaient qu'une seule natte en couronne.

La plupart des robes étaient blanches, en jaconas ou mousseline. Quelques-unes brodées au-dessus de l'ourlet en couleur.

Beaucoup de redingotes ouvertes et garnies d'une petite dentelle, presque toutes à deux pélerines.

Pour la promenade, un nouvel ornement pour les capotes, est une espèce de soleil formé par des rubans coupés à pointes très-aiguës, posées les unes sur les autres, et toujours diminuant de longueur en s'approchant du centre.

Sous les pantalons de coutil, on place quelquefois un galon de fil blanc, large de deux doigts, qui cache la couture des côtés.

Sur les pantalons de drap, il est beaucoup plus élégant de mettre cette bande en drap pareil que d'une couleur tranchante.

MUSÉE ROYAL.

1831.

DEUXIÈME ET DERNIER ARTICLE *

Il y a, ce nous semble, deux choses bien distinctes dans le tableau de M. Delacroix (*la Liberté*), l'exécution et la pensée.

L'exécution est large, puissante, d'une couleur solide et forte, harmonieuse et vraie, qui rappelle le *faire* de *Géricault* ; les accessoires sont peints avec une rare fermeté, et nous ne savons rien de plus beau que le torse du soldat suisse.

Mais ce qui frappe avant toute chose, c'est le bonheur avec lequel l'artiste a prototypé la populace parisienne. En voyant cette nature chétive, bâtarde et étiolée, ces formes grêles et énervées, ces physionomies pâles, blafardes où règne un si inexplicable mélange d'astuce et d'audace, ces jeunes fronts déjà flétris par l'âcreté des passions crapuleuses d'une grande ville ; en voyant ces enfans demi-nus, couverts de fange et de haillons, on est forcé de convenir qu'une telle scène n'a pu se passer qu'à Paris, n'a pu être jouée que par des enfans de Paris, qui, en s'amusant à tuer quelques gendarmes, ne songeaient guère, quoiqu'on dise, à changer la face de l'Europe.

Et, à notre avis, ce tableau nerveux, incisif et franc, avec ses cadavres mutilés, ses haillons et sa populace, placé au-dessus des portraits même du roi, présente un singulier contraste, et devrait être d'une vue importune pour les hommes sortis d'un pouvoir improvisé sur la place publique, où des mains rudes et calleuses, après s'être emparé d'un trône, en disposèrent.

Et, involontairement, nous tournions les yeux vers la place

* Voir la 1re livraison, 2 juillet.

qu'occupait jadis le tableau du sacre, par M. Gérard ; ce tableau n'était pas, à beaucoup près, un tableau irréprochable, mais il donnait au moins l'idée d'une imposante cérémonie, et, au tumulte de ces journées sanglantes qui consacrèrent la royauté de juillet, nous préférions les majestueuses solennités de Reims, la fumée de l'encens, l'éclat des costumes, l'humble soumission d'un roi de France qui s'agenouillait devant l'apôtre d'une religion de tolérance et de liberté.....

Depuis quelque tems la foule se presse autour d'un nouveau tableau de M. Delaroche.

Après s'être inspiré de l'école flamande pour l'exécution de son Richelieu et de son Cinq-Mars, M. Delaroche s'est inspiré de l'école hollandaise pour parfaire son Cromwell.

Or, à notre avis, le plus grave reproche qu'on puisse adresser à cet artiste distingué, c'est de n'avoir pas de manière, de cachet à lui ; d'être reflet et non lumière, de ne pas signer son nom par sa touche ou sa couleur ; en un mot, de n'être pas *original, créateur, sui generis*.

Et ceci n'est pas un défaut chez un peintre ; c'est un vice d'organisation, auquel ni l'étude, ni le travail, ni les années, ne peuvent remédier : mais aussi, chez les hommes d'arts qui sont privés de ce génie créateur, on trouve une admirable patience d'exécution, un fini précieux, une égalité et une pondération de travail parfaite, une grande sagesse de coloris, et une exactitude consciencieuse à rendre complétement les plus minutieux détails.

Telles sont, à notre avis, les qualités qui distinguent le talent si honorable de M. Delaroche, et son Cromwell vient d'offrir une nouvelle preuve à l'appui de ce que nous avançons.

Certes, le gilet, la culotte, le chapeau, les bottes, les gants et l'épée, sont rendus avec un rare talent ; c'est d'une peinture large, d'un ton juste et vrai ; il y a de la saillie et du relief. La cuirasse a bien frotté sur ce buffle ; ces bottes ont bien pressé les flancs humides d'un cheval de bataille ; il a plu sur ce feutre ; c'est en un mot, le sordide et sévère accoutrement du vieux *Noll* qui calculait tout jusqu'aux accrocs de son pourpoint.

Mais si vous cherchez le regard si fixe, si pénétrant de ce type d'astuce, de finesse et d'opiniâtre volonté, si vous cherchez l'habile jongleur puritain, l'intrépide soldat, le républicain superstitieux, sur ce masque lourd, froid et commun, vous n'y trouverez rien, rien qu'inertie et stupidité.

Et qu'on ne vienne pas me dire que Cromwell ressemblait à cela; c'est faux, entièrement faux, et en vérité, c'est une amère dérision que d'aller exhumer un plâtre moulé sur nature, et puis de calquer ce visage mort, ces yeux morts, cette bouche morte, et de nous dire après : Voilà Cromwell... Olivier Cromwell!!!

Oui, le voilà, mais mort, inanimé, sans cœur qui batte, sans cerveau qui pense, sans muscles qui agissent, sans regard qui fascine.

Et tel est le Cromwell de M. Delaroche, c'est un plâtre peint, c'est un soldat qui regarde s'il ne lui manque rien dans son coffre, mais ce n'est pas là le *Protecteur*.

Cromwell, lui Cromwell, si superstitieux, si fanatique, si peureux des souvenirs et de l'obscurité, il serait immobile et froid, auprès du corps de Charles.... Non, cent fois non, je ne voulais pas de gestes de théâtre, mais je voulais un regard, un long et puissant regard.... Et, dans ce regard, un éclair, une pensée profonde, dans ce regard, résumer toute la vie de Cromwell, son étonnement mélancolique de se voir déjà à la sanglante péripétie de son drame; enfin, dans ce regard, j'aurais peut-être voulu une larme. Oui, une larme, car Olivier n'était pas sanguinaire, mais il sacrifiait tout à son inexorable politique, quitte à pleurer après, à trembler après seul dans With-Hall, à vouloir oublier qu'il était au trente janvier....

Et, en cela, il pouvait intéresser. Or, c'est une grande fausseté historique d'en faire un froid assassin, qui vient voir si sa victime est bien morte.

Le fait par lui-même n'est pas rigoureusement avéré; seulement une tradition rapporte que, si Cromwell vint ouvrir le cercueil de Charles, ce fut de nuit, à la lueur d'un flambeau, et enveloppé d'un manteau, pour n'être pas reconnu.

Certes, à notre avis, il valait mieux admettre cette tradition, bien plus vraisemblable, et qui pouvait offrir de beaux et dramatiques développemens.

Un artiste qui possède à un point éminent cette originalité, ce génie créateur dont nous parlons, c'est *Robert*. Partout je reconnaîtrai *Robert*, non-seulement dans ses tableaux de la brûlante Italie, car il peindrait une nature du nord froide, sombre et grise, que je le reconnaîtrais encore.

Mais non, qu'il reste en Italie, il comprend si bien son beau ciel, et ses femmes brunes et sévères. A lui seul ce coloris éclatant, cette nature calcinée, ces contours secs et arrêtés, qui se découpent si fermes sur un atmosphère limpide et raréfié, qu'aucune vapeur n'altère.... A lui ces murs blancs et mats, cette végétation verte, chaude et rare.

Oh! que de poésie et de force dans ses *Moissonneurs!* Que cet admirable tableau donne une juste et frappante idée des sociétés patriarchales qui existent encore dans les pays qui ne sont pas corrodés par une dévorante civilisation.

Qu'il y a de noble et touchant despotisme dans la tête du vieillard, comme il domine bien sa famille, et cette femme qui tient son enfant.... Et cet enfant.... quelle force, quelle vie. Oh! qu'il a respiré cet air brûlant et voluptueux, qui fait vivre si tôt et si vite dans ces climats ardens, cet air qui vous caresse doucement, qui vous plonge si jeune dans une continuelle rêverie d'amour et de poésie....

C'est aussi une noble et admirable figure que celle du jeune homme, appuyé sur le timon du char. Quels regards dans ses yeux noirs; aussi qu'un mot, qu'un désir, une injure, mette le feu à cette âme ardente et énergique, et vous ne serez pas surpris de le voir un jour gravir les rochers, en armant sa bonne escopette, car il aura quitté son insouciance de laboureur, pour l'existence aventureuse du bandit, pour laquelle il semble fait.

Somme toute, ce tableau est une œuvre qu'on ne saurait trop louer, œuvre originale, fortement pensée, et exécutée d'une manière supérieure, ce qui fera, je crois, école; tant pis pour les imitateurs.

Notre cadre est si limité, que nous ne pouvons parler que des ouvrages qui ont attiré l'attention générale. Si nous en avions le loisir, notre critique atteindrait des *malfaiteurs*, qui osent avouer des *Prométhée*, des vues de *Théières* et de *bottes de radis*, des *Louis-Philippe* entre deux inconcevables artilleurs, des marines à fendre l'âme, que sais-je, moi.... Ne faudrait-il pas, en vérité, un bagne, un Botany-Bay, où l'on ferait scier du bois, ou battre du plâtre, par les misérables qui commettent de pareils crimes avec préméditation.

Le tems nous presse, aussi sommes-nous obligés de jeter un rapide coup d'œil sur quelques nouvelles productions.

Le portrait de mademoiselle Horace Vernet, peint par son père, est d'une exécution parfaite, entendu avec art, avec goût, les chairs sont d'une finesse et d'une transparence peu communes, il y avait une grande difficulté à vaincre, car cette douce et pâle figure éclairée par un jour plein sans ombres tranchées, sans clair obscur à faire valoir, risquait de devenir terne et plate. Mais M. Horace avec son habileté ordinaire a su la mettre en relief, sans manière heurtée, sans charlatanisme de contrastes.

Nous le répétons, maudit soit le tems qui nous presse, maintenant que nous voilà devant ces marines si savantes, si puissamment colorées! Ici le ciel d'Afrique âcre et brûlant, une nature sèche et corrodée, une végétation crue, verte, à reflets rouges, une vapeur de fournaise qui voile jusqu'aux premiers plans, pas un souffle d'air, un ciel glauque et torréfiant; plus loin, grâce à la puissance magique des contrastes, plus loin une nature fraîche, grise, humide, un ciel nuageux et sombre, des eaux bien jaunes, une atmosphère brumeuse et terne, des terrains détrempés par la pluie, du vent, des bourrasques qui soulèvent et déroulent ces longues lames en fouettant leur écume nacrée....

Et pourtant ces tableaux si différens de formes, de pensée, de combinaisons, d'effet, sont dus au même peintre... oui, telle est l'admirable flexibilité du talent de M. Gudin qu'il comprend toutes les natures, toutes les nuances; puissant et varié comme la création, son génie embrasse tout, colore tout, met à tout son cachet unique et original....

Passons et regrettons de ne pouvoir admirer plus longtems ces sites admirables, — passons, en y jetant un long et dernier regard comme le passager que le navire emporte, et qui laisse à regret derrière lui un vaste et ravissant panorama.

Oh! mais de grâce, arrêtons-nous ici, un moment, un seul, le tems d'essuyer une larme à l'aspect de ce tableau de chagrins et de misère rendu avec une si incroyable poésie.... fort d'un intérêt si palpitant.

Pauvre enfant, voyez quelle douce et pieuse résignation dans son œil éteint et morne! Il demande une consolation ou une espérance à ce vieux crucifix de bois et à ce morceau de buis béni....

Il y a tout un poëme, tout un drame, dans ce beau tableau de M. Émile Lesorre, tout jeune artiste, inconnu avant cette production dont la poésie sombre et mélancolique, la couleur forte et brune, rappellent singulièrement le *Murillo*.

Encore une marine, mais celle-ci est d'un tout autre *faire*, que celles de Gudin, — c'est moins coquet, moins brillant, moins diapré, moins transparent, et pourtant c'est beau, c'est fort beau, il y a bien de la pesanteur dans cette eau, le sillage du navire est bien écumeux, ces lames sont bien denses, bien *huileuses* (si on peut le dire), les fonds sont vigoureux, et d'une fermeté, d'un puissant effet. Car c'est le système que M. Camille Roqueplan a adopté. — A notre avis l'harmonie y gagne beaucoup, — mieux vaut un premier plan, léger, diaphane, presque transparent, et un fond solide et coloré, quoique vaporeux.

Cela renverse toutes les théories de ce qu'on appelle les *paysagistes*, mais la manière de M. Roqueplan étant fondée sur de consciencieuses et longues études, nous l'admettons sans restriction.

M. Roqueplan a aussi créé un genre tout nouveau, tout gracieux, ce sont des *pastels*, — impossible de voir quelque chose de plus frais, de plus agréable, de plus délicatement fini que ces petits dessins qui rivalisent par la richesse et la vigueur de tons, avec les plus chaudes peintures à l'huile.

Si le tems nous le permet nous parlerons encore des peintres, disons deux mots des sculpteurs.

On est toujours frappé de la solitude qui règne dans les salles de sculpture ; quelquefois deux ou trois curieux les parcourant rapidement, s'arrêtent devant une statue fortement caractérisée, et disent en baillant : c'est superbe. — ou cherchent à deviner les originaux de cette longue file de bustes si cruellement ressemblans qui ne vous font pas grâce d'une ride.

La cause de cette tiédeur pour la sculpture est concevable ; tout le monde peut, à la rigueur, dire en passant devant un tableau de genre, c'est vrai. — c'est bien. — tout le monde peut éprouver une certaine jouissance en regardant une peinture, et les yeux, séduits par cette variété de couleurs, s'y attachent avec plaisir.

La sculpture au contraire est sévère et imposante, c'est l'imitation grandiose d'une nature à part qui ne veut que des formes choisies, pures et puissantes. — Elle est à la peinture ce que la poésie est à la prose. — Pour sentir la sculpture, il faut donc réellement aimer les beaux-arts et y être appelé par une vocation naturelle ; sans cela on s'enthousiasme à froid, on s'entête à admirer des choses qu'on ne comprend pas, et l'on finit par prendre ces études en dégoût.

L'exposition de cette année est assez médiocre ; deux points culminans, deux talens hors ligne, nous ont d'abord frappés. — MM. Foyatier et Moyne.

Le Spartacus de M. Foyatier est une admirable statue.

C'est bien cet esclave, qui las de servir aux amusemens féroces d'un peuple énervé, s'arme, et, à la tête d'une troupe d'hommes déterminés, met en fuite les prêteurs Glaber et Valérius.

La pose énergique de cette statue dit tout l'homme. — Ces fers brisés, ce front large et saillant, cette épée convulsivement serrée, ce coup d'œil fixe et menaçant, tout cela est une page d'histoire pour le spectateur.

Le torse de Spartacus est exécuté avec une immense supériorité; les contours sont suaves et pourtant fermes, il est impossible de voir un dessin plus pur et plus correct. — L'emmanchement du bassin avec les extrémités, qui offre ordinairement tant de difficultés, est rendu avec un talent et un accord parfait; enfin cette belle production semble plutôt due aux fouilles de Pompéia et d'Herculanum qu'à un ciseau moderne.

M. Moyne (Antonin je crois) a exposé plusieurs rondes bosses en bas-relief d'une composition neuve et originale.

Ses démons luttans sur un cheval offrent des beautés du premier ordre, il y a une vigueur, une pureté de ciseau dans la pose et l'exécution du cheval, qui rappellent la manière de *Géricault*.

Il y a encore de M. Moyne, de charmans portraits, d'une finesse rare et d'un goût exquis.

Il y a aussi des morceaux estimables de M. Gayrard et plusieurs bustes de M. Dantan qui annoncent un honorable avenir pour ce jeune sculpteur.

Les bustes du roi-citoyen, pullulent; il y en a de grands, de petits, de moyens de beaux, de laids, de gros, de maigres, de grimaçant, de sourians, un entre autres parait avoir été exécuté d'après nature le jour de la grande revue des glorieuses, au moment où un grand personnage a répandu si adroitement la quasi-nouvelle de la victoire des Polonais. — Il est impossible d'y avoir mis plus de finesse et d'esprit.

Somme toute, l'exposition a été satisfaisante... pour ce tems si malheureux et si funeste aux arts. — Encore deux ou trois ans de pareil régime, et l'art et la poésie seront tués en France, — et en vérité quand on pense à ce qui nous restera en échange on est tenté de se faire Saint-Simonien.

Revue de la Semaine.

Volons au secours de la Belgique! Ainsi avaient dit les ministres de Louis-Philippe, ainsi répétaient les journaux du juste-milieu, ainsi parlait la communication officielle affichée à la Bourse. Volons au secours de la Belgique! Aussi voyez comment on a volé; le juste-milieu, c'est l'oiseau de basse-cour qui veut prendre sa volée, il est trop lourd. Regardez-le. Voyez cette armée décorée du pompeux titre d'Armée du Nord, comme elle marche, comme elle court, comme elle vole. Mais il y a dix jours que l'ordre est donné de voler, personne ne bouge; les canons sont cloués au sol, les chevaux ont la chaîne aux pieds, les hommes n'avancent pas plus que des momies. Que dites-vous là, ne voyez-vous pas comme nous volons. Si les régimens sont là paisibles et l'arme au bras, c'est que la Belgique prétend qu'il faut une loi qui nous permette d'aller la sauver. Admirez donc la prude, comme elle met l'étiquette légale avant son propre salut. C'est digne de Sparte. Nous n'entrerons donc pas, ou si nous entrons ce sera pour aller une première fois seulement jusqu'à Mons, et nous attendrons là de pied ferme que MM. les Belges veuillent bien nous autoriser à aller nous faire tuer un peu plus loin pour eux; donc, ou peu s'en faut, immobilité complète de notre part. N'importe, c'est officiel, nous volons au secours de la Belgique. Et pour preuve, M. le maréchal Soult vient de puiser au Trésor, moins que rien, douze cent mille francs. Joli commencement, début qui promet. Douze cent mille francs seulement, pour payer les frais d'un mensonge officiel. Que sera-ce donc si nous nous

*

mettons enfin en route, si l'Angleterre daigne ne plus nous tenir en lisière, si la Belgique se décide à vouloir réellement de nous, si la Prusse ne s'oppose pas, si l'Autriche consent, si la Russie ne gronde pas au loin, c'est alors que nous volerons.... au secours de la Belgique.

— Le maire de Bordeaux, M. de Bryas, le marquis citoyen, ou le citoyen marquis, à votre choix, vient d'être dupé d'une manière éclatante, à la vue de tout Bordeaux. Chacun a connu la mystification de l'officier municipal, et par qui s'est-il ainsi laissé duper? Je vous le donnerais en mille, si je n'étais pressé de vous dire que c'est par un enfant de douze ans, un petit aventurier, qui s'est présenté au citoyen marquis, décoré de la Croix-d'Honneur, en disant qu'il la tenait du général Clausel, pour récompense d'une action d'éclat, faite à Alger. Si le petit vaurien avait nommé M. de Bourmont, le marquis citoyen l'eût chassé bien certainement d'une manière ignominieuse; mais le drôle était adroit, il sentait le citoyen sous l'écorce du marquis; il ne parla pas et se garda bien de parler du victorieux maréchal. Le petit chevalier d'industrie fut donc hébergé, logé, fêté et dorloté par le marquis; il fut conduit au théâtre et installé dans la loge municipale; M. le maire était tout glorieux de se trouver à côté d'un héros. Enfin, lorsque le fripon eut amplement mis à contribution la crédulité du municipal, il partit et on découvrit, ayez pitié du pauvre mystifié, on découvrit que le prétendu chevalier, le soit-disant héros d'Alger, n'était autre qu'un échappé du séminaire de Beaucaire, qui avait déjà exploité les municipales simplicités de Dijon et de maintes autres villes. Là-dessus le citoyen marquis entra en une grande fureur, lança toute la gendarmerie départementale à la poursuite de l'aigrefin imberbe, et jura, mais un peu tard, qu'on ne l'y prendrait plus. Aussi, se laisser duper par un petit friponneau de douze ans, c'est affligeant, mieux que cela, c'est déshonorant, pour une des notabilités les plus considérables du juste-milieu.

— Ils sont morts, n'importe, ils marchent, ils parlent, ils votent. Dans leur asile, on respire une odeur de sépulcre, une poussière de tombe, c'est égal, on agit encore dans cette Necropolis du Luxembourg; on n'y vit pas, mais on y parodie la vie; ce sont des ombres qui s'amusent à singer des hommes vivans. On y vote, on y parle, il y a une tribune où vous croiriez, en vérité, que chaque orateur monte; mais tout cela n'est rien, ce ne sont pas des réalités; ce sont des fantômes. Lundi dernier, les ombres se sont encore réunies; c'était un curieux spectacle, de voir ces soixante morts, assis et jouant la vie législative, comme les héros de Virgile et du Dante répètent dans les enfers les occupations de leur existence passée. Ils ont nommé des bureaux, et choisi les membres de ces bureaux. Ces bureaux auront l'air de s'occuper d'affaires réelles, de questions de ce monde, de la guerre et de la paix, de la Pologne et de la Belgique. Pauvres ombres, qui leur demande leur avis et leurs conseils? qui s'occupe d'elles! Qui consulte ou songe à consulter les morts sur les affaires de la vie?

— Le colonel du 56e, M. Bonfils, accusé de *carlisme*, vient d'être mis à la réforme. Son crime était de déplaire à son régiment, et d'avoir voulu faire observer la discipline militaire dans ce corps. La destitution du colonel Bonfils apprend aux soldats la manière de se défaire d'un chef qui ne leur convient pas.

— On lit dans les Mémoires de M. de Lavalette, p. 201, 2e vol., chap. 12, le passage suivant :

« Peu de jours après le départ de l'empereur, je fus averti » qu'une liste de proscription qu'on élevait au nombre de » 2000 personnes s'établissait par les soins de MM. Talleyrand » et Fouché, sous la direction des princes, et que madame la » duchesse d'Angoulême voulait y prendre une part active. »

Alors la duchesse d'Angoulême était à Bordeaux, et n'est arrivée à Paris que plus d'un mois après.

(*Gazette de France.*)

— « Le nommé Hippolyte R...., fils d'une pauvre veuve du canton de Toucy, à la recommandation de M. de V..., le père des malheureux, faisait depuis deux ou trois ans le service des écuries de madame la dauphine. Un coup de pied de cheval reçu au genou, sans aucune suite fâcheuse, avait attiré sur ce jeune homme l'attention et la bienveillance de la princesse.

» Lors de son retour précipité des eaux de Vichy, madame la Dauphine, touchée de l'attachement respectueux et des larmes d'Hippolyte, au moment où elle fut *forcée* de congédier sa suite à Joigny, lui promit de ne point l'oublier. Vers Noël dernier, une caisse, à l'adresse d'Hippolyte R...., arriva franche de port à Toucy. Cette caisse contenait six draps, deux matelas, deux couvertures, un lit complet, des serviettes, et beaucoup d'objets de ménage, 50 francs et un certificat de bonne conduite délivré à Hippolyte. Cette pièce, plus précieuse encore que les bienfaits de son ancienne maîtresse, a valu au pauvre jeune homme une excellente place. »

Ces Bourbons sont incorrigibles, ils en veulent toujours aux Francais. (*Quotidienne.*)

—A bas le *Carliste !* à bas le *Jésuite !* mort au *Carliste !*—Et les pierres de voler, les vitres de se briser en éclats. La foule s'accroît, elle s'agite, elle s'arme. Voici des pioches, des haches; on attaque la muraille; on va faire brèche. — Mais l'ennemi capitule; il se rend. — « Victoire! gloire à nous! » — De quoi s'agit-il? du siége d'une forteresse hérissée de canons et remplie de soldats? De la prise d'une ville de premier ordre? — Non pas; ce n'est qu'une maison. — Au moins cette maison est crénelée, percée de meurtrières? C'est un repaire de séditieux, une vraie machine infernale, un magasin de boulets et de cartouches? on y a arboré quelque drapeau *proscrit?* — Point du tout, cette maison est celle d'un honnête et pacifique libraire de la ville de Sens, qui n'a chez lui d'autre garnison que les auteurs in-8°, in-12 et in-18, qui sèchent en paix sur leurs tablettes poudreuses, attendu que depuis notre *glorieuse délivrance* on a bien autre chose à faire que d'acheter et de lire. Le susdit libraire a eu l'inconcevable perversité de ne pas trouver que tout allât le mieux du monde pour son commerce, et qu'il eût précisément lieu de participer à l'allégresse officielle de la municipalité en l'honneur des mémorables anniversaires ; il s'est donc permis de ne pas illuminer. Il est évident que c'est un ennemi des lumières ; l'épicier voisin l'a prouvé clairement ; et comme nous vivons sous un régime de liberté, malheur à qui se croit libre chez lui. — Réjouissez-vous sous peine d'être lapidé. Des lampions ou la mort ! — Mieux vaut encore des lampions ; notre libraire a donc orné de lampions les débris de ses fenêtres ; il s'est réjoui, il a été pénétré d'enthousiasme ; il a fait même une telle consommation d'allégresse qu'il ne lui en est pas resté pour le lendemain. Lorsqu'il a fallu mander le vitrier, il a cru le reconnaître pour un de ceux qui, la veille, avaient fait une si bonne guerre à ses carreaux.

— Bravo ! M. Casimir Perrier ! Nous avions cru jusqu'à présent que la justice était *une et indivisible*, comme la ci-devant république si chère à M. Barthélemi.

Erreur ! On vient de découvrir une justice d'une nouvelle espèce ; c'est la *stricte* justice dont M. Casimir Perrier est l'inventeur ; la première, la seule et plus anciennement connue de ces deux justices, celle qu'on nomme purement et simplement justice est destinée à la majorité des citoyens, l'autre est exclusivement applicable à ceux qu'on qualifie du nom de Carlistes ; c'est la justice si vous voulez, et pourtant ce n'est pas la justice ; c'est la justice modifiée au moyen de saisies, visites domiciliaires, massacres partiels, etc... ; c'est une *quasi-justice*, comme il y a une *quasi-paix*, une *quasi-guerre*, une *quasi-intervention* : avec la *stricte justice*, vous êtes un peu plus vexé, un peu moins en sûreté chez vous que s'il n'y avait au monde de justice d'aucune sorte. Ah ! M. Cas. Perrier, que vos définitions sont aimables !

— On parle d'une rencontre qui aurait eu lieu jeudi dernier

au bois de Boulogne, entre M. le général Lamarque et M. le comte Sébastiani ; M. le général Lamarque ayant déclaré à la tribune que M. Lebeau était le Sébastiani de la Belgique, ce dernier lui en aurait demandé raison comme d'une insulte.... ceci est fort bien....... mais je vous le demande, que dira à son tour M. Lebeau ? je le sais homme d'honneur et demeure convaincu qu'un cartel aura été immédiatement envoyé par lui à M. le général Lamarque, celui-ci l'ayant grièvement offensé en le comparant à M. Sébastiani ; puisqu'un autre cartel aura encore été adressé par M. Lebeau que je sais homme d'honneur à M. Sébastiani, parce que ce dernier s'est trouvé offensé par la comparaison de M. le général Lamarque.... Et de ceci trois cartels. Chacun de ces messieurs, ministre ou général, aura dû mettre de bon compte trois fois l'épée à la main... On ne sait pas où tout ceci peut nous conduire ; je vous tiendrai au courant de la suite des événemens.

— *Habemus confitentes reos !* — Il était question à la Chambre de la sotte position que le juste-milieu nous a fait prendre à l'égard des puissances étrangères, de la Belgique livrée à un proconsulat anglais, de la Pologne destinée à périr. « Jamais, s'est écrié un orateur, jamais l'ancienne royauté n'aurait fait cela. » Quel est cet orateur ? — M. Lamarque, oui, M. Lamarque en personne, entendez-vous ? — Et ces paroles : « Je conçois qu'un parti a raison d'espérer la restauration. » Qui les a dites ? C'est M. le maréchal Clausel. — Ah ! M. Lamarque ! Ah ! M. Clausel ! nous vous y prenons, un peu tard il est vrai, mais enfin l'aveu est bon à noter. Qui l'eût prévu il y a un an ?...

— Voici qui est plus remarquable encore.... a-t-on suffisamment pris garde à ces expressions échappées à M. Casimir Périer, « tout un parti nous préoccupe par son inertie mystérieuse »..., a-t-on bien compris tout ce qu'il y a de dépit, de surprise, de désenchantement dans un tel aveu... Vous espériez donc que les leçons du passé ne profiteraient pas à ce parti.

qu'il s'agiterait, conspirerait encore, qu'il émigrerait peut-être, afin de mieux amener et de légitimer vos moyens de persécution et de terreur; mais pour vous perdre il ne fallait que vous laisser faire et ce parti vous a abandonné à vous même, il est resté à sa place, muet, digne, impassible; il a été, il est et ne sera, aussi longtems qu'elles dureront, que le témoin de vos folies; et c'est cette impassibilité même qui vous déconcerte; vous ne l'aviez pas prévue, vous ne la vouliez pas, vous en avez peur...; vous faites à ce parti un reproche de son inertie; elle n'est, croyez le bien, qu'apparente; les feuilles royalistes des départemens qui sur tous les points de la France sont devenues spontanément l'organe de tant de vœux, de tant de regrets, qui les a fait naître et les encourage, si ce n'est ce parti lui-même, et que pouvait-il y avoir de sa part de plus franc et de plus légal; ces amendes, on pourrait dire scandaleuses, dont vous avez accablé sur tous les points de la France, les écrivains royalistes, qui les a aidés à vous les payer, si ce n'est encore ce parti, et que pouvait-il y avoir aussi de sa part de plus généreux et de plus noble! Mais pour m'en tenir à un exemple moins relevé peut-être et cependant remarquable, cette feuille, dont le titre a peu d'importance, et qui ne vous cause pas moins une fois chaque semaine tant de déplaisir, par tout ce qu'elle sait et tout ce qu'elle dit, qui lui a permis de se maintenir? qui l'a fait se développer? qui l'a adoptée? qui la soutient? Encore ce parti...... A peine a-t-elle revêtu son ancienne couleur, qu'en moins d'un mois le nombre de ses souscripteurs a plus que doublé. Vous le savez comme moi, c'est un fait dont la vérification vous est facile; je n'ai pas besoin de vous l'attester; et ce nombre triplerait, je n'exagère pas, s'il prenait un beau jour à M. Persil fantaisie de nous poursuivre..... La fortune de cette feuille est dans ses mains!......

Ah! si, comme tant d'autres, nous avons eu à nous réjouir du concours et de l'appui de ce parti, si ses encouragemens, si sa bienveillance nous honorent, si son *action* fait notre force, je comprends tout ce que vous devez en effet, regretter, et que vous ayez, en ce qui vous concerne, à gémir de son *inertie*.

La Mode.

— Attention au grand combat, au sanglant et terrible combat dont le bulletin nous arrive tout chaud de Bruxelles! « Les » troupes belges, au nombre de 2000 hommes ont soutenu à » Turnhout un long engagement contre 6000 Hollandais. L'ac- » tion a été des plus acharnées; l'ennemi a été repoussé. Du » côté des Belges, *un homme* tué; les Belges ont fait *un* prison- » nier. » — A la bonne heure! c'est plaisir de faire la guerre de cette manière-là! On se bat une journée entière, et c'est tout au plus si l'on a à déplorer *un accident* causé par l'explosion intempestive d'une arme à feu. Cet unique mort avait bien besoin de se faire tuer! Il eût été encore plus beau pour les Belges de remporter une victoire complète, et que tout le monde, sans exception, s'en retournât dispos et bien portant, pendant que les Hollandais enterraient leurs hommes et chargeaient de leurs blessés d'énormes charriots.

— Nous croyons devoir protester contre un article qui s'était introduit frauduleusement et furtivement dans la treizième livraison de notre recueil, et nous n'hésitons pas à désavouer une anecdote qui nous paraît un tissu de noirceurs.

Nous voulons parler de la distance qui peut exister entre l'époque du mariage de madame la comtesse d'O.... et la date de la naissance de madame la marquise de C...... qui prétendait avoir été baptisée dans la même église et le jour même où la première avait été mariée.

On nous a mis à lieu de vérifier que la moins jeune de ces Dames a eu 56 ans au mois d'octobre dernier, et que madame de C...... qui se donne des airs de mineure, aura néanmoins 52 ans le 17 avril prochain. On nous a produit son acte de naissance qui restera déposé dans nos bureaux.

Nous ne voudrions pas que *la Mode* eût paru consacrer des actes d'hostilité féminine et des prétentions qu'on ne peut qualifier que de ridicules.

— Ceci passe les bornes: M. Victor Hugo fait représenter *Marion Delorme* au théâtre de la Porte-St-Martin, et c'est à peine si dans la salle il se trouve une place dont M. Victor Hugo n'ait pas disposé à l'avance; aussi *Marion Delorme* a-t-elle été applaudie à outrance. Les choses se sont passées précisément comme au Théâtre-Français, lors des représentations d'*Hernani*, de telle sorte que le succès de *Marion Delorme* pourra bien, comme celui d'*Hernani*, aller toujours en décroissant; quant à nous, spectateurs payans, nous n'assistions pas à cette *comédie*; nous avions fait de vains efforts pour en être les témoins. L'entrée de la salle nous avait été interdite, mais nous savons que le petit nombre de ceux qui avaient obtenu la faveur d'entrer en payant leur place, n'ont pas vu sans un profond dégoût les mesures prises par l'administration pour *enlever* un succès qui n'est dû, jusqu'à ce moment, qu'à un charlatanisme scandaleux, et c'est sans aucune surprise, que nous avons lu dans le *Figaro* de ce jour : « Des feux croisés de claqueurs, des admirateurs désintéressés » au point de vous faire rendre gorge au moindre geste, au » moindre signe de critique : on eût dit les assommeurs du » 14 juillet chargés d'une mission littéraire. *Marion Delorme* » a-t-elle réussi, est-elle tombée? Nous attendrons qu'elle soit » jugée pour répondre. »

⁂ Le juste-milieu croyait que l'annonce de son entrée en Belgique ferait reculer le roi de Hollande; le juste-milieu est bien présomptueux.

⁂ L'escadre Française, qui était dans le Tage, vient de rentrer à Brest; le drapeau tricolore ne flotte plus *sous* les murs de Lisbonne.

⁂ La guerre de Hollande est le juste-milieu entre une guerre impopulaire et une guerre nationale.

⁂ Les Belges ne veulent pas être sauvés par nos sauveurs, ils savent ce qu'il en coûte.

⁂ On vole au secours de la Belgique..... dans les caisses du trésor.

⁂ Les sauveurs de la France veulent maintenant être les sauveurs de la Belgique, la Belgique est perdue.

⁂ M. Victor H. est sérieusement menacé du ruban de juillet.

⁂ Les fées de M. Victor H. ne dansent plus que la *carmagnole*.

⁂ M. Victor H. compose une cantade à l'usage des *Vendanges de Bourgogne*.

⁂ Au moyen de quelques changemens, M. Victor H. appliquera son ode sur le sacre de Charles X au prochain anniversaire de Juillet.

⁂ Le juste-milieu s'en va-t-en guerre...... Ne sait quand reviendra

⁂ M. de Sém... vient d'obtenir la survivance de l'escamoteur de Tivoli.

⁂ Beaucoup de personnes trouvent que M. Mouton n'est pas tendre.

⁂ Malgré la vigueur de ses poumons, M. Mouton n'a pas fait grand bruit dans le monde.

⁂ M. le maréchal Mouton ayant appris qu'on devait inonder la Hollande, a sur-le-champ demandé un commandement.

⁂ On ne pense pas que l'*adresse* puisse sauver le juste-milieu.

⁂ M. Mouton a une voix de tonnerre ; ce n'est pourtant pas un foudre de guerre.

⁂ M. Mouton se ferait entendre de Saint-Cloud à Neuilly.

⁂ Le juste-milieu vient d'entrer en campagne... relativement à l'Angleterre.

⁂ Au ministère de la guerre, on ne parle plus qu'anglais.

⁂ Si M. Cas. P. est bien sage, on le fera lord baronnet.

⁂ La guerre a été décidée de *Grey à Grey*.

⁂ On est enchanté de nos ministres… à Londres.

⁂ Le juste-milieu veut faire flotter son drapeau *sous* les murs d'Amsterdam.

⁂ Les bonnes font peur aux petits enfans de la grosse voix de M. Mouton.

⁂ M. Sébast. assure que M. Mouton est le Croquemitaine des maisons de sevrage.

⁂ On assure que depuis le nombre immense de poignées de main qu'il a distribuées dans les fêtes de juillet, un haut personnage éprouve de singulières démangeaisons.

⁂ La *justice* de M. Cas. P. est bien injuste.

⁂ M. Cas. P. ne sera jamais placé dans la *catégorie* des grands ministres.

⁂ Il y a une locution que M. Cas. P. affectionne, c'est *catégoriquement parlant*.

⁂ D'après la *stricte justice* de M. Cas. P. les *suspects* seront pendus la première fois, et la seconde..... on verra.

⁂ Les Chambres n'ont fait que ressasser l'almanach des vingt-cinq mille *adresses*.

⁂ Il est certain que le juste-milieu, pour se tirer d'affaire, a plus que jamais besoin *d'adresse*.

⁂ L'armée du Nord est attaquée, non du *choléra-morbus*, mais de la diplomatie.

La peau de Chagrin *. Ce roman philosophique vient de paraître chez Charles Gosselin, naguère le libraire du duc de Bordeaux, et l'éditeur des poésies de M. de Lamartine.

Si nous recommandons ce livre sans en donner l'analyse ni en faire la critique, c'est pour ne pas amoindrir les plaisirs du lecteur car nous ne doutons pas qu'il ne soit acheté, lu, par toutes les personnes qui éprouvent le besoin de quitter les tristes affaires du tems présent, pour se réfugier dans les émotions factices d'un livre comme dans un asile. Mais ici rien n'est imaginaire, tout est trop vrai peut-être ; *pendant la tempête adorez l'écho* a dit Pythagore ; ici l'écho vous reproduira le monde et la vie ; c'est le retentissement sonore et brillant de nos fêtes ; ce sont des tableaux d'une étonnante variété, d'une pompe effrayante, car ils réveillent les souvenirs personnels les plus intimes, et de profondes pensées : enfance, égoïsme et vieillesse.

Après avoir admiré de belles scènes ou souri de quelques moqueries, vous rencontrez tout-à-coup de poignantes maximes, une réflexion vive qui met à nu le cœur humain et la politique moderne.

L'auteur n'a pas craint de dire :

— Est-ce ma faute à moi si le libéralisme devient Lafayette !

— La conséquence immédiate d'une constitution est l'aplatissement des intelligences, le nivellement social des fortunes, et l'enseignement mutuel fabrique des espèces de pièces de cent sous en chair humaine. — Plus d'individualité.

Le succès de cette composition est vraiment remarquable, car nous n'osions pas espérer voir la littérature triomphant de la politique.

Anecdotes historiques et politiques pour servir à l'histoire de l'expédition d'Afrique, par J. T. Merle, in-8°. Chez Dentu, au Palais-Royal, galerie d'Orléans, n° 13.

M. Merle publie sous ce titre modeste, un livre plein de faits

* Deux volumes in 8° avec des dessins de Johannot, prix : 15 fr.

curieux et d'utiles aperçus. Je ne sais si les *Anecdotes historiques et politiques* serviront quelque jour à une histoire plus complète de l'expédition d'Afrique ; jusqu'à présent, du moins, c'est la seule histoire d'une campagne glorieuse et d'une importante conquête.

Quelques officiers ont publié des détails militaires qui ne manquent point d'intérêt. M. le baron Dennié a pu même écrire dans un gros livre, *le compte exact des consommations de l'armée, à une botte de foin près.* Mais l'attente du public n'a pas été remplie par des faits isolés. Elle a même été quelque peu rebutée par de vulgaires détails d'intendance. Il y avait mille rapports de mœurs et de localités dans le cours de l'expédition, que nul n'a pu saisir comme M. Merle. Tout officier, tout employé, général ou garde-magasin, n'a évidemment, pour observer, qu'un horizon borné par les rayons de son grade. Celui-là seul peut tout voir, qui n'est point attaché à un point fixe. M. Merle aussi jouissait de la confiance intime du commandant en chef. On comprend que c'est là un titre bien supérieur à toutes les épaulettes d'état-major, auprès d'un public qui veut enfin connaître dans son ensemble et dans ses rapports si divers, l'entreprise la plus chevaleresque dans son exécution, que l'Europe ait vue depuis longtems.

M. Merle était là comme Saint-Lambert auprès du maréchal de Saxe, et nous dit comme lui :

> Curieux assez inutile,
> Je ne partageais les lauriers
> Ni de Saxe et de Belle-Isle.
> J'essuyais les récits mortels
> Et les airs tristement capables
> Des généraux, des colonels,
> Et m'ennuyais pour la patrie.

A la bonne heure, c'est une inutilité de plus à l'état-major, pour l'avancement de la campagne. Mais pour ceux qui veulent savoir ce qu'on y fait, ce qu'on y a vu, l'homme de lettres est à coup sûr la plus grande utilité du quartier général.

Ce livre vient à propos d'ailleurs. Au moment où notre conquête semble compromise par d'inconcevables fautes, il est curieux de connaître comment elle avait été si bien assurée. Au moment où deux généraux sont ramenés de l'Atlas par quelques tribus, on se demande comment l'armée d'expédition a pu vaincre toutes les tribus rassemblées. Le livre de M. Merle résout ces diverses questions, et devient nécessaire à tout homme de sens qui veut se former une opinion exacte sur notre belle colonie d'Afrique.

« Quand l'esprit de parti, dit M. Merle, aura perdu toute » influence sur l'opinion publique, l'expédition d'Afrique se » montrera à la France comme l'événement le plus glorieux et » le plus fécond de l'histoire moderne. Quand le commerce, » l'industrie et l'agriculture pourront jeter un regard sur cet » immense continent livré à toutes les ressources de leur » génie, on pourra juger des avantages de notre nouvelle » conquête; l'avenir et la fortune de la France se trouveront » peut-être dans ce dernier bienfait de la restauration, dans ce » legs fait au royaume d'Henri IV par ses petits-fils, au moment » de partir pour l'exil. Ce n'était pas une pensée ordinaire que » celle qui a *placé une vaillante colonie dans le repaire des anciens* » *pirates que l'Europe entière pendant trois siècles n'avait pu détruire.* » A cette pensée, qui a été si heureusement fécondée, venaient » encore s'en joindre d'autres; le général qui avait dirigé l'expé- » dition voulait proposer au roi de fonder à Alger une riche » dotation pour la Légion-d'honneur, et de lier d'une manière » inséparable la France à nos possessions d'Afrique, en obtenant » de l'Espagne les îles Baléares, où nos vaisseaux auraient » trouvé à moitié chemin de leur voyage des ports pour les » abriter et des forteresses pour les défendre.

» Dans quelques années, quand la colonie d'Alger sera arrivée » au plus haut degré de prospérité, que ses produits agrandiront » notre commerce, que notre population y trouvera des res- » sources immenses et des fortunes faciles, le général qui a » commandé l'armée d'Afrique, enrichi la France des trésors » de la Régence, et payé cette conquête du sang de sa famille.

» mourra pauvre et proscrit sur une terre étrangère; on ira
» chercher le nom du *maréchal de Bourmont* sur le pavé poudreux
» d'une chapelle de Westminster, où reposera son cercueil, et
» la France se vantera d'avoir un monument qui porte pour
» inscription :

» AUX GRANDS HOMMES LA PATRIE RECONNAISSANTE ! »

— Une personne doublement démissionnaire par refus de serment, et qui se trouve sans ressources, desire céder sur-le-champ le reste de bail pour deux ans, d'un très-bel appartement au rez-de-chaussée, avec calorifère, joli jardin, etc.

S'adresser au concierge du n° 48, rue de Clichy, Chaussée-d'Antin.

On fera une réduction sur le prix du bail.

— La première édition des vues de Lulworth et d'Holy-Rood, que nous avons publiées avec les dernières livraisons de *la Mode*, étant épuisée, nous en avons fait tirer une seconde.

On pourra donc se procurer ces deux lithographies au bureau du journal, ou au Palais-Royal, chez Dentu, libraire.

On les trouvera également chez les principaux libraires des départemens.

Le prix est toujours fixé à 75 centimes chacune, et 1 fr. 50 c. ensemble.

LA MODE.

Si les toilettes n'offrent rien de nouveau, elles ont généralement un ensemble qui plaît : telles sont celles que nous avons remarquées dans plusieurs grandes réunions.

A la dernière fête de Tivoli, où se trouvaient beaucoup d'étrangers, la majeure partie des robes était blanche, et les chapeaux en paille de riz; une légère écharpe de gaze de couleur complétait cette mise simple, mais élégante.

Nous avons remarqué que des dames avaient remplacé l'écharpe longue par le petit fichu de tulle noir : d'autres avaient des demi-écharpes mises en sautoir.

Quelques ceintures se font en ruban large, dont les deux bouts s'agrafent par derrière : un nœud, semblable pour la forme à ceux que l'on porte sur les capotes, cache l'endroit où la ceinture est agrafée.

On remarquait à l'une des dernières représentations de l'Opéra, une capote en taffetas bleu-ciel, à passe tuyautée, et soutenue, ainsi que la forme, par des baleines : un bouquet de plumes lui servait d'ornemens.

Les canezous en mousseline se multiplient, et leur forme varie beaucoup. Un des plus nouveaux que nous ayons vus avait deux jokeis tuyautés qui retombaient sur les épaules, le devant et le derrière étaient plissés à plis très-réguliers et égaux : le collet se tenait un peu relevé à la Médicis.

Un chapeau que nous venons de voir est fait en blonde : il a pour ornement un nœud de ruban de gaze.

La pagne grise s'emploie toujours pour chapeaux : on la double assez généralement en rose.

Les cravates en satin noir, qui sembleraient ne pas être de saison, sont plus que jamais en faveur.

Les habits les plus légers sont les seuls que nos élégans consentent à porter pendant ces jours de chaleur. Pour donner à ces habits toute la légèreté possible, nos premiers tailleurs les doublent entièrement en soie d'une nuance assortie à celle du drap.

TRÈS HAUTE, très puissante et très souveraine dame, la Chambre des députés des départemens, représentée par les sieurs marquis de Lafayette, dit *le citoyen des deux mondes*, Dupin, dit *le sauveur*, de Schonen, dit *le baron*, et Séné, ses délégués, a l'honneur de vous faire part de la perte peu douloureuse qu'elle vient de faire dans la personne de très édentée, très décrépite et très antique dame SEIGNEURINETTE-PERRINE-PERPÉTUE-DAGOBERTE-PHILOSOPHINETTE-CONSTITUANTINE-NAPOLEONIENNE-RESTAURATINÉE, la Chambre des pairs, sa sœur, décédée au palais du Luxembourg, à la suite d'une maladie de langueur, compliquée de plusieurs accidens. On avait essayé dernièrement d'en arrêter les progrès, au moyen d'une compresse de *vieux linge;* mais ce remède bizarre et hazardé a été impuissant contre les vices intérieurs et les élémens de décomposition qui minaient la malade. Dans ses derniers momens, elle était réduite à un état de maigreur et de desséchement qui lui donnait plutôt l'air d'une momie que d'une créature vivante. Tous les soins et tous les efforts du docteur Cas. P. et de ses collègues n'ont pu la sauver. Elle s'est éteinte après une agonie assez tranquille; seulement on entendait de temps en temps sortir de la bouche de l'agonisante des phrases guerrières et patriotiques qui formaient le contraste le plus étrange avec son état déplorable d'anéantissement et d'éthisie.

Vous êtes invité à vous trouver aux convoi et enterrement

de la susdite dame, dont le jour précis sera indiqué par des annonces publiques et un programme rédigé tout exprès pour la circonstance par M. Vivien. En attendant, le corps, soigneusement embaumé, d'après l'usage suivi par les Égyptiens pour tous les animaux quelconques, demeurera déposé dans un des caveaux du Luxembourg, domicile de la défunte. C'est au cimetière Montmartre, près des moulins à vent, qu'il doit être enseveli ; mais, vu la chaleur qui rendrait aux assistans une longue route trop pénible, le corps sera transporté la veille, toujours embaumé, au Bureau de la Mode, rue du Helder, où chacun sera admis à le voir, sans rétribution ; c'est de là que partira le cortége.

Le deuil sera conduit par un haut personnage qui ne marche jamais sans deux gros favoris fort épais, et qui portait à la défunte une affection très tendre. Il est inconsolable de sa perte, et c'est même malgré lui qu'il a signé l'extrait mortuaire que lui présentait très souveraine dame la Chambre des députés, à qui il ne peut rien refuser. Quatre chevaux de couleurs différentes traîneront le corbillard. Plusieurs orateurs de l'opposition, montés les uns sur le siége, les autres en postillons, feront hâter le pas à l'attelage. Un drap d'étoffe changeante couvrira le cercueil, dont les quatre coins seront ombragés par des trophées de drapeaux en soie jaune et noire, façon autrichienne. On a craint un instant que le propriétaire du magasin des *Deux Magots*, qui prétend avoir fourni l'étoffe des susdits drapeaux, ne vînt les saisir pour défaut de paiement, et ne privât le convoi de son ornement le plus remarquable. Mais, dans ce cas, une souscription à cinq centimes, à l'instar de la souscription pour *l'épée Lafayette*, serait ouverte à l'instant même parmi les assistans pour en acquitter le prix. Sur la bière sera déposé le manteau de la défunte, chamarré d'aigles, de fleurs de lis et de coqs gaulois, plus son chapeau orné d'une cocarde, blanche d'un côté et tricolore de l'autre. Quatre individus, surchargés d'énormes portefeuilles, tiendront les quatre coins du drap funèbre.

Derrière le corbillard marchera d'abord, seul, la tête inclinée et la queue basse, le chien *Médor*, ce type de la fidélité, dont la présence à une cérémonie de cette nature a été jugée indispensable.

Viendront ensuite la foule des enfans de la défunte, d'autant plus affligés qu'elle ne leur laisse aucun héritage. Par charité, un crêpe sera distribué à chacun d'eux. Des manteaux de deuil remplaceront sur leurs épaules les manteaux de pairs.

Le cortége étant arrivé au cimetière, une oraison funèbre sera prononcée par un orateur que la sœur de la défunte a commis *ad hoc*; il aura soin de passer légèrement sur les qualités morales; puis une hymne de la composition de M. Victor Hugo, commençant toujours par ces mots : *Ceux qui pi....eusement*, etc., etc., sera exécutée par MM. les élèves du Conservatoire; en l'honneur de la Comédie de quinze ans, une députation des principaux acteurs, jongleurs, acrobates et saltimbanques de la capitale, sera admise au bord de la fosse, ayant à sa tête M. Casimir Delavigne, qui récitera différentes scènes de l'*École des Vieillards*, et terminera par sa cantate au *Chien Médor*. Cette cantate sera répétée en chœur par tous les assistans, au milieu des lamentations et des hurlemens cadencés du sensible et incomparable animal; après quoi le cercueil sera descendu dans la fosse sur laquelle M. le maréchal Mouton fera exécuter immédiatement plusieurs décharges de son artillerie hydraulique. Enfin, le tombeau sera scellé et recouvert d'un marbre tumulaire, avec cette inscription :

✠

BEATAM RESURRECTIONEM EXPECTANS

CI-GIT

LA CHAMBRE DES PAIRS

ci-devant

SÉNAT CONSERVATEUR

douce, obligeante

et
d'une incomparable probité.
elle est regrettée par un grand nombre
de familles respectables
(et non pas indigentes)
MODÈLE
de la piété
de la patience et de la résignation
LES PLUS MÉRITOIRES
pendant toute la durée d'une longue
et douloureuse agonie
Elle avait fini par inspirer à tous les FRANÇAIS
un sentiment d'attendrissement universel.

Sa sœur
LA CHAMBRE DES DÉPUTÉS DES DÉPARTEMENS
inconsolable
de sa perte
a fait ériger ce monument pour immortaliser
ses douleurs, et continue son commerce de phrases
avec bascule et jeu de boules
en son hôtel
quai d'Orsay
à main gauche
près la fabrique de cire.

De Profundis.

Correspondance.

A MONSIEUR

M. LE DIRECTEUR DE LA MODE DE FRANCE *.

Paris, ce cinq d'aoust, M.IIM.XXXI.

Monsieur,

Mademoiselle Chamanravoy, quy tient le cabinet littéraire de la rüe de la Perle au Marest, et dont vous aurez sans doutte entendu parler à cause de ses opinions politicques quy sont excellentes, et de ses connoissances quy sont veritablement fort étendües, Mademoiselle Chamanravoy, vous disois-je, a eu l'obligeance de me prévenir d'une révollution quy venoit de s'opérer dans la Mode, en m'avertissant qu'on y parloit quelques foix des oyseaux de basse cour. Elle a mesme ajousté avecq un air de mysterre et d'enjoüement qu'on les y mettoit *à toutes saulces*, et qu'ils s'y trouvoient accommodez *de la maniesre la plus picquante*; ce quy vous paroistra surrement, de la part de cette aimable personne, un trayt de malice ingénieuse et d'une honneste réserve tout à la foix.

Je vous crois devoir avertir, Monsieur, que je suis depuis septante et troix ans l'amy, le partisant déclaré (je pourrois presque dire le courtisant) de touts les oyseaux domesticques, et particuliesrement de la famille des Palombiers, desquels je possède et nourris une collection d'environ deux milles couples vivants.

Je ne suis assurément l'antagoniste et le détracteur d'aucune espèce de volatille, fussent mesmes des hannetons et des scarabeez cornus, qu'on appelle ordinairement cerfs vollants. Je suis bien elloigné de m'ériger en censeur ou réfor-

* Nous n'avons rien voulu changer au formulaire, au style et à l'orthographe un peu surannée de notre nouveau correspondant du Marais.

mateur des aigles impériaux ou des cocqs gauloys, par exemple, et le ciel m'en préserve !... Mais chasqu'un a ses fantaisies personnelles, et vous conviendrez, Monsieur, que nonobstant la révollution de juillet, je suis resté bien libre de préférer la compagnie journalliesre de mes pigeons à celle des cocqs et des poules, et surtout à l'intimité des chapons, quy m'ont toujours paru les créatures les plus dénaturées et les plus insoutenables du monde.

J'ai donc eu la curiosité de m'en aller à pieds jusques à la rüe du Helder, où j'ay pris la liberté de me présenter à votre bureau, pour y demander celles de vos livraisons qu'on m'avoit désigneez comme devant traiter de la matiesre, et vous ne sçauriez vous représenter, Monsieur, quelle a esté ma contrariété lorsque j'ay appris qu'il ne vous restoit pas un seul exemplesre de ces mesmes cahiers.

Mademoiselle Chamanravoy, quy connoit une foule de personnes, avoit eu l'espérance de les emprunter pour moy (les cahiers s'entend), dans un cabinet de lectures du palais royal, mais imaginez, Monsieur, que les habituez de ces establissements s'en emparent, et qu'ils ne manquent jamais de les y dérober touts les samedis, ou le dimanche suivant au plus tard, avec autant de régularité que vous les y faites parvenir. Il est, à mon avis, bien fascheux d'habiter et de fréquenter un réduit où l'atmosphesre de la cour est sans influence ! un endroit, où le voisinage d'un homme aussi consciencieux que le Roy d'aujourd'huy, et l'exemple d'une personne aussy vertueuse que la Princesse sa sœur ne sauroient mettre à couvert d'une pareille énormité?... La chose est inconcevable, Monsieur, et nous en avons conclu pour la centiesme foix, qu'on étoit bien malheureux d'habiter à Paris sur une autre paroisse que celles des Minimes ou des Blancs Manteaux.

La conclusion de cette lettre ne sauroit estre que vous deussiez déloger de vostre quartier d'Autin pour venir apposter vostre observatoyre dans la rüe du Cocq du Calvayre, ou dans celle du Chevallier du Guet, avec les collaborateurs de la Mode. Je connois trop bien quelle est la puissance des habitudes, et je connois aussi bien le proverbe de Normandie qui vous doibt faire éspérer de *trouver d'honnestes gens partout.*

Ma seule intention, Monsieur, c'est de vous proposer l'assistance d'un homme expérimenté, en vous communiquant quelques uns de mes appercus relativement à certains oyseaux de basse cour dont vous n'aurez pas eu, peut estre, le temps et l'occasion d'observer la physionomie, les habitudes et les mœurs, ainsy que je l'ay fait durant plus de DXXII ans. En exchange de mon procédé, je vous demanderois simplement de voulloir faire imprimer de nouveau ceux de vos premiers cahiers, qu'on ne sauroit se procurer nulle part, et je vous serois bien obligé de me les envoyer par le Camion des petites Messageries, dont vous trouverez le grand bureau sur le Rempart, du costé de la Salpetriesre. Ayez la bonté de les faire empaquétter solidement et de les recommander au conducteur.

Mon addresse est toujours cul de sac Piedoye, ancien hostel de la Gallissonniere, au coin de la rüe Bomparents. Je ne me sousviens jamais du numéreau qu'on avait inscrit sur mon logis du temps de l'assemblée constituante, et qu'on a (du reste) changé sept ou huit foix depuis l'année mil sept cent quattre vingt neuf. Si l'on voulloit se tenir au courant de toutes ces nouveautez et revollutions dans la grande et petite voyerie de la ville, on n'y suffiroit pas.

J'ay l'honneur d'estre,

Monsieur,

Votre trez humble et trez obeïssant serviteur,

De la GILLIAISRE,

Ancien Conseiller du tribunal du Point d'Honneur, et Lieutenant de Nosseigneurs les Mareschaux de France en la Vicomté de Paris.

Revue de la semaine.

—Oh! en vérité c'était bien la peine de crier tant et si haut, de faire tant sonner leur valeur et leur bravoure. Un peu plus, les matamores auraient défié tout l'univers. A la tribune, ils invoquaient la guerre; vienne la guerre avec la Hollande, la guerre avec la Prusse, la guerre avec la Russie, avec la France, avec la Sainte-Alliance, avec l'Europe entière s'il le faut. Dans leurs clubs, c'était la guerre; dans les rues, la guerre, et toujours et partout la guerre avec qui voudrait accepter le défi, relever le gant, n'importe. Pauvres brasseurs de bière, c'était merveille de les voir fermenter et se faire mousser. Les Hollandais ont fait un pas en avant, les cris ont cessé, les défis ont discontinué, les bravaches sont restés cois. Les Hollandais ont avancé encore; alors quelques-uns ont marché. Aux armes! vive la liberté! l'enthousiasme se réveille, aux armes! Malheur aux soldats du despote; les soldats du despote se présentent, feu! Tout disparaît comme une fusée, toute la féerie s'évanouit. Panique! terreur! sauve qui peut! plus d'armée, plus de défenseurs de la liberté. A Tirlemont, ils n'ont pas même tiré un coup de fusil, et cependant les Hollandais étaient à une demi-portée; à Louvain, laissez-les passer; des cavaliers la lance au poing, le sabre à la main, relancent les fuyards au combat : frappez, mais laissez-nous passer, et ils passent. Louvain est au pouvoir des Hollandais. Leur roi, de fabrique anglaise, s'indigne, il pointe un canon lui-même; un peu plus, il restait seul à la pièce. Le malade imaginaire ne court pas plus vite en voyant les apothicaires à ses trousses. Oh! les beaux défenseurs de la liberté! Allons, que tous les barbiers soient à leurs postes, rasoir en main. Il y a de l'or à gagner pour les Figaro de la Belgique : et les moustaches tombent, les moustaches guerrières, les moustaches qui se pavanaient dans le parc de Bruxelles, dans les rues de Louvain, sur les places de Gand. Que vont dire les femmes qui aimaient tant à voir leurs maris singer les soldats et parodier la tournure militaire. Et ce n'est pas assez de la moustache, coupez toujours, les favoris. Qui sait si les diables de Hollandais ne verraient pas là quelque chose de guerrier. Il faut revenir rasé de près comme un comédien, imberbe comme un eunuque; quand ils rentreront dans leurs maisons, on dira : Ces braves ont laissé leur barbe à la bataille. N'importe, riez d'eux, mais ils sauvent leur vie. Vive le courage! Mais ce n'est pas tout, et la blouse, la maudite blouse nationale, la blouse qui remplace l'habit du soldat, parce qu'on n'a pas eu de quoi lui acheter un habit. Alors viennent les juifs et les marchands fripiers. Les Hollandais courent sus à toutes les blouses. Pour quelques sous, à rien ; il y a de l'or et des broderies, tant pis! Les fripiers ne peuvent suffire. Eh bien! les braves vont jeter la blouse à la rivière ou dans le puits. Maudits Hollandais, font-ils trembler ces pauvres Belges! Tout est fini maintenant; le prince d'Orange est maître de la Belgique, pourquoi ne va-t-il pas coucher dans son palais à Bruxelles, car il n'y a plus de soldats à Bruxelles. Où sont les braves patriotes? où est le peuple? où l'armée? où les barricades? Plus rien. Tout a fui. Laissez-les courir; ils vont se sauver jusqu'en France ; et en revenant de Tirlemont à Louvain, quand ils fuyaient à toutes jambes devant les Hollandais, ils chantaient à tue-tête : *En avant, marchons contre leurs canons*. O impudence! De morts il n'y en a pas eu, excepté un officier de la garde civique, qui est mort de peur dans un fossé sur la route de Liége. Voilà quelques blessés dont la plupart l'ont été par derrière. Un seul a été frappé au visage, c'est un Français. A quoi bon tirer sur des gens qui s'échappent? C'était une partie de plaisir pour les cavaliers hollandais que de faire courir ces rodomons. Maintenant, s'il plaît au ciel, toutes les gasconnades seront du moins finies. Et à ce propos, admirez la puissance de la liberté sur le cœur des patriotes! Pendant un an les Belges ont criaillé dans les rues, ils ont fait des émeutes, pillé, chanté, assommé à Liége, à Gand et à Bruxelles ; ils ont provoqué toutes les nations de l'Europe, insulté tous les gouvernemens. Dans ce temps tout était calme et paisible à Amsterdam et à La Haye. Les bourgeois de Rotterdam payaient tranquillement leurs impôts, et les soldats faisaient leur service sans bruit et sans émeute ; ici un peuple souverain, là un peuple soumis à une autorité régulière, soumis à son roi. Le moment du combat arrive ; voyez quels sont les vainqueurs. En huit jours la Belgique est conquise, et l'existence militaire du nouvel état est tuée d'un coup. Encore les bravaches faisaient les délicats ; ils ne voulaient pas se laisser sauver par l'armée française. Ridicule et pitié : voilà l'histoire de la campagne. Vraiment, s'il avait fallu faire fond sur ces gens-là pour sauver la liberté, on risquait fort de la perdre tout de bon. Heureusement les Polonais, avec leur auréole de courage et d'héroïsme, sont là pour l'honorer et la défendre. On avait voulu comparer les deux peuples. Fi de la comparaison !

— Monsieur, je suis étranger, et je ne connais ni Paris ni la France ni ses usages. Auriez-vous la bonté de m'indiquer quel est ce bâtiment situé au bout de ce pont, et d'où part un si grand tapage ? Quel vacarme ! Est-ce une forge ? est-ce un appareil à vapeur ? est-ce un moulin à foulon ? Il me semble pourtant que l'on n'a pas coutume de placer les établissemens de ce genre au milieu des villes : il n'y aurait pour les habitans ni trève ni repos. Mais au milieu de ce bruit confus j'entends percer comme des voix humaines ou du moins quelque chose qui y ressemble... Quels cris ! quelles vociférations ! Bien certainement on s'y bat, on s'y assomme. Je devine... C'est une succursale de votre hôpital de Charenton, et l'on y traite les fous furieux... Sans doute on est occupé dans ce moment à leur donner des douches, et voilà ce qui cause autant de rumeur. Il faut espérer pour la sûreté publique que leurs loges sont bien fermées. — Point du tout, Monsieur. — C'est donc une émeute ? Celle-ci en vaut la peine ; voilà de quoi approvisionner pour six mois les deux sections de la cour d'assises. Je ne vois cependant venir ni commissaires de police en écharpe, ni dragons, ni garde nationale, ni pompiers. — Autre erreur, Monsieur. Il ne s'agit ici ni d'émeute ni de maison de fous. Cet édifice que vous voyez est le sanctuaire auguste où se rassemblent nos pères conscrits, les hommes les plus graves, les plus sages de la nation, ceux qui sont chargés de donner des lois à la France entière. Dans la dernière session, ils nous ont même fait cadeau d'une loi martiale contre les émeutes frappée au bon coin, je vous assure. — On devrait donc commencer par leur en faire l'application. Il me semble étonnant qu'en France de pauvres diables déguenillés et mourant de faim, s'ils viennent à faire quelque bruit, trouvent plus de gendarmes et de juges qu'il n'en faut pour les incarcérer, et que ces Messieurs, qui certes n'ont pas la faim pour excuse, puisque les plus pauvres paient 500 fr. d'impositions, aient pleine licence de troubler le repos de tout le voisinage. C'est un attentat contre cette égalité devant la loi dont parle votre Charte, et qui m'a vraiment l'air d'une mauvaise plaisanterie. Et la liberté de la presse, cette autre promesse de votre Charte !... On poursuit à outrance un article de journal dont les expressions sont un peu vives, et vos quatre cent trente législateurs font impunément mille fois plus de scandale que n'en pourraient faire tous les organes de la presse réunis ! Vite à la Chambre des députés, M. Lobau ; vite la troupe de ligne, la garde municipale ! Autrement, tous les habitans du quartier vont porter plainte, conformément aux dispositions du Code, contre les mauvais voisins et les tapages prohibés. Les débats seront plaisans.

— La distribution des croix et des médailles accordées aux artistes a été faite mardi dernier au salon par Louis-Philippe. On a remarqué avec surprise que deux croix seulement ont été accordées à des peintres. On a trouvé qu'il y avait quelque chose de déplorable dans cette parcimonie, surtout lorsqu'on s'est souvenu de la profusion avec laquelle les décorations ont été jetées naguères à la poitrine du premier venu. Qui ne l'a pas eue? Tous, jusqu'au sauveur de

M. Dupin. Dans les bureaux on ne s'en est pas fait faute ; c'était une distribution par vraie pelletée. Et après avoir vu Messieurs de la commission s'enrubanner tout les premiers ; après les avoir vus, sans en excepter les plus jeunes, se décorer sans difficulté aucune, et décorer tous leurs amis, il a paru singulier, scandaleux même de les voir, et de voir après eux le gouvernement afficher l'avarice et le scrupule à ce propos. Il faut avouer que jamais la restauration ne refusa le signe de l'honneur au mérite, quel qu'il fût ; elle savait mieux encourager et récompenser les beaux-arts. Aussi jamais n'entendit-on alors, parmi les artistes, un concert aussi unanime d'improbation et de plainte.

— Les hommes de la Mode et l'homme du Parquet.

Nous avons l'honneur de déclarer à Monsieur le Procureur-général que nous sommes partisans du *juste-milieu*, et que nous sommes remplis d'attachement et de dévoûment pour la *branche cadette!*

— Jeunes-gens ! il est à considérer préalablement que la chose est incroyable, attendu que vous n'occupez aucun emploi salarié par le gouvernement !

Ensuite, entendez-vous par le *juste milieu*, celui de la cocarde ou du drapeau tricolores?

Enfin, savez-vous que la *branche-cadette* est issue du Duc de Berri, frère *cadet* du Duc d'Angoulême, lequel est *chef* héréditaire de la *branche aînée?*

Apprenez donc que la *quatrième branche collatérale* qui nous régit dans ce moment, avec tant de gloire pour elle et de félicité pour nous, ne saurait être justement désignée par l'appellation générative de *branche cadette;* et par ainsi, je vais faire mes *réserves* contre vos déclarations subreptices !

— Mais, Monsieur le procureur-général, vous n'y pensez pas ! Et supposez-vous donc que *le Moniteur* soit un journal Henriquinquiste et amphibologique? Si vous êtes placé parmi les *gens du roi* Louis-Philippe, premier du nom, *le Moniteur* est l'organe avéré de son gouvernement, et nous préférons nous en rapporter au rédacteur principal et permanent du *Moniteur*, plutôt qu'à des fonctionnaires amovibles. Ayez la bonté de vous rendre à l'autorité d'un journal officiel !... Tout ce que nous pouvons faire est de vous répéter précisément, dans les termes consacrés par trois feuilles du gouvernement, que *les jeunes hommes les plus distingués de la génération présente sont partisans du* JUSTE MILIEU, *et qu'ils sont remplis d'attachement et de dévoûment pour la* BRANCHE CADETTE !

— Dans une des boutiques nomades où l'on voit toujours des curiosités prodigieuses, on montrait ces jours derniers, sur la place de la Bastille, un Dindon qu'on pourrait appeler de *l'ordre composite*, par la raison qu'on l'avait bariolé des couleurs de Jemmapes, peintes à l'huile, et qu'on lui avait attaché des éperons en *substance cornée gallinacépédéique* (excusez l'expression qui nous est venue par la nouvelle nomenclature de M. Geoffroy Saint-Hilaire), avec une crête de coq en drap rouge, et de plus une queue de levrette empaillée et montée sur un fil de fer en forme de cor de chasse. On n'avait jamais vu, de mémoire d'homme et de femme du Marais, aucun Dindon qui fût ajusté d'une manière aussi surprenante, et c'est beaucoup dire. Le propriétaire assurait qu'il avait été visité plusieurs fois par M. Geoffroy Saint-Hilaire, qui s'intéressait tellement à ce bel oiseau, qu'il avait conjuré de ne pas renouveler trop souvent sa couche de peinture aux trois couleurs, en faisant observer que cette sorte d'empêchement à la circulation de la sève, à la libre végétation du plumage, était presque toujours funeste à la santé des volatiles. On assurait que ce phénomène avait été produit par un Coq de Neuilly, avec une Danoise de l'île de Corse. Il est inutile de dire que ceci fournissait matière aux réflexions bonapartistes les plus attendrissantes, et aux observations orléanistes les plus patriotiques. Voici l'inscription qu'on avait eu la prévention d'afficher à la porte afin d'attendrir la foule des curieux :

Cet animal est très-méchant;
Quand on l'attaque, il se défend,
Et, dans un accès de colère,
Il a voulu manger son père.
Il a mordu le serrurier
Qui lui mettait sa muselière;
Il a culbuté sa chaudière
Avec son brouet journalier;
Il a fait trembler son geôlier
Qu'il a jeté sur la litière.
Il brise le fer et la pierre,
Il ronge le cuivre et l'acier,
Aussi, sa cage est en osier.

La police a cru devoir interdire l'affiche de cette curiosité populaire, où il paraît que les *assommeurs de l'ordre public* auraient pu apercevoir des intentions allégoriques.

— *Dixain marotique.*

En certain mois chaud de température,
L'enfant *Joas* fut piqué d'un *cousin*,
Si qu'advenant cruelle tablature,
Il fallut tôt déserter le cazin.
Sage docteur habitait lieu voisin;
On y courut : or, voici, l'ordonnance :
Mêlez espoir à ferme contenance,
Et tout malaise enfin se guérira;
Mais au retour, instruit par souvenance,
Chassez *cousins*, guêpes, et cætera.

— La non intervention. Vous gouvernez la Belgique et vous avez pour voisin le roi des Français; vous ne vous occupez pas plus de l'organisation d'une armée dans vos états que si vous étiez placé à la tête d'un peuple tout-à-la-fois invincible et inattaquable. Arrivent les Hollandais et le prince d'Orange; vous laissez faire le prince d'Orange et les Hollandais, et vous écrivez tout simplement au roi des Français pour l'informer de ce qui se passe; le roi des Français ne se le fait pas dire deux fois, il entre immédiatement en Belgique, afin d'assurer l'exécution des protocoles, dont il a été décidé par toutes les puissances que vous profiteriez et que la Hollande aurait à souffrir ; les Hollandais, qui ne sont pas en état de tenir tête à la France et qui croyaient n'avoir rien à démêler avec elle, se retirent..... et voilà précisément ce qui caractérise et constitue le système proprement dit de non intervention.....

— Le ballet de l'*Orgie*, et le joli opéra du *Philtre*, représentés dans la même soirée, attirent à l'Opéra une affluence considérable ; c'est comme aux plus brillantes soirées de l'hiver ; le monde élégant s'y porte ; les loges sont louées longtemps à l'avance ; les toilettes, particulièrement aux dernières représentations, offraient un ensemble réellement fort distingué. Après tant de troubles, d'agitations et de calamités de toute espèce, on a peine à croire à autant d'éclat et de luxe ; cela désafflige ; cela réjouit l'âme.... c'est de la magie.

— Que n'avez-vous pas dit du duc de Modène, lors de la condamnation et de l'exécution de Menotti ? Que n'avez-vous pas dit de l'empereur Nicolas, lors de la publication de l'ukase qui prononçait contre les insurgés polonais la confiscation de leurs biens? Il s'agissait, disiez-vous, de délits politiques, et c'étaient là des châtimens trop sévères. Permettez-moi de vous raconter le fait suivant : Le colonel polonais Myszkowski étant entré à Kalisch le lendemain du jour où deux habitans de cette ville avaient arraché l'aigle de Pologne et lui avaient substitué l'aigle russe, a fait *pendre* immédiatement, et sans autre forme de procès, l'un de ces deux hommes, et quant à l'autre, il a ordonné qu'on le transférerait à Varsovie, et que *ses biens* seraient *confisqués* au profit du trésor public.... Qu'en pensez-vous, je vous prie? n'était-ce pas là un délit politique, et ne trouvez-vous pas la justice de ce colonel polonais Myszkowski cruelle et bien rigoureuse?... Vous ne répondez pas... Il ne vous serait pas aisé de répondre ; mais, à la première occasion, vous continuerez de déclamer contre la barbarie du duc de Modène et le despotisme fiscal de l'empereur de Russie ; et, de votre part, ô patriotes ! ce sera toujours de l'impartialité et de la justice,

—Les journaux du gouvernement avaient bien voulu nous avertir que le roi Louis-Philippe recevrait avec bonté les hommages qu'on irait lui présenter, ainsi qu'à son auguste famille, dimanche dernier, jour de la fête de *saint Eusèbe*. On avait mis à l'ordre du jour que c'était à l'occasion de la fête patronale de la reine des Français, qui n'a pas d'autres noms de baptême que ceux de *Marie-Amélie;* ce qui fait que cétte occasion de compliment pour elle et de réjouissance pour les autres a paru singulièrement combinée.

On avait annoncé, suivant en cela l'étiquette de la restauration, et non pas les traditions de la monarchie, qu'on recevrait les *hommes le matin*, et les *dames le soir*. En fait de notabilités masculines, on y remarquait le vénérable soutien de *l'ordre public*, avec ses *cheveux blancs* cachés sous une perruque blonde agréablement bouclée. On n'a pas été surpris que M. Odilon-Barrot fût venu *souhaiter la bonne fête* à la fille du Roi de Naples, en frac d'avocat, en pantalon, en cravate sale et en bottes poudreuses; il ne portait aucun autre signe d'illustration que son petit ruban bleu des barricades, et toutes ses manières étaient d'une familiarité charmante. MM. Cunin-Gridaine, Petou, Barbet, Sanz, Teste, etc., étaient vêtus avec une insouciance tout-à-fait d'accord avec un gouvernement à bon marché; mais, du reste, ils n'étaient pas les personnes qui fussent costumées avec le plus d'économie.

La Princesse dont on célébrait la fête, était mise avec une simplicité noble et du meilleur goût, suivant sa coutume habituelle : elle portait une robe en syrnakas blanc, étoffe agréable, avec un cannezou d'une coupe nouvelle et très distinguée. On a dit que son chapeau à plumes blanches légèrement panachées de vert, était provenu de chez Mme. Coulier; ce que nous n'affirmerions pas, n'ayant eu ni le temps ni la précaution d'aller vérifier la chose jusque dans le faubourg Saint-Germain, où, du reste, on ne saurait plus trouver personne.

Les jeunes Princesses étaient parées de leurs agrémens naturels, de la fraîcheur de leur âge et de celle de leur costume à-peu-près uniforme. C'étaient des robes d'organdie sans garnitures et sans broderies, avec des ceintures aux trois couleurs de la bataille de Jemmapes ou de la livrée d'Orléans, car il est permis de s'y méprendre ; c'est à savoir : une ceinture de couleur cerise pour Mademoiselle de Chartres, une bleu de Suède pour Mademoiselle de Valois, et finalement une blanche pour Mademoiselle de Beaujolais, qui n'était pas la moins gracieuse ni la plus mal partagée.

La Princesse Adélaïde, leur tante, avait mis une simple et modeste robe en tissu de Barége a rayures mélangées de gros-jaune, de noir, de gros-rouge et de carmélite. C'est une parure qu'on lui connaissait long-temps avant la révolution de juillet ; ayant eu l'occasion de remarquer à S. A. R. une robe absolument semblable à Reims et pendant les fêtes du sacre. S. A. R. s'était fait coiffer, dimanche dernier, avec une abondance extraordinaire de plumes violettes, apparemment à propos de la fête de saint Eusèbe, évêque d'Hermopolis, car il n'est pas vraisemblable que ce fût en l'honneur de M. Eusèbe Salverte, dont la pourpre épiscopale ne doit pas être la couleur favorite.

Il paraît que le soir de la fête, les parures n'ont pas été beaucoup plus dispendieuses et plus éclatantes ; et parmi les sommités féminines de la haute noblesse actuelle, on n'a remarqué les ajustemens et l'on n'a pu citer les noms que de mesdames Guign..d de S. P. et R....t de C., de Mme. veuve le Borgne de B.., et de Mme. de Chat...y surtout, par la raison que le collier et les boucles d'oreilles de cette dernière, étaient en perles de jais (de grand deuil), et qu'on a généralement trouvé qu'elle éclipsait toutes les autres dames ou demoiselles du Palais-Royal, en fait de magnificence et d'agrément !

— PIÉTÉ (FRATERNELLE) DE MADEMOISELLE D'ORLÉANS.

S. A. R. a fait ériger un monument dans le parc de Neuilly-sur-Seine, sur la place d'un banc où son auguste frère était assis avec toute sa famille, lorsque, vaincu par les sollicitations des *députés de la France*, où *le trône était vacant*, ce prince avait fini par accéder au vœu de la patrie, en acceptant le gouvernement de l'état. C'est là du moins ce qui résulte d'une inscription laudative dont nous allons reparler.

C'est un édifice en moellons plâtrés ; il est orné par un bas-relief de plâtre, en forme de médaillon, ce qui n'est pas heureusement imaginé pour la disposition des figures; il est accosté par deux petites fontaines sans eaux, et sa principale décoration consiste dans un fameux boulet qu'on dit, comme vous savez, avoir été lancé du château de Saint-Cloud sur le château de Neuilly, à la distance de quatre mille toises, ce qui fait voir que les canons de la légitimité portent loin.

On avait d'abord appliqué sur le massif du monument deux inscriptions parallèles, et la première avait pour objet de perpétuer la mémoire d'une *députation* qui vint proposer au sage et modeste Abdolonyme, prince du sang royal de Phénicie, de monter sur le trône du roi Strathon, chef de sa famille, et roi légitime des Sydoniens. Il paraît que les archéologues et les historiens de la famille d'Orléans n'avaient rien trouvé dans l'histoire ancienne et moderne qui fût plus analogue à *l'événement* d'août 1830. Il était dit dans la seconde inscription que Louis-Philippe d'Orléans, à l'exemple d'Abdolonyme, avait cru devoir accepter la couronne de France, par un effet du patriotisme et du dévouement le plus généreux.

Le bas-relief représente *la France*, et par une allégorie très ingénieuse et tout-à-fait nouvelle, elle est *appuyée* sur la *concorde* et la *prospérité*, dont les noms sont inscrits sous les deux figures, afin qu'on ne puisse pas s'y méprendre. On y voit aussi des *génies bienfaisans* qui foulent aux pieds les insignes de la monarchie française, avec plusieurs tiges de lis qui paraissent avoir été brisées. LILIUM PEDIBUS DESTRUE, c'était la devise des Templiers qui furent abolis par le roi Philippe-le-Bel, et ceci nous a paru très convenable et très délicat de la part de l'auteur du bas-relief, qui était, comme on sait, le premier architecte du roi Charles X, et le doyen des chevaliers de son ordre de Saint-Michel. Il nous reste à rendre compte de toutes les vicissitudes qui viennent de survenir au beau médaillon de M. Fontaine, ainsi qu'aux deux inscriptions de M. Vatou.

L'architecte a voulu faire exécuter son bas-relief en bronze, et l'on conviendra que c'était bien la moindre chose ! Mais il est arrivé que la *prospérité*, la *France* et la *concorde* y sont fondues à merveille, tandis que la matière en fusion n'a jamais voulu couler dans la partie inférieure du moule, où se trouvent les sceptres rompus, la couronne renversée par les génies, et les lis brisés par M. Fontaine. C'est un accident assez remarquable et qu'on peut aller vérifier dans l'atelier de M. Delafontaine, rue de l'Abbaye, faubourg Saint-Germain, n°. 10.

Relativement à l'antiquaire du Palais-Royal, et à son trait d'érudition tiré des annales syriaques, il est à savoir que le prince Abdolonyme avait fait aux envoyés d'Alexandre la réponse suivante : *Je ne saurais monter sur le trône, par la raison qu'il existe un héritier légitime et plus proche que moi de la couronne de Sydon.* Quinte-Curce a soin d'ajouter avec toute la simplicité d'un siècle aussi reculé, que le *refus d'Abdolonyme avait fait le plus grand honneur à la justice et à la noblesse de son caractère.*

Aussitôt qu'on a eu connaissance au Palais-Royal de la réponse d'Abdolonyme et du commentaire *d'Alexander ab Alexandro* sur l'histoire de Quinte-Curce, on s'est empressé de faire disparaître la citation savante et l'heureuse application de M. Vatou ; ainsi, jusqu'à nouvel ordre, il faudra que mademoiselle d'Orléans s'en tienne pour son monument triomphal, à son bas-relief de plâtre, avec les fleurs de lis foulées aux pieds par des génies bienfaisans.

⁂ M. le philosophe Cousin n'occupe pas moins de six places très lucratives : c'est pour l'amour du grec.

⁂ L'amour de M. Cousin pour le budget n'est pas un amour platonique.

⁂ La campagne de Belgique a duré six jours : il n'y a pas de quoi se reposer le septième.

⁂ On va jouer sur le théâtre du Palais-Royal le *Retour imprévu*. Deux jeunes acteurs arrivant de Belgique rempliront les principaux rôles.

⁂ Le juste-milieu est tout fier et tout essoufflé d'avoir enfoncé une porte ouverte.

⁂ C'est M. de Sem... qui s'est chargé de la fourniture des drapeaux conquis en Belgique.

⁂ On va publier les *Victoires et Conquêtes* du juste-milieu *sous* les murs de Lisbonne et de Bruxelles. L'ouvrage formera 2 pages in-64 en gros caractères.

⁂ Dans la campagne de Belgique on n'a pas enterré un seul mort : ce n'est pourtant pas faute de *bières*.

⁂ L'armée belge est surtout très forte sur le *pas de course*.

⁂ M. le général Lamarque aurait pu se dispenser de donner satisfaction à M. Sébastiani : on ne se bat pas avec un enfant en nourrice.

⁂ M. de Sém. a reçu une autorisation pour continuer de jouer la comédie à son théâtre encore quelques jours.

⁂ La valeur des Belges de Liége est bien légère.

⁂ Au lieu de boulets, les Hollandais se servent contre les Belges de fromages de Hollande.

⁂ Les Belges ne savent battre que la campagne.

⁂ M. Barbet a fait visite au chien du Louvre.

⁂ M. Cas. Delav. a offert à M. Barbet un exemplaire de sa ballade *canine*.

⁂ On a rencontré Médor se promenant bras-dessus bras-dessous avec M. Barbet.

⁂ Le dey d'Alger a demandé à M. Cas. P. une douzaine de députés du centre pour lui servir de *muets*.

⁂ Le dey d'Alger trouve notre liberté un peu turque.

⁂ Le dey d'Alger vient de nommer M. Sébast.... pacha *in partibus*.

⁂ On a vu l'autre jour au salon M. Mouton en contemplation devant un tableau du déluge.

⁂ A l'approche des Hollandais, on a vu que les Belges n'avaient pas besoin de nos sauveurs, pour *se sauver*.

⁂ M. Sébastiani voulant se battre contre tous ceux qui se moquent de lui, vient d'envoyer un cartel à la France.

⁂ On n'appelle plus à présent le ministre des affaires étrangères que le beau Sébastiani.

⁂ M. Sébast. trouve vilain qu'on l'appelle *le beau*.

⁂ La guerre contre la Hollande est une *quasi-guerre*.

⁂ Plusieurs victimes de la *stricte justice* de M. Cas. P. ont demandé par grâce d'être traitées avec *injustice*.

⁂ On sait depuis long-temps que M. Cas. P. ne voit pas *juste*.

⁂ M. Cas. P. est baffoué avec la plus *stricte justice*.

⁂ Le fameux discours de M. Cas. P. est strictement *ridicule*.

⁂ M. Cas. P. voudrait modifier ainsi le premier article de la Charte : « Tous les Français sont inégaux devant la loi. »

⁂ Depuis le vote de l'adresse et l'amendement adopté par la Chambre, on dit d'une chose dont on n'a pas encore la *certitude*, qu'on en a du moins *l'assurance*.

⁂ Dans un discours académique et plein d'éloquence, prononcé par M. de Montalivet, lors de la distribution des prix entre les colléges royaux de Paris, on remarque cette phrase : « *Oui*, Messieurs, *rien ne m'est*, etc., etc., etc. »

⁂ Tous les locataires des maisons environnant la place du Palais-Bourbon abandonnent leurs appartemens, à cause du bruit qui se fait dans le voisinage.

⁂ Les propriétaires des maisons de la place du Palais-

Bourbon se proposent d'actionner la Chambre en dommages-intérêts.

*** Au lycée Louis-le-Grand, rue Saint-Jacques, quand les élèves font trop de bruit, on dit c'est pis qu'à la Chambre.

*** Placez l'émeute d'un côté, et la Chambre de l'autre, vous aurez un joli vacarme!

*** On a rencontré des gardes nationaux qui s'y rendaient de tous les côtés, croyant que c'était l'émeute.

*** Il est certain que le tambour de la 10e. légion ne sachant pas quels étaient les auteurs du tumulte, a provisoirement battu le rappel.

*** Un invalide qui passait sur le quai d'Orsay, en est tout-à-coup devenu sourd.

*** Une dame se promenant, dans le fort de la crise, sur la terrasse du bord de l'eau, a été prise d'un étourdissement qui dure encore.

*** Tous les postes du jardin des Tuileries ont subitement pris les armes.

*** Les vitres de tous les hôtels du faubourg Saint-Germain en ont tremblé.

*** On parle de transporter la Chambre des députés à la maison anciennement occupée par le restaurateur Laiter, au coin de la rue de la *Paix*, non loin de la place de la *Concorde*.

*** Léopold s'est conduit en roi; le roi de Hollande, en bon et vieux militaire; les Hollandais, en braves: mais les Belges! les Belges!

*** En apprenant la manière dont les Belges s'étaient laissé battre, les soldats du Pape ont beaucoup ri.

*** La Belgique vivrait heureuse sous le régime de la *terreur*.

LA MODE.

Nous avons déjà dit que la jupe des robes se portait longue, et qu'en toilette surtout, elle doit former un peu la queue par derrière; cette mode est entièrement adoptée maintenant, même pour les robes du matin; quant aux corsages, rien de changé dans leur forme.

Les manches collantes depuis le poignet jusqu'au coude, ne sont plus portées que par les femmes qui ne peuvent encore renoncer à cacher un joli bras; les manches, toujours larges du haut pour élargir leur poitrine, doivent être demi-larges sur l'avant-bras, et là, tournant deux ou trois fois sur elles-mêmes, par l'effet de la coupe et de la manière dont elles sont assemblées, elles doivent former la vis.

Quelques manches de robes du matin sont terminées par une patte qui ne diffère de celle des manches des hommes que parce qu'elle s'arrondit sur la main, tandis qu'aux habits d'hommes elle se termine carrément.

Le foulard, pour tabliers, est remplacé par le gros-de-Naples moiré; ces tabliers se font alors à bretelles formant des jockeis sur les épaules, et ils ont une petite garniture froncée ou tuyautée qui les borde entièrement.

Une toilette d'un excellent goût se composait d'une robe de mousseline à corsage plissé, et croisé en cœur par devant et par derrière; d'une écharpe de gaze de laine blanche, brodée en soie de couleur sur chaque bord et aux deux bouts; et d'un chapeau de paille de riz, surmonté de trois plumes couleur lapis. Une petite chaîne à maillons d'or, entremêlés de petits camés, tournée quatre fois sur le poignet, tenait lieu de bracelets.

La nuance mauve-rose paraît une de celles le plus généralement adoptées pour chapeaux. Depuis quinze jours, surtout, elle semble être préférée au bleu qui était en faveur.

On voit quelques chapeaux sur lesquels on place des fleurs montées en gerbes; un petit nœud de ruban cache le bas de ce bouquet et semble lui servir de lien.

Les dames portent chez elles des fanchons à la *Taglioni*. Ce sont des espèces d'auréoles en blondes, qui se posent en avant et entre les coques de cheveux : un nœud les arrête sous le menton.

LA DEVINERESSE ET L'INCONNUE.

Le dimanche 21 août dernier, vers quatre heures après midi, la célèbre madame Is....... était assise en face de son pupître d'ébène incrusté d'argent ; elle avait les yeux fixés sur un vieux manuscrit triangulaire qui reposait sur un coussin de brocard de Smyrne, et dont elle n'osait retourner les feuillets de vélin qu'avec une spatule de composition métallique. Son visage austère était immobile, et sa pâleur habituelle était encore augmentée, s'il est possible, par l'effet et le reflet de sa coiffure du sabbat judaïque, qui consiste, comme on sait, dans une sorte de tiare en drap d'or, sans autre accompagnement qu'un simple bandeau de ses cheveux dorés. On aurait dit la blonde Inès de Castro couronnée après sa mort.

Nathan, son petit nègre, est venu la prévenir qu'un équipage était arrêté devant la porte de la maison. Cette voiture était sans armoiries et les valets sans livrées, ce qui n'est pas ordinaire à la porte de l'illustre sibylle, et le jeune esclave, qui paraît fort intelligent, en a conclu qu'on allait voir apparaître un personnage extraordinaire.

— Introduisez cette personne, a répondu sa maîtresse, et lorsque vous l'aurez fait entrer dans mon élo-hélim, n'oubliez pas de suspendre la Mandragore de Schiraz à la clef de la porte.

— Maîtresse, vous n'oubliez sûrement pas que la petite Mandragore s'amuse quelquefois à fausser la clef, qu'elle a déjà rompue deux fois dans la serrure ?

— Obéissez, fils d'Agar ! allez ouvrir à cette femme inconnue que vous allez trouver sur l'escalier, elle est dans l'incertitude et l'embarras de savoir à laquelle des trois portes elle doit s'adresser pour arriver jusqu'à moi ; n'oubliez pas non plus de souffler d'orient en occident sur un Almichleck de 50 à 60 paras.

Nathan vient d'introduire en silence une femme voilée dont la démarche paraît incertaine ; elle s'assied, non pas sur un tabouret qui se trouve auprès du pupître et du siége occupé par madame Is......., mais dans un angle de la salle et sur un vaste fauteuil exclusivement réservé pour M. Abraham de Cologne ou pour M. Manuel Dentz, Grands-Rabbins de la Synagogue centrale de Paris.

— Assuméhir ! Assuméhiron Pholl Phall Pharascall, Assuméhiron, Assuméhir !

— Je ne comprends pas la langue dont vous vous servez, reprend la Dame inconnue, d'une voix troublée.

— Je ne vous parlais pas, Nazaréenne, lui répond l'Hébraïsante, et je continuais une opération cabalistique à dessein d'établir votre horoscope.

— Vous avez cinquante-quatre ans, reprend la devineresse. — Je n'en ai que cinquante-trois, s'il vous plaît ! lui riposte la Dame, avec un ton de reproche et de résolution subite.

— Nous datons de l'époque de la *conception* et non pas du jour de la *nativité*, observe l'Israëlite ; — mais au reste, d'après vos combinaisons gallicanes, vous aurez cinquante-quatre ans révolus dans la nuit du 22 au 23 du mois qui porte le nom d'Auguste, c'est-à-dire, avant trois jours et moins de deux nuits. Ne démentez pas le cycle solaire et Sydéral : vous ne sauriez pas plus vous soustraire aux révélations de la Cabale qu'à l'action du Temps et à la puissance des Nombres.

— Vous êtes mariée?..... — Point de réponse. — Vous êtes mariée, poursuit la Juive, avec un air d'autorité qui paraît lui provenir d'une certitude évidente ; et, qui plus est, le bonheur de votre ménage est troublé par des passions funestes. — Je ne m'aperçois d'aucun reproche à faire à votre mari, si ce n'est un excès de condescendance (Walettoschambraïm ⁂ Pulkérymaalos obskuraüs kasthélyvilliéron ⁂ Montali Vatouéïn adhultérion ⁂ Poly-Satanas,

— J'entrevois que vous n'êtes pas restée chrétienne, mais je ne saurais découvrir quelle est la religion que vous professez, ni si vous croyez encore à l'existence d'un Dieu rémunérateur.

— Vous me faites mal!... s'écrie l'inconnue, d'une voix rauque et précipitée, et je ne suis pas venue jusqu'ici, poursuit-elle avec l'accent de la colère, je ne suis pas venue chez vous pour entendre parler...... — Écoutez paisiblement, lui dit Mme. Is...... en lui jetant un coup-d'œil où l'on a vu briller, n'en doutons pas, toute la sagesse et la dignité qui distinguent la Tribu Lévytique, et en lui disant ce qui suit, en langue vulgaire.

— Il me faut appliquer à l'horoscope de chaque individu le genre de divination qui m'est indiqué par l'Onéiromancie; et pour vous, c'est l'Herméneutique, ou l'application des textes sacrés qui m'a été prescrite.

— Il est écrit, chapitre IV et verset 1er. du Prophète Amos, le sobre et chaste berger de Tékoa, il est écrit: *Vache de Basan, qui vous êtes montée sur les hauteurs de Samarie, en y foulant aux pieds le lys des montagnes et l'héritage sacré de l'orphelin! Vous, qui poursuivez l'oppression du vieillard, et qui dites aux jeunes hommes:* « *Approchez,...... et apportez, que nous buvions* (1). » *Vous jetez les ordures de votre maison sur la tête des justes et vous pervertissez ainsi la voie des simples* (2). *Vous portez des ornemens dérobés, et vous couchez sur les lits des condamnés, et vous buvez leur vin dans leur propre maison* (3). *L'Éternel a dit:*

« *J'avais pardonné les crimes de Moab, trois et quatre* » *fois répétés; mais je les punirai, parce qu'ils ont rejeté* » *la loi du Seigneur, parce qu'ils ont trahi le juste pour*

(1) Amos, chap. IV, verset 1, trad. franç., Avignon, 1629; Amsterdam, 1770.

(2) Chap. II, verset 7, *dito*.

(3) Chap. II, verset 8, *dito*.

» *avoir de l'argent, parce qu'ils ont profané le sépul-*
» *cre du Roi d'Edom* (1); *et parce qu'ils ont trompé mon*
» *peuple, en déployant leur étendart de mensonge; je frap-*
» *perai le chef de Moab, et je laisserai fustiger ses prin-*
» *ces* (2). » *A l'arrivée du puissant Roi de l'Aquilon* (3), *vous vous serez cachés dans les ruines du Temple, et vous vous serez enfuis par les crevasses des murailles, et vous perdrez là tout ce que vous aviez amassé dans les palais; et vous resterez là comme un tison tombé de l'incendie* (4). *Lorsque vous voudrez fuir devant un ours, vous trouverez un lion; et si vous appuyez la main contre un mur, un serpent vous mordra* (5). *Vous avez élevé des édifices, et vous ne les habiterez point; vous avez planté des vignes délicieuses, et vous n'en toucherez pas le fruit* (6). *Et quand le Roi de l'Aquilon aura pris nos villes, ajoute le prophète Daniel, et quand il aura fait des palissades avec nos arbres, et quand il aura fait des terrasses avec nos terres, et quand il aura tué nos frères et nos enfans à cause de votre folie, et quand il aura fait l'exacteur de la Majesté Royale* (7), *et quand son cœur se sera tourné contre la Sainte-Alliance* (8), *alors il se heurtera contre les forts du pays, il trébuchera, il disparaîtra dans une grande bataille, et ne sera pas retrouvé*....... Ici l'on entend plusieurs coups d'un corps solide, appliqués par saccades, en intermittence inégale et brusque, sur la porte du laboratoire de Mme. Is... ; elle se lève sans témoigner ni contrariété ni surprise; elle a soin de mettre un gant de buffle, et va entr'ouvrir la porte, pour y décrocher, sans sortir de la salle, une espèce de petite

(1) Amos, chap. II, verset 1, 2, 4 et 6.
(2) *Dito*, trad. de Genoude, pag. 1100, vol. II.
(3) Daniel, chap. XI, trad. de Sacy.
(4) Jérémie, Amos, X, 2; IV, 3; Vulgate.
(5) Amos, V, 19, trad. d'Avignon.
(6) *Dito*, chap. V, verset 11.
(7) Daniel, Bible d'Amsterdam, 1770, chap. XI, verset 20.
(8) *Dito*, chap. XI, verset 28.

figure, en cep de vigne, informe et difforme. — Mandragore indomptable! dit-elle, en la laissant tomber sur le parquet, devant son fauteuil, et l'y retenant légèrement avec le bout du pied. La Mandragore n'a plus donné le moindre signe de rebellion.

Après avoir confronté les 54 nombres indiqués par le Talmud, avec la version samaritaine et l'exégèse kuffique des prophètes, Mme. Is.... a paru sentir un mouvement d'angoisse inexprimable. Elle a fait couler dans sa main gauche quelques gouttes d'un cordial verdâtre qu'elle a fortement aspiré; et, après s'être essuyé le front en articulant à voix basse le nom mystérieux et sacré d'Eloïm, elle a continué ses révélations avec un air de tristesse et de résignation douloureuse, qui témoignait assez que la noble et généreuse tribu de Lévi doit être dévastée par un horrible fléau !

Je trouve toujours le nombre 1777 du Comput Ecclésiastique Romain (année de votre naissance), poursuit la docte veuve, en contraction permanente avec le nombre 54 du Calcul Athéique (nombre de votre âge), et la Cabale me renvoie encore au Prophète Amos, où vous trouverez les paroles suivantes, à partir de la ligne 1777, page 50, et chapitre IV :

« *Parce que vous avez semé et moissonné dans le champ* » *de la fraude, et que les peuples égarés ont changé le droit* » *en absynthe, et la couronne royale en ignominie, l'Éter-* » *nel enverra sur nous la grande mortalité d'Orient, comme il* » *a fait jadis en Égypte; et lorsque vos hommes d'élite et vos* » *chevaux de batailles auront péri par le tranchant du glaive,* » *on verra monter l'infection des champs de carnage et la* » *vapeur empestée de vos camps jusque dans vos narines au* » *faîte de vos palais* (1). » — *Écoutez!* ajoute la Pythonisse en poursuivant sa lecture dans les Paralipomènes, avec une voix éclatante comme le bruit de l'airain, *écoutez la parole de lamentation proférée par Jéhova :* « *Race de Caïn !*

(1) Amos, chap. IV, verset 10 et suiv.

» *race de serpens ensanglantés et de cérastes fangeux! Parce*
» *que vous et vos pères et les pères de vos pères avez pra-*
» *tiqué l'iniquité; parce que vous avez été la honte et l'hor-*
» *reur et la désolation de Juda; parce que les uns d'entre*
» *vous ont fait couler le sang du juste, et que les autres s'en*
» *sont réjouis devant le peuple* (1); *parce que vous avez*
» *arraché les bornes des champs pour usurper les biens ac-*
» *quis au profit de la veuve; parce que vous avez trempé*
» *dans les complots de meurtre pour envahir les héritages;*
» *parce que vous avez dépouillé le Roi devenu vieux* (2);
» *parce que vous avez précipité les immondices et les amas*
» *de saletés qui remplissaient votre maison sur celui qui doit*
» *porter le sceptre de Juda; votre maison va s'écrouler dans*
» *un abîme, et ne se relevera plus* (3). *Les jours arrivent où*
» *vous allez être enlevés sur le tranchant des piques, et tout*
» *ce qui restera de vous ce sera des ossemens, à qui le peuple*
» *détrompé refusera la sépulture, et dont il fera des hame-*
» *çons pour se jouer à la pêche* (4). »

« *Qui pourra se sauver des fléaux sur les hauteurs du Li-*
» *ban? sous les lois du pasteur des vallées paisibles, où les*
» *sentiers sont la douceur même, et dont toutes les voies*
» *conduisent à la paix?*

» *Heureux qui vivra* DCXXXV *jours!*

» *La postérité du juste règnera sur lui* (5). »

(1) Paralip., IXXX, 16.
(2) Lévitique, Nombres, Deutéronome, IIe. livre des Rois.
(3) Paralip., *dito;* Daniel, 8, 9.
(4) Amos, IV, 2.
(5) Daniel, trad. d'Avignon, fol. 87, verset 14.

13 FÉVRIER 1830.

— A bas les Bourbons! — Vive l'enfer! — Du pain! Du pain! Du pain! — A bas les jésuites! — A bas Fifi l'Coq! — A bas Fifi! — La mort!..... la mort!..... la mort!

Belle et pâle comme un lys, elle était assise avec ses parens autour d'une table splendide; sa noble mère dévorait ses larmes; quelques amis coupables échangeaient furtivement un regard abattu; les valets nombreux, immobiles et préoccupés d'une idée funeste, avaient les yeux attachés sur le pavé de marbre; la voix ingénue d'un enfant avait seulement proféré ces tristes paroles : MON PÈRE!... On avait tressailli comme au bruit de la foudre! et dans les vociférations de la foule attroupée sous les fenêtres du palais, on avait entendu distinctement de nouvelles paroles de meurtre.....

Était-ce donc un de ces banquets étranges et mystérieux dont le silence et l'immobilité sont tout-à-coup troublés par l'apparition d'esprits fantastiques? Était-ce la représentation dérisoire d'un conte puéril? Était-ce le festin biblique et prophétique de Baltazar?

C'était, à la porte d'un palais, la vengeance infernale en haillons, hideuse, acharnée! Dans l'intérieur de ce palais, c'était l'innocence agitée par des pressentimens horribles; c'étaient la vertu, la jeunesse et la beauté, glacées par la terreur!

On entend le pêne doré qui bruit lentement et qui tourne avec une précaution respectueuse; la porte s'ouvre, et l'on voit entrer un convive habituel dont la place était restée vide. — Il n'a rien appris! On l'invite à s'asseoir, et l'on voudrait échanger quelques vaines formules qui fissent illusion et qui pussent produire quelques minutes de soulagement. Celui-ci reste anéanti....... Il montre, des yeux, une figure inanimée,... inanimée comme les hautes gerbes de fleurs artificielles qui décorent la table royale... On éclate en sanglots, et des cris déchirans, arrachés d'un cœur de mère, ont fait retentir la voûte et les parois sonores de la salle! On se lève en désordre, on s'empresse; et le tumulte populaire, et le triste *decorum* sont oubliés, pour un instant du moins.

Il n'en avait pas fallu davantage.

Trois jours entiers elle resta dans un état d'anéantissement léthargique. — Mon Dieu! — Saint Louis! — Mon père!... disait la jeune fille en rouvrant les yeux, et en retrouvant, avec la lumière du ciel, la douleur cuisante et les amertumes de son dernier souvenir. — Depuis le 13 février, plus de santé pour elle, plus de gaîté naïve et de joies paisibles. — La nuit, cris sinistres et cauchemar affreux!..... Le jour, prière angélique et vœux célestes, ou bien paroles proférées à voix basse, et précipitées avec le ton du reproche; invocations généreuses, accens désespérés, et pour tout dire, le plus souvent, délire, égarement d'esprit!...

Qui lui rendra le bonheur et la sécurité du toit paternel, et la raison?......... Noble Louise! on tramait pour vous une chaîne étrangère, on vous dévouait à l'autel de l'hyménée politique!..... Eh bien, vous échapperez du moins à ce sacrifice auquel votre piété filiale vous eût fait vous soumettre: Toutes les vierges françaises vont prier vous; puissiez-vous trouver la guérison dans le sein maternel. Continuez, dans les momens de sérénité et de calme dont il vous est encore, hélas! trop rarement, donné de jouir, à porter vers le ciel un regard d'innocence et de supplication; consolez-vous s'il est possible! Résignez-vous, du moins, malheureuse enfant! et LAISSEZ PASSER LA JUSTICE DE DIEU!

Revue de la Semaine.

— Non, Messieurs du ministère, non, Vidocq n'est pas dans la Vendée commandant en chef ; il est toujours à Paris, au grand quartier-général ; nous vous en croyons sur parole, car nous y sommes obligés sous peine d'amende et de prison. Vidocq n'est pas en Vendée ; vous l'avez affirmé dans les journaux à vos gages, et l'on sait par expérience que les *communications* officielles ne mentent jamais. Mais prenez garde ; il ne serait pas besoin de démentir une imputation qui tomberait d'elle-même. Si vous vous sentez au fond du cœur incapables du fait dont on vous accuse, pourquoi le nier avec un si bel empressement ? Sa propre invraisemblance le réfutera. Pourtant, soit : Vidocq *en personne* n'est pas dans la Vendée ; mais sa bande, commandée par ses dignes lieutenans ? oserez-vous nier qu'elle y soit ?

La bande de Vidocq en Vendée ! des mouchards et la Vendée ! Il y a de ces mots qui hurlent de se trouver accouplés ! Un nom qui comprend à lui seul tout ce qu'il y a de plus immonde dans la fange de la basse police, un nom imprégné des miasmes les plus fétides du bagne, de l'argot et de l'espionnage, un tel nom se rencontre mêlé à celui de cette Vendée, où tout ne rappelle qu'héroïsme, franchise et loyauté ! Il était réservé à la révolution de juillet de nous offrir un pareil assemblage. Lorsque dernièrement on annonça la présence et la *mission* de ces misérables dans les provinces de l'Ouest, nous l'avouons, nous hésitâmes à y croire ; nous reculâmes devant une pareille idée ; il ne nous semblait pas possible qu'un gouvernement, même celui du juste-milieu, descendît si bas ; nous lui faisions trop d'honneur : maintenant il n'y a plus moyen d'en douter. La présence de l'ignoble meute s'est révélée par ses œuvres. Voilà l'auxiliaire que l'on n'a pas craint de donner à des soldats français ! C'est à la carte de police dont elle est munie, à ses signes d'argot, à ses mots d'argot, que leurs épaulettes sont condamnées à obéir ! Ce n'est pas assez d'exhumer les décrets les plus atrocement absurdes de 93, de promettre 25 fr. pour la tête d'un homme, d'estimer à 25 fr. la vie d'un enfant de notre France, c'est-à-dire un peu moins que celle d'un loup ou d'un chien enragé, on a lancé contre la Vendée une armée de mouchards, comme auxiliaires des baïonnettes ! Ah ! du moins la Convention, de sanglante mémoire, quand elle ne croyait pas trop faire en opposant aux pauvres paysans du Bocage Westermann et son élite de Mayençais, la Convention eût dédaigné de tels moyens ; elle égorgeait, elle brûlait; mais confiante dans son horrible force, elle eût pensé s'avilir en soumettant ses grenadiers à la carte d'un mouchard. Hommes du juste-milieu, vous vous imaginez avoir à combattre cette population qui ne demande que le repos et la liberté de regretter en paix ceux qu'elle aime. Eh bien ! servez-vous donc contre elle d'armes qu'elle connaisse ! Il me semble que ce ne serait pas trop honorer les vieux compagnons de Lescure et de Bonchamps que d'employer contre eux du fer ! Mais, non, vous savez que la Vendée ne veut ni complots, ni conjurations. Inutilement vous l'avez mise hors la loi ; inutilement vous lui avez enlevé les armes d'honneur, payées de son sang, que ses héroïques villageois conservaient à leur pauvre foyer comme le plus précieux des héritages ; inutilement vous avez mutilé, renversé les modestes monumens élevés à la mémoire de ses martyrs : chrétienne, elle s'est résignée aux vexations et aux insultes. Serait-ce donc qu'il vous en faut, à vous, des complots, pour exercer le zèle de vos sous-préfets et de vos gendarmes et la faconde de vos avocats-généraux, et puis vous enorgueillir après de votre pénétration et de vos grandes découvertes? Il faut donc qu'il s'en trouve! S'il ne s'en trouve pas, qu'on en invente! Ce n'est pas pour rien que les plus fervens adversaires de la police des Bourbons ont voté, au profit de la révolution, 1500 mille francs de dépenses secrètes! Ces Vendéens qui enlevaient l'artillerie avec leurs bâtons, qui ont fait trembler les vainqueurs de l'Europe, ne sauront pas combattre les gens que l'on emploie dans la boue de nos grandes villes à dépister les escrocs et les voleurs; ils sont pour cela *trop peu civilisés*, *trop ignorans*, comme vous dites avec pitié, vous, hommes de *science et de progrès!*

En avant donc l'infâme brigade! Que l'on n'épargne point l'or. La Chambre votera les trésors de la France pour ce noble usage. Paysans de la Bretagne et de la Vendée, votre pieuse foi que vous conservez comme un saint dépôt, cette foi qui inspire aux hommes les vertus, vous fait un inviolable devoir de l'hospitalité. Le Dieu que vous adorez fut sur la terre pauvre et souffrant; et, pour l'amour de lui, vous voyez des frères dans tous ceux qui sont pauvres et qui souffrent; car les *lumières* n'ont pas fait autant de progrès chez vous qu'à Paris et dans sa banlieue. C'est bien; nos hommes de police ont étudié vos mœurs; ils connaissent cette coutume, et ils en profiteront. Vous avez des vertus, et ces vertus elles-mêmes seront pour vous un piége. Un indigent viendra vous demander un morceau de pain et un abri; vous partagerez avec lui le repas de vos enfans, votre couche, votre foyer; et cet indigent sera un mouchard chargé de vous espionner, et de vous perdre afin de gagner son salaire; sous la couche où il aura reposé, près de vous, il glissera des *paquets de cartouches* (1) qui serviront ensuite de pièces de conviction pour les visites domiciliaires. Un réfractaire poursuivi par la force armée, viendra, au nom du ciel, vous supplier de lui donner asile; vous lui ouvrirez, vous le cacherez; et ce prétendu réfractaire sera un agent de police,

(1) Historique.

ou bien, nous le disons en rougissant, un *militaire déguisé* (1). Vous aurez été le jouet d'une infâme comédie; et convaincus d'hospitalité, de compassion par cette épreuve, vous serez fouillés, vexés, traînés en prison. Un drapeau blanc sera arboré pendant la nuit aux arbres du chemin; malheur à vous, si cet aspect vous arrache un mot imprudent! Un homme liera connaissance avec vous; dans l'épanchement de la conversation, il réveillera chez vous avec adresse de vieux souvenirs, et il s'associera à vos regrets, à votre indignation, à vos espérances; il pleurera d'émotion; il aura des cocardes blanches, des proclamations à vous montrer en cachette; et cet homme, ce sera encore un mouchard. Infamie!... Dignes associés de nos acteurs de la *comédie de quinze ans*, ces hommes jouent tous les rôles, prennent tous les masques, changent à leur gré de ton et de visage. Tantôt ils empruntent l'habit et le langage de paysan, bien sûrs que des signes convenus les préserveront des coups de fusil des patrouilles; tantôt ce sont des *Suisses* enrôlés à Paris; tantôt des *embaucheurs royalistes;* et pour que l'exécrable parade soit jouée jusqu'au bout, on les arrête, on les écroue dans les prisons, sous un nom supposé (2); les journaux révolutionnaires annoncent, avec grand fracas, la découverte d'un complot, l'arrestation positive de conspirateurs; et le lendemain, bien entendu, la liberté leur est rendue, afin qu'ils passent à un autre rôle. Mesures plus abominables cent fois que la violence, que la cruauté franche et ouverte! Agens indignes, il faudra donc que votre souffle flétrisse et souille ce qu'il y a de plus pur au ciel et sur la terre; que vous traîniez avec vous la corruption; que vous anéantissiez chez les autres les vertus que vous n'avez pas? Il faudra donc que la Vendée ne soit plus hospitalière, de peur que l'hospitalité ne soit une embûche; qu'elle repousse les malheureux véritables, de peur de trouver en eux des en-

(1) Historique.
(2) Historique.

nemis déguisés? Sans doute, lorsque, grâce à vous, elle aura perdu ses antiques et pieuses mœurs, vous vous réjouirez de votre ouvrage! Que vous importe, à vous? en résultera-t-il une diminution d'un centime pour le budget que la France paie, et qui vous fait vivre? Applaudissons à la douceur de notre siècle, aux progrès de la civilisation. Gloire à vous! Les guillotines et les noyades de 93 ne tuaient que les corps, et vous, s'il était possible, vous tueriez les âmes!

— Une peur entre mille. La scène est à Louvain.

Des cris partaient du ciel, des cris et des plaintes descendaient du ciel avec le vent. Le commandant de place passait. Il eut peur, car il était Belge, et il donna l'ordre de chercher et de visiter. On visita et fureta dans les maisons et dans l'église, dans la sacristie et dans les boutiques voisines: rien. Alors le commandant de place pensa que les cris et les plaintes qui tombaient du ciel pouvaient bien sortir d'une cave; il ordonna de fouiller les caves pour voir si on n'y trouverait pas quelque grand citoyen sauvant la Belgique dans son souterrain, d'après le procédé Dupin : rien encore. Le commandant tremble de tous ses membres. Les cris et les plaintes continuaient à descendre d'en haut. Si on n'avait pas craint de rencontrer quelque traînard hollandais sur la route de Liége, le commandant eût bien envoyé chercher le successeur de Mathieu Laensberg. A son défaut, un astrologue du pays, mandé en toute hâte, attribua le fait à un avertissement d'en haut. Un autre, plus sensé, conseilla tout simplement d'aller chercher l'explication des phénomènes en haut, c'est-à-dire sur le toit de la cathédrale. On monta. Quelques éclaireurs, les plus hardis de la garde civique, se hasardèrent jusqu'à une gouttière d'où venaient les gémissemens. C'était un pauvre héros belge, un des braves de la garde civique, blotti là dans une gouttière, à côté d'un nid de pierrots; et en communauté de logement avec les hirondelles. Il s'était placé de telle sorte qu'à grand'peine on put parvenir à le retirer de son domicile aérien. Une fois sorti de son gîte la peur le reprit : « Les Hollandais sont-ils là-bas ? — Oui, là-bas, sans doute. — En ce cas, donnez-moi quelque chose à manger, mais remettez-moi dans ma gouttière, j'aime mieux me dessécher à tous les vents que de voir face à face ces maudits Hollandais. — Mais ils sont là-bas, bien loin, ils fuient. — Je disais bien que nous les battrions ! rien ne résiste à la bravoure belge ; doucement, j'entends monter ; si c'étaient les Hollandais. — Ne craignez rien, les Français les reconduisent à la frontière. — Dieu soit loué ! soutenez-moi, que je descende ; depuis trente-six heures que je suis ici en compagnie des chauve-souris et des chats-huants, je n'ai ni bu ni mangé. Et mes camarades, mon sergent et mon capitaine ? — Ils ont vendu leur blouse ; ils ont fait couper leurs moustaches, et on ne les a plus vus depuis. — A merveille ! ils n'auront rien à me reprocher. » Et notre homme, après avoir remercié ses sauveurs, courut du même pas faire couper ses moustaches, jeta sa blouse aux orties, et alla reprendre son métier de brasseur, sans plus avoir envie de se mêler de guerre, de combats, ni de gloire, et s'en remettant à la France du soin de le défendre et de le venger.

—Courage, vaillans athlètes des *lumières et de la philosophie!* vous venez de vous signaler à Marseille par des exploits dignes de vous ! Une croix, une statue de la sainte Vierge, des jeunes filles en prières, voilà les ennemis que vous affrontez ! Certes l'exploit est grand, et nos démolisseurs d'église du mois de février n'auraient pas mieux fait. C'était le 15 août, le jour de l'Assomption ; l'autorité avait bien voulu permettre, par grâce, que la procession eût lieu, *pourvu qu'elle ne fût accompagnée d'aucune cérémonie relative au vœu de Louis XIII ;* car il paraît que la royauté nouvelle, la royauté *citoyenne* ne veut rien avoir de commun avec notre antique monarchie, pas même les augustes et pieuses solennités où nos rois s'inclinaient devant le Dieu dont la protection veillait sur la France. La procession a donc eu lieu à Marseille ; mais ce n'était point, comme naguère, une fête resplendissante de bonheur et d'allégresse; c'était plutôt un hymne de tristesse et de supplication qui s'élevait vers le ciel. Calme et recueillie, la population tout entière suivait la sainte image, ou s'agenouillait à son aspect; ce n'était que chants pieux, humbles prières à la *consolatrice des affligés;* mais voici que des hommes sont venus, avec d'horribles hurlemens et des vociférations impies; ils se sont rués sur la croix que l'on portait en tête de la procession : ils l'ont arrachée aux jeunes filles qui l'entouraient; de leurs mains sacriléges ils l'ont brisée. En ce moment, le croiriez-vous, ces jeunes filles, faibles et timides, ont trouvé de la force et du courage; elles se sont précipitées, à leur tour, sur les lâches profanateurs. Pénétré d'horreur et d'indignation, tout ce peuple suppliant et désarmé, n'a poussé qu'un cri : *Vive la religion! vive la croix! nous mourrons pour la croix!* La croix a été reprise de vive force; les profanateurs ont fui; la procession est rentrée dans la cathédrale : alors vous eussiez vu un noble et touchant spectacle. Figurez-vous toute cette foule prosternée autour de la croix mutilée, et jetant vers elle des sanglots, des accens d'amour et d'enthousiasme; ces marins, aux mâles et robustes visages, qui, pressés en rangs épais autour d'elle, semblaient dire : « malheur à qui l'attaquerait! » Et, au milieu de ces transports, de cette exaspération, de cette effervescence méridionale, le prêtre qui, du haut de la chaire, calmait cette foule indignée avec des paroles de douceur et de paix! Oh! que n'étaient-ils là, ceux qui prétendent que la foi est morte en France! C'est là du peuple aussi; mais quel est le plus beau, de ce peuple prêt à mourir pour son Dieu, ou du peuple *héroïque* qui, tout hideux, tout égaré, ivre de vin et de rage, traîne les objets sacrés dans les ruisseaux des rues, et dévaste l'église où il a peut-être reçu le baptême?

Le soir, quelques perturbateurs, à la faveur de l'ombre, se sont promenés dans les quartiers les plus déserts, en hurlant des refrains d'impiété et de sang. La vraie population marseillaise a dédaigné ces vils outrages; et pourtant c'est elle que les journaux révolutionnaires osent accuser d'avoir provoqué les désordres ! C'est elle apparemment qui se fait à dessein insulter, assassiner dans les rues, comme celle de Nîmes et de Tarascon ? C'est sans doute elle aussi qui a mutilé cette croix dont les débris demeurent pour servir de monument à la vérité ? Et, dites-moi, pourquoi, dans cette même journée, les *patriotes* promenaient-ils, dans la ville, un buste du roi Louis-Philippe ? dans quel but ? en l'honneur de quelle fête ? ce n'était point, je pense, à l'occasion de celle de la Vierge. Quel avait pu être aussi, en nous reportant à une époque peu éloignée encore, l'objet de cette plantation de l'arbre de 93 au milieu d'une ville dont l'immense majorité, de votre propre aveu, répugne si fort à l'ordre de choses qu'il rappelle ? N'était-ce pas là évidemment une provocation, puisque cet emblême était si loin de répondre aux vœux, aux affections de ce peuple ? Pourquoi, dans une assemblée récente de tout le conseil municipal de cette ville, avait-on naguères demandé le renvoi d'un évêque cher à une population catholique ? Pourquoi d'ailleurs, dans presque tout le Midi, la garde nationale, au lieu d'être, aux termes de la loi, la réunion armée de *tous* les citoyens, n'est-elle composée que de tels et tels individus qui ont le privilége de sabrer, d'assommer, de fouler impunément aux pieds leurs concitoyens sans défense ? Il est vraiment trop étrange de voir les provocateurs se donner pour provoqués, afin de pallier la honte de leur défaite, de voir les plus lâches attentats érigés en légitime usage de la force, les bourreaux changés en victimes et les victimes changées en bourreaux.

— C'est un devoir pour nous, royalistes, de payer un tribut de regrets à la mémoire d'un jeune écrivain, qu'un accident aussi cruel qu'imprévu vient d'enlever à sa famille et à ses amis. Nous voulons parler de M. Léon Louët, l'un des rédacteurs les plus distingués de *l'Orléanais*, et qui, enlevé par la révolution de juillet à la carrière de la magistrature qu'il parcourait de la manière la plus brillante, avait depuis lors consacré ses talens aux principes que nous défendons. Nommé au commencement de 1830, à l'âge de vingt-six ans, conseiller-auditeur à la cour d'Orléans, il abandonna ses fonctions le jour même où la Cour déclara qu'à l'avenir elle rendrait la justice au nom de Louis-Philippe. Il avait compris, selon ses propres expressions, qu'un gouvernement *fondé sur le principe mouvant de l'insurrection* ne pouvait procurer autant de bonheur et de liberté aux Français qu'une royauté ancienne dont tous les actes tendaient vers ce but commun. Nous ne saurions donner une meilleure preuve de la sagesse et de la maturité de jugement d'un jeune homme d'un mérite aussi distingué, et dont la perte cause de si justes et si universels regrets.

— Une personne qui n'est pas moins illustre par l'élévation de sa naissance que pour la noblesse de ses sentimens, la généreuse amertume de ses regrets et la profondeur de son affliction, n'avait jamais cessé de porter, *depuis la révolution de juillet*, un bracelet qu'elle tenait de Madame la Dauphine, et sur lequel on voyait un portrait de S. A. R. Elle avait toujours évité de répondre à certaines paroles de blâme dont cette *imprudence* était un des prétextes les plus journaliers ; enfin, sa persécutrice ordinaire a fait intervenir l'autorité conjugale, et cette personne a fait couvrir la miniature du bracelet (qu'elle continue toujours à porter), au moyen d'une plaque d'or sur laquelle on voit écrit : SOUVENIR D'AMITIÉ.

— Le roi Philippe vient d'accorder une pension de cinq mille francs par mois à Mme. la marquise de Loulé, à laquelle on assure qu'il a conféré le titre de *princesse de Clichy*. Il est à supposer que son mari sera créé *duc des Batignoles*.

— Il paraît que l'exergue de la porte majeure de la CHAMBRE DES PAIRS n'a jamais été inscrite que sur une planche imitant le bleu-turquin. On avait supposé que, par les soins de M. le Sénateur-Comte de Sémonville, cette exergue avait fait quitter la place à l'ancienne inscription de SÉNAT CONSERVATEUR, qui s'y trouve gravée sur une plinthe en marbre; mais on assure que lorsque M. le marquis de Sémonville va faire ôter cette planche, il en résultera une preuve incontestable de sa prévoyance, et de ses dispositions favorables pour le sénat.

— Encore un modèle d'orthographe patriotique et administrative; c'est une lettre adressée à un curé par M. Chollet, le sous-préfet de Segré. Lisez : « Monsieur le curé, le » ministre des cultes, ayant engagé, monsieur *Levêque a* » vous changer de commune ; *nayant* pas obtemperé *a* sa » *demende, tous* que vous y *resteré*, vous n'aurez pas de » traitement, le gouvernement ne doit pas payer ses *énemis*. » *J'ai l'honeur* de vous saluer. CHOLLET. » Plaisanterie de grammaire à part, si le gouvernement adoptait le système de l'habile sous-préfet de Segré, et qu'il ne payât pas ses ennemis, on peut assurer que le lourd budget de dix-sept cent millions serait subitement réduit de plus des trois quarts.

— Nous trouvons dans un des journaux royalistes des départemens, rédigé avec le plus de conscience, de talent et d'esprit, dans la *Gazette de Bretagne*, le calcul suivant :

« Le budget de 1,600 millions, mis en rouleaux de pièces » d'or de 20 francs, donnerait une longueur de 26 lieues ; *à* » *plat*, 428 lieues ; en sous de cinq centimes, à plat, 33 fois » le tour de la terre. »

Miséricorde ! quelles économies !

— Un des principaux collaborateurs de *la Voce di Verità*, journal officiel de Modène, vient de nous écrire à propos de M. Sébastiani, lequel avait dit le 15 août dernier, à la Chambre des députés, que la *recognition* de l'archiduc François, duc de Modène, avait été *proposée* par S. A. R., et *repoussée* par le cabinet du Palais-Royal. Notre correspondant ajoute que le gouvernement archiducal n'a pas jugé nécessaire de faire démentir officiellement cette assertion de M. Sébastiani, attendu que ses déclarations diplomatiques ne sauraient inspirer nulle part aucune espèce de confiance.

— Extrait d'un voyage biographique dans les 86 départemens. *Corse.* Il n'est pas vrai que le père de M. Sébastiani fût tonnelier, c'était son aïeul appelé *Sébastiano*, sans nom de famille, ainsi que la plupart des individus de la même classe et dans le même pays. C'est au père du général qu'il faut rapporter le changement survenu dans le nom de *Sébastiano*, à qui la terminaison plurielle a donné sur-le-champ quelque chose de moins populaire. Il paraît que Sébastiano, 11e. du nom, surnommé Sébastiani, était un homme ambitieux, et tout le monde s'accorde à le considérer comme le fondateur de cette dynastie ; il fabriquait et vendait des balais, des paniers, des ratières et des seringues de bois de sureau, des cuviers, des barillets pointus et des outres goudronnées surtout, d'une excellente facture et d'une réputation sans pareille. Mais ses talens distingués et la considération qu'il avait acquise auprès des vignerons et des servantes, n'auraient jamais pu lui procurer les moyens de faire parvenir son fils aîné jusqu'aux honneurs de la cléricature, objet de toute son ambition, si la divine Providence et la pieuse charité des bonnes âmes du pays n'étaient pas venus l'assister dans une entreprise aussi difficile.

Il est à savoir que *l'Abbate Luigi*, frère aîné du marchand de balais, avait eu le bonheur d'obtenir la cure et la desserte d'un petit village du diocèse d'Ajaccio : or, il est d'usage en Corse que tous les fidèles y fassent une offrande pour la nourriture des pauvres et pour le soulagement des âmes du purgatoire, à la suite de la grand-messe paroissiale, et *Signor Paroco* ne manquait jamais d'appliquer au moins une partie de cette contribution dominicale aux besoins du ménage de sa belle-sœur : de sorte que la famille Sébastiani vivait agréablement et honorablement pendant toute la semaine, au moyen de la même recette élémosynaire qui se renouvelait tous les dimanches matin.

On n'a pas manqué d'en conclure que le général Sébastiani avait été *nourri du pain des morts*, c'est-à-dire aux dépens des âmes du purgatoire ; mais il vaut mieux croire que M. son oncle avait eu la délicatesse de n'employer à cette bonne œuvre que l'argent des pauvres, en considérant cette portion du trésor presbytéral à peu près comme la *dette flottante* et les *crédits supplémentaires* de M. l'abbé Louis, qui s'est toujours roidi contre la *spécialité.*

Toujours est-il que *Paroco Luigi* avait bien voulu recueillir chez lui l'aîné de ses neveux dont il avait fait d'abord son *chierico*, et auquel il a fini par apprendre assez de latin pour tenir le registre de la sacristie.

Ce jeune élève du sanctuaire est devenu successivement Allumeur de lampes et Porte-Bénitier, Thuriféraire de première classe, Exorciste et Porte-Croix, Réquisitionnaire et Caporal, Officier d'infanterie, et *Sébastiani della Porta*, homme d'affaires à bonnes fortunes, Capitaine Ramasse-Ton-Bras, Général Matamore, Agent diplomatique en Turquie, Comte de l'Empire avec un ventre superbe, Député de la Corse (et de l'opposition bien malgré lui), Affilié *prudent* et Membre *honoraire* du comité directeur, Ministre du roi Philippe, et finalement décoré de juillet! Fasse le ciel que tout cela ne soit pas au détriment du bien des pauvres et au préjudice des âmes du purgatoire!

Le général Horace avait cru sans inconvénient de se dire le parent de S. M. l'Empereur et Roi ; mais lorsque Buonaparte en fut instruit, il en parla hautement avec une dérision très désobligeante; et la signora Letitia, qui prétendait avoir épousé un gentilhomme, en montrait, toutes les fois que l'occasion s'en présentait, une colère abominable.

On sait qu'à l'époque du concordat consulaire avec le Pape, les sujets propres à l'épiscopat (que M. Royer-Collard appellerait sûrement la matière pontificale et prélative), étaient devenus de la rareté la plus embarrassante ; et ce fut à la même époque que M. le curé Sébastiani fut proposé pour occuper le siége de la Corse. Comme, au fait, c'était un homme de bonnes mœurs, et dont la doctrine n'avait rien d'inquiétant pour le maintien de l'unité catholique, la cour de Rome a fini par condescendre aux sollicitations les plus multipliées, et Mgr. Sébastiani végète encore aujourd'hui paisiblement sur la chaire épiscopale d'Ajaccio. C'est un homme âgé de quatre-vingt-sept ans ; ainsi, lorsqu'on voit tous les Corses se déchaîner avec furie contre certains abus qu'ils reprochent à son administration, c'est assurément une preuve de leur exigence et de leur méchanceté naturelles.

La personne la plus remarquable de la famille Sébastiani est sans contredit la nièce de l'évêque. C'est une petite demoiselle qui fait toutes les affaires du diocèse pêle-mêle avec les siennes, et avec une activité surprenante. Elle est d'une industrie miraculeuse! et si l'on voulait raconter toutes les histoires qui la concernent, y compris celle *du lard pour les ordinations* de son oncle, ce serait à n'en pas finir. Il est suffisant de rapporter ici qu'elle s'est emparée du commerce des petites bougies pour tous les chandeliers triangulaires de la sainte Vierge ; et toutes les fois que les grands-vicaires et les curés ont entrepris de lui faire renoncer à l'exercice de son monopole, ils ont été forcés de renoncer à leur entreprise. Elle a soutenu je ne sais combien de procès pour la défense de ses petites chandelles ; elle a plaidé contre le colonel Marco Buffali qui voulait fabriquer les cierges ; et sans s'embarrasser de la *vendetta* des montagnards, elle a tenu tête à tous les *bravi* d'Ampugnano qui vendent de la cire. Enfin, depuis que son frère est devenu *Principal Ministre du roi des Français, par la raison que la direction des affaires étrangères est pour ainsi dire la question d'existence pour le nouveau gouvernement,* ce que le *Principal* ministre a écrit en toutes lettres à un de ses amis d'Ajaccio, les *principaux* antagonistes de Mlle. Sébastiani, qui sont les Pénitens-Noirs, ont acquis de nouvelles preuves de sa détermination de caractère, et la *certitude* de son *assurance.*

(*La suite aux prochaines livraisons.*)

— Plusieurs lithographies charmantes de M. Martin, *rue de Richelieu*, *n*o. 63, lequel avait, comme on sait, subi un emprisonnement de deux mois pour avoir fait et vendu le portrait de Mgr. le duc de Bordeaux, viennent d'être mises en vente. On y remarque notamment les portraits fort ressemblans de M. le maréchal de Bourmont, de M. le comte de Kergorlay et de M. le vicomte de Conny, ainsi qu'une charmante silhouette représentant un *jeune Tireur d'arc* en costume de *montagnard écossais*. M. Martin vient d'établir en outre, à la même adresse, un Cabinet de lecture, où l'on trouvera, outre les journaux quotidiens et périodiques, les écrits et brochures politiques de la capitale au moment de leur publication, tous les journaux influens des départemens, ceux de l'étranger et notamment de l'Angleterre (*voie extraordinaire à quatre heures de l'après-midi*), de l'Allemagne et de la Belgique.

Cet établissement, le plus complet en ce genre, contiendra par jour plus de quatre-vingts écrits périodiques. Le prix ne sera pas plus élevé que dans les autres établissemens de ce genre.

⁂ Chez les Belges, l'art de la guerre va en *rétrogradant.*

⁂ Deux cents barbiers viennent de quitter Paris pour aller s'établir à Bruxelles.

⁂ La Chambre des pairs voudrait acheter toutes les moustaches et tous les favoris de l'armée belge pour se faire des perruques neuves.

⁂ A l'avenir, chaque régiment de l'armée belge sera suivi d'une compagnie de barbiers.

⁂ Les Belges se rendent et ne meurent pas.

⁂ Le roi Léopold serait plus en sûreté avec une garde-malade qu'avec sa garde civique.

⁂ Les Belges trouvent, à ce qu'il paraît, que leur roi n'est pas bon à *garder.*

⁂ Les troupes belges vont se former en bataillons de *vélocipèdes.*

⁂ M. Sébastiani ne se soucie pas qu'on l'appelle *le beau;* il préfère le *lait.*

⁂ Le Palais-Royal devrait bien se faire *assurer* contre *la certitude* du ridicule.

⁂ L'*assurance* est le *ferme espoir* d'une *quasi-certitude.*

⁂ Il vient de se former dans les provinces de l'Ouest une compagnie d'*assurance* contre la *stricte justice.*

⁂ Avec le juste-milieu, autant vaut dire la *certitude* de périr que l'*assurance* d'être sauvé.

⁂ Depuis l'émeute de la Chambre, un détachement de pompiers stationne tous les jours devant le Palais-Bourbon.

⁂ M. Mouton trouve que les séances de la Chambre n'ont pas lieu avec assez de *pompe.*

⁂ Depuis quelques jours Mme. de Schon... fait très mauvaise mine à M. son mari.

⁂ M. de Schonen fredonne toute la journée :

> Il faut des époux assortis
> Dans les liens du mariage.

⁂ Il y a long-temps que la révolution a fait *divorce* avec le bons sens.

LA MODE.

Les schals d'été sont toujours très variés, et la manière dont les dames les drapent au-dessus des manches exige qu'ils soient d'une grande largeur, pour que les bouts puissent tomber par devant, au-dessous de la ceinture.

Aux schals de mousseline-cachemire ont succédé, depuis quelque temps, les écharpes de même tissu brodé en soie de diverses couleurs, et dont nous avons déjà parlé.

Rien de plus varié que la nuance, et surtout la disposition des poches des tabliers que les dames portent chez elles. Il est de ces poches qui ont la forme d'un portefeuille, d'autres celle d'une corbeille; d'autres, enfin, n'ont pour ouverture qu'une fente oblique avec une petite patte, et sont fermées par un bouton.

Le blanc, comme nous l'avons dit et répété, est en majorité partout, aux promenades, aux spectacles, dans les salons. Dans les soirées cependant, où les robes de soie se permettent plus volontiers, on en voit quelques-unes en gros-de-Berlin; la nuance batiste écrue est, de toutes les couleurs claires, les seules portées, celle qui soit généralement en faveur.

Les étoffes les plus légères s'emploient pour le dessus ou la doublure des chapeaux et des capotes. Nous avons cité dernièrement un chapeau en tulle; on en fait aussi en crêpe, en gros d'été blanc doublé de crêpe rose-mauve très pâle. Un chou en ruban se place toujours au haut de la forme : du bas de ce chou part un ruban qui l'entoure d'abord, descend de chaque côté, et sert de brides. La même disposition de ruban s'emploie aussi quand l'ornement du chapeau est un bouquet de plumes.

Il paraît peu de bijoux nouveaux; les boucles de ceinture, et les boucles d'oreilles en or, à compartimens en émail, sont les seules nouveautés que les magasins les plus en renom offrent en ce moment.

.... Un songe.... Devrais-je m'inquiéter d'un songe?... (RACINE.)

. . . . . . Notre jeune roi est arrivé de St-Cloud hier matin à huit heures. Accompagnée de M. de Chateaubriand, son gouverneur, sa majesté est allée visiter l'hôtel des Invalides. Tous les vieux braves qui l'habitent, rangés sur l'esplanade, ont salué par les plus vives acclamations l'auguste enfant dont l'affabilité, la franchise, les vives saillies rappellent si bien le bon, le grand roi dont il promet de porter dignement le nom et la couronne. Avant de retourner à Saint-Cloud, sa majesté a passé en revue au Champ-de-Mars un régiment de ligne de la garnison. Officiers et soldats, tous ont été émerveillés du goût et de l'aptitude du jeune prince pour tout ce qui concerne l'état militaire : les plus petits détails ont été l'objet de ses questions. La tenue de ce régiment était magnifique. On remarque chaque jour dans l'armée l'heureux effet des plans adoptés au commencement de 1830. Le roi a causé avec plusieurs soldats ; il a remis de sa propre main à un vieux sergent la croix d'honneur que lui avaient méritée de longs services et de nombreuses blessures. Sa majesté était de retour à Saint-Cloud à quatre heures. Près de la grille du château, une pauvre femme, entourée de ses enfans, s'était placée sur son passage, une pétition à la main. « Tenez, bonne femme, lui a » dit le petit-fils d'Henri IV, saisi d'une vive émotion, prenez » ma bourse : voilà de quoi acheter du pain à vos enfans ; ils n'en » manqueront plus, je vous le promets ; je ne veux pas que per» sonne manque de pain en France. » Cette femme est la veuve d'un ancien soldat de la garde impériale, blessé à Waterloo. Le jour même une pension lui a été accordée.

— L'abdication du roi Charles X avait causé dans la Vendée quelques légères agitations. La fidélité héroïque des habitans de cette partie de la France s'en était alarmée d'abord. Aujourd'hui ces agitations sont complétement finies. Rassurés pour la dynastie à laquelle ils ont voué leur existence, les Vendéens ne cessent de donner des preuves de jour en jour plus manifestes de leur attachement au jeune prince.

— Les nouvelles du midi ne sont pas moins satisfaisantes. Jamais, nous écrit-on de Nîmes, la bonne intelligence n'a mieux régné entre les habitans de cette ville. Chaque soir, catholiques et protestans dansent ensemble la farandole sur les places. Il en est de même à Avignon, à Marseille, à Arles, à Montpellier, à Toulouse. Ces heureux résultats sont dus à la sagesse des magistrats et à la confiance qu'inspire un gouvernement appelé à concilier, à réunir toutes les opinions. Désormais plus de différence entre les Français du nord et les Français du midi : ils ne rivalisent plus que de dévouement au roi et à la patrie. Partout la Saint-Henri a été accueillie par la joie et la gaieté la plus vive.

— Sa majesté la reine-mère partira la semaine prochaine pour un voyage du côté de Rouen et du Havre. Ce sera une époque de bonheur pour les habitans de ces deux villes que celle où ils jouiront de la présence de cette auguste princesse si véritablement populaire, si gracieuse sans affectation, si bonne, si affable. Quoique souffrante encore d'une indisposition assez grave, elle a bien voulu honorer de sa présence la représentation donnée lundi à l'Opéra au bénéfice de la famille d'un homme de lettres mort sans laisser de fortune : partout où elle paraît, s'empresse une foule avide de la voir : aussi la recette a-t-elle été considérable. Sachant que la saison où nous sommes est peu favorable au commerce de luxe, la reine-mère a visité ces jours derniers un grand nombre de magasins où elle a fait de nombreuses emplettes. Elle était accompagnée de son altesse royale mademoiselle, qui déjà suit l'exemple de sa mère en se faisant chérir de tous ceux qui l'approchent.

— L'arriéré de la Légion-d'Honneur a été complétement soldé avec l'argent qui restait des trésors d'Alger, après l'acquittement de tous les frais de l'expédition. Cette colonie est de jour en jour dans un état plus prospère. Un navire vient d'entrer à Marseille chargé des premières denrées qu'elle a produites. De sages traités nous ont concilié les peuplades qui l'environnent et dont nous nous sommes fait des alliés utiles. Attirées par des concessions de terres et par l'excellente administration qui règne dans la colonie, un grand nombre de pauvres familles s'y rendent de toutes nos provinces. Il n'y a qu'une voix en France et dans l'étranger pour admirer la conquête qui nous a valu la plus belle de nos possessions d'outre-mer et qui a délivré la navigation du fléau de la piraterie.

— Nous venons d'avoir une nouvelle preuve du crédit que la marche en même temps sage et toute nationale de notre gouvernement lui a donné auprès des puissances étrangères. Les Polonais réclamaient de l'empereur de Russie certaines franchises que leur contestait le cabinet de Saint-Pétersbourg. La France a fait usage de sa médiation en faveur de ce peuple si digne d'intérêt, et les démarches de notre ambassadeur ont aplani toutes les difficultés. Il en a été de même pour la Belgique et l'Italie. Jamais les relations de notre pays avec les peuples étrangers n'ont été plus amicales ; jamais l'Europe n'a joui d'une tranquillité plus profonde.

— De nombreux ouvrages viennent d'être commandés à nos artistes par le ministère de la maison du roi. Plusieurs tableaux, destinés à la prochaine exposition, représenteront les victoires qui ont illustré notre marine, et les principaux faits des voyages entrepris dans l'intérêt de la science et de l'humanité. Les bas-reliefs qui orneront le monument élevé en mémoire de la conquête d'Alger ont été mis au concours : l'exposition des esquisses n'est pas moins remarquable par le mérite que par le nombre des compétiteurs. Les fonds consacrés à l'encouragement des lettres et des arts sont employés de la manière la mieux entendue : les personnes qui en sont chargées, et dont aucune n'est étrangère à ce qu'elle doit juger, savent récompenser le mérite modeste et se tenir en garde contre la présomptueuse médiocrité. Le gouvernement, sans tomber dans une prodigalité inutile, n'ignore pas qu'une vile et sordide épargne serait indigne de lui ; mais ce qui bien plus que l'argent contribue à la prospérité des arts et de la littérature, c'est la protection si éclairée, si bienveillante, si généreuse que leur accorde la famille royale. S. M. la reine-mère se plaît à visiter les ateliers, à encourager toutes les industries, tous les talens. Un de ses regards suffit pour faire naître partout la plus noble émulation ; un mot de sa bouche, c'est le mouvement, c'est la vie.

— L'augmentation de valeur que les propriétés ont acquis depuis quelque temps est très-remarquable. Elle s'explique par la confiance publique, par le nombre d'étrangers qui affluent à Paris, pour leurs affaires ou leurs plaisirs : beaucoup d'entre eux viennent même s'y fixer. Les théâtres, tous les lieux de divertissemens, toutes les branches de commerce, se ressentent de l'effet de leur présence. Il est débarqué à Calais, la semaine dernière, deux fois plus de passagers qu'il n'en est sorti de ce port pendant le même espace de temps.

— Le tribunal de commerce n'a pas eu à prononcer le mois dernier une seule déclaration de faillite.

— Il n'y a pas eu, depuis un an, plus de deux procès politiques.

— La république d'Haïti vient d'achever le paiement de l'indemnité stipulée par le traité de 1825 pour nos anciens colons. Les titulaires sont invités à se présenter au ministère des finances afin de recevoir ce qui leur était encore dû : ils seront payés à bureau ouvert.

— La nouvelle organisation provinciale et municipale a été reçue dans tout le royaume avec de vives démonstrations de joie. Depuis long-temps elle était réclamée par la saine raison et le véritable esprit de liberté. Délivrées du joug de la centralisation, nos provinces vont prendre un essor inconnu jusqu'ici.

— Le contingent de cette année ne sera pas appelé sous les drapeaux. La paix et la sécurité dont nous jouissons au-dedans et au-dehors permettent de laisser nos jeunes soldats dans leurs foyers. Il est certain maintenant qu'au moyen des immenses économies introduites dans les diverses administrations, économies qui n'atteindront que le superflu des gros traitemens et non le modeste salaire des employés inférieurs, le budget de l'année prochaine sera réduit à 600 millions.

— Une fête touchante a été célébrée à Paris le 25 du mois dernier, jour de la Saint-Louis. Notre jeune prince a posé la première pierre d'une maison destinée à l'éducation des pauvres orphelins et placée sous l'invocation du saint roi qui fut à la fois un de nos plus sages législateurs et un de nos plus braves chevaliers.

— Monseigneur le prince de Condé est venu jeudi faire visite au roi. Dans un âge avancé, S. A. S. conserve encore la santé la plus robuste. Le roi a bien voulu accepter au château de Saint-Leu une invitation pour une fête que le prince lui donne. Le père du duc d'Enghien témoigne à Henri V une affection vraiment paternelle, et l'on ne peut se défendre d'une vive émotion en voyant ce vieillard, le dernier du sang des Condé, s'appuyer sur le petit-fils d'Henri IV, espoir de la France nouvelle.

— L'hiver prochain promet d'être très-brillant. On parle déjà à la cour et à la ville d'un grand nombre de bals déguisés dans le genre de ceux qui eurent une si grande vogue il y a deux ans. Les principales époques de l'histoire de France seront reproduites dans une suite de fêtes que S. M. la reine-mère donnera aux Tuileries. C'est un heureux indice de sécurité que ces préparatifs de plaisirs, et l'on ne peut que s'en réjouir dans l'intérêt du commerce de la capitale.

— Il résulte du journal de la librairie que le nombre d'ouvrages publiés pendant les six premiers mois de 1831 est d'un tiers plus considérable qu'il ne l'avait jamais été. On doit remarquer comme une heureuse amélioration que les brochures politiques sont dans une proportion très-minime en comparaison des ouvrages vraiment littéraires compris dans ce relevé.

— Il a été constaté d'une manière positive qu'il n'y a pas dans ce moment à Paris six magasins à louer.

— A la bourse d'hier, la rente a encore éprouvé une hausse prononcée. L'emprunt à 115 fr. a été adjugé à M. Jacques Laffitte, dont la maison est toujours dans l'état le plus prospère : ses deux concurrens étaient MM. Vassal et Ternaux. On attribue la hausse d'hier à un traité de commerce fort avantageux qui a été signé avec le Portugal. Les dernières nouvelles de la Martinique et de la Guadeloupe annoncent que la tranquillité est parfaite dans les deux colonies, et que la mésintelligence qui régnait entre les blancs et les hommes de couleur a tout-à-fait cessé, grâce aux sages mesures de M. le ministre de la marine.

— Le choléra-morbus est à peu près éteint en Russie, et l'on n'a plus aucune inquiétude de voir la contagion se communiquer au reste de l'Europe; la guerre seule aurait pu la répandre, et la paix n'a jamais été mieux établie qu'elle ne l'est à présent. . . .

. . . .

. . . .

. . . . . J'en étais là de mon rêve..... car tout ceci, vous l'avez cent fois compris, n'est, n'était, et ne pouvait être qu'un rêve... Je m'éveillai.... Hier encore, dans la crainte d'une émeute, on avait battu le rappel jusque sous mes fenêtres... J'avais, le matin même, ma portion dans le budjet de seize cents millions, et mon loyer à payer, sans un écu dans ma caisse... Nos troupes occupaient la Belgique : une guerre générale pouvait éclater d'un moment à l'autre... L'armée russe campait sous les murs de Varsovie, en proie à toutes les horreurs d'un massacre; le choléra-morbus menaçait la France... La rente avait été cotée la veille à peine au-dessus de 50 fr... Le général Berthezène s'était laissé battre à Alger... Dans nos provinces, la Vendée et la Bretagne se trouvaient toujours en état de siége... A Nîmes, à Marseille, et dans une partie du midi, on venait de s'entr'égorger... Je me levai et fis ma prière...

Campagne d'un jeune Officier en Belgique,

ÉCRITE PAR LUI-MÊME. — AOUT 1831.

Léopold le malencontreux,
Dont la fortune dans ses jeux
Ballotta l'avenir douteux,
Fut, par des rois capricieux,
Promis aux Grecs un an ou deux ;
Depuis, grâce aux plans ténébreux
De ce cabinet ombrageux,
Ennemi toujours dangereux,
Ami toujours insidieux,
Il est roi belge par les vœux
Très-peu flatteurs, très-peu nombreux
D'un congrès qui désirait mieux ;
Enfantement laborieux !
Encor, ce trône périlleux,
Présent des Belges furieux.
Il ne l'eût pas obtenu d'eux,
Si Philippe, moins scrupuleux,
Pour Nemours avait dit : J'en veux !
Cobourg, par un oui gracieux
Finit ces débats orageux ;
Et, quittant son pays brumeux,
A Bruxelle accourt radieux.
Le Flamand, froid et sérieux,
Enivré d'un *faro* mousseux,
Long-temps jacobin, factieux,
Républicain, séditieux
D'ennui, fait monter jusqu'aux cieux
Ses *vivat* et ses cris joyeux.
Jusque là tout allait au mieux ;
Or, voilà qu'un guerrier fameux,
Las des protocoles verbeux,
Tire son glaive belliqueux.

Léopold était soucieux ;
Philippe, toujours généreux,
Lui prête un appui précieux :
C'était moi ; je fais mes adieux ;
Je pars sur un cheval fougueux,
J'arrive... Spectacle odieux !
Ces chers Belges, si valeureux...
Dans leurs journaux si belliqueux,
Leurs ennemis audacieux
Savent les mettre entre deux feux.
De la peur le spectre hideux
Les presse et les suit en tous lieux.
Des pourparlers mystérieux
Empêchent un carnage affreux ;
Médiateur respectueux,
Je reconduis d'un ton mielleux,
D'un air quasi-respectueux,
Les Hollandais victorieux.
Le Belge, en nous, voyant des dieux,
Destinait, hôte affectueux,
Des festins gais et somptueux
A nos soldats, jeunes et vieux ;
Mais de l'insulaire orgueilleux
Les désirs sont impérieux ;
Déjà ces amis soupçonneux
Nous trouvent trop ambitieux.
Avec mes hussards verts et bleux
Je reviens donc tout glorieux,
Ou, pour mieux dire, tout honteux.

CORRESPONDANCE.

LETTRE

D'un Fils à sa Mère.

Du lazaret de Toulon, le 14 août 1831 (1).

MA CHÈRE MÈRE,

C'est un marin qui t'écrit, marin comme mes bons frères sont soldats, car on m'a dit que j'avais fait mon rude apprentissage : c'est le mot dont ils se sont servis. Or voici en quoi a consisté mon rude apprentissage : d'abord j'ai été on ne peut mieux traité

(1) Si cette lettre, tombée nous ne savons comment dans la boîte du journal, nous était parvenue plus tôt, nous nous serions empressés de la faire remettre à son adresse, et de calmer ainsi de hautes et bien légitimes inquiétudes.

*

à bord. Si ce n'était ce malheureux roulis et ces grandes vagues dont la vue m'effrayait un peu, et ce tangage de la frégate qui me donnait mal au cœur, j'aurais assez aimé mon nouvel état. J'ai fumé! le croirais-tu, ma bonne mère? Oui, ton fils a fumé à l'insu de son précepteur, lequel a été du reste malade tout le temps du voyage. Un officier du bord m'avait dit qu'un marin devait savoir fumer; et, sauf une grande lourdeur dans la tête, je me suis tiré à merveille de cette épreuve importante. Quant à ce que j'ai vu, je n'en finirais pas si je te le disais en détail. Tantôt la mer, plus haute que le château de Saint-Cloud, d'où papa dit qu'on lui a lancé des boulets à Neuilly; tantôt des poissons qui, le soir, soufflaient l'eau en l'air comme le beau jet d'eau fleurdelisé du Palais-Royal; puis des matelots goudronnés grimpant comme des chats au haut des mâts. Pour moi on m'a bien dit qu'il fallait au besoin savoir aller ferler un perroquet; mais personne à bord n'a eu la hardiesse de me le commander. Je sens que j'aurais désobéi; j'aurais mieux aimé faire un pensum de deux mille vers, ou toucher la main à tous les héros de juillet, que de monter seulement dans la grand'vergue de la frégate.

J'ai débarqué dans plusieurs endroits où l'on m'a donné pour tout amusement des harangues d'autorités et des discours de maire et de sous-préfet. A propos, le dey d'Alger m'a prié de demander pour lui à papa la permission d'aller le voir. Il m'a donné sa bénédiction et une poignée de dattes de son pays. Il a l'air bon homme; elles étaient excellentes.

Cela m'a donné envie de voir Alger. C'est une jolie ville bâtie en amphithéâtre, comme tu dirais Meudon, où l'on m'a raconté que la petite reine dona Maria allait demeurer. L'état du pays est très-satisfaisant, à ce que l'on nous a rapporté du moins, car je n'ai pu en juger que par la lunette d'approche. J'ai été deux jours avant de pouvoir prendre terre, parce qu'on se battait; ensuite je n'ai pu entrer dans la ville, parce qu'on se battait encore; enfin je me suis embarqué en toute hâte, parce qu'on allait se battre de nouveau.

A Naples, où nous avons relâché quelques jours, je me suis beaucoup amusé; j'ai vu mon bon oncle François qui ne va pas mal et qui m'a dit de te dire bien des choses agréables de sa part. Il m'a donné des livres, un petit chapeau goudronné tout neuf et une boussole magnifique que je te ferai voir; mais il faudra bien prendre garde que mes petites sœurs n'y touchent. Je me plaisais beaucoup dans ce pays-là, où le peuple est plus gai qu'en France, et où l'on m'a conduit au théâtre pour entendre de la bonne musique; mais comme ma cousine, celle qui m'aimait tant et me donnait de si jolies étrennes, allait arriver, on a craint de nous faire trouver ensemble, et nous avons mis à la voile le plus tôt possible. Il paraît que nous ne sommes pas au mieux maintenant avec ma cousine. A Mahon, où je n'ai rien vu de bien curieux, on m'a beaucoup parlé de la bravoure héréditaire dans notre famille; le capitaine surtout faisait notre éloge avec un enthousiasme que je ne saurais te rendre; il s'agissait à ce qu'il paraît d'un fait historique au sujet duquel j'ai demandé vainement des explications.

Sans doute tu auras appris par les papiers que nous avions eu à bord une petite *émeute;* l'amiral te dira que ce n'était rien, mais moi qui ai tout vu et tout entendu, je sais que cela s'annonçait fort mal : on m'a bien vite caché dans les soutes à pain; c'est, comme qui dirait, à bord d'un vaisseau, la cave de Me Dupin.

J'ai ouï dire que mes frères étaient allés en Belgique, pour faire la guerre. Mille sabords! Pardon, ma mère, pour ce juron maritime; si le gouvernement a besoin de mes services, je partirai moi aussi dans la marine. Je veux me battre comme mes frères, et comme eux me couvrir de gloire.

J'aurais bien voulu assister à la distribution des prix du dernier concours; peut-être que M. Montalivet m'aurait fait avoir quelque chose; mais je m'en console en pensant que je puis devenir avant peu un Duguay-Trouin, à ce que me disait hier soir encore mon précepteur, en me couchant.

Adieu, ma chère mère; j'aurai bien du plaisir à te revoir. Ma bonne tante Adélaïde est-elle toujours aussi méchante? j'espère qu'elle me grondera moins souvent maintenant que j'ai voyagé sur mer; en attendant que ton petit Jean-Bart puisse aller t'embrasser, crois-moi toujours ton bon fils,

MARMOUZET DE LA DUNETTE.

Revue de la Semaine.

Différens essais avaient été faits par nous, afin de procurer à ce journal une *impression* satisfaisante sous tous les rapports ; tous ne nous avaient pas également réussi ; nous croyons que dans la livraison de ce jour on remarquera une amélioration sensible. Nous ne voulons rien moins qu'atteindre , s'il est possible , pour ce qui a rapport à cette feuille , le degré de perfectionnement auquel sont parvenus les recueils anglais du même genre; nos efforts tendront constamment à réaliser ce but, et aucun sacrifice ne sera épargné par nous à l'effet de l'obtenir.

— La représentation à laquelle assistaient don Pédro et l'ex-Dey d'Alger avait attiré au théâtre de l'Opéra une affluence considérable; les toilettes étaient fort brillantes; on remarquait particulièrement, au-dessus de la loge occupée par l'ex-empereur du Brésil, une dame dont la mise était des plus simples et par conséquent des plus distinguées ; on a cru reconnaître la belle Mme C... , citée à Bordeaux dans le monde élégant pour sa beauté, et qui depuis dans nos cercles les plus distingués a fixé l'attention avec non moins d'avantage. C'était, depuis les événemens de juillet, la première apparition de cette dame à un théâtre dont on doit croire, qu'à son exemple , nos femmes les plus élégantes , celles à qui toujours et malgré tout il appartiendra de donner le ton, vont peu à peu reprendre enfin le chemin.

— On assure que par suite de l'opposition de mylord Grey , on a dû renoncer au projet de mariage de Mgr. le duc de Nemours avec l'infante dona Maria , et le bruit des salons diplomatiques est que le Dey d'Alger paraît vouloir se mettre sur les rangs pour partager le trône de cette princesse , en obtenant sa main. Le lendemain de l'entrevue de la famille impériale du Brésil avec Hussein-Dey, qui, comme on sait, a eu lieu à l'Opéra où l'on jouait le ballet de *l'Orgie*, on affirme que ce dernier a pris la liberté d'envoyer un *éventail* à la jeune infante, et l'on a supposé que c'était celui dont il s'était servi pour *avaniser* feu M. Deval, consul de France à Alger.

— On a rendu compte aux ambassadeurs étrangers qu'il existait, depuis trois jours, une correspondance très-active, avec un échange de notes diplomatiques continuelles, entre M. Sébastiani et le ministère de la Reine dona Maria. On dit qu'il est question de réclamer l'éventail du Dey d'Alger. Ce serait effectivement une pièce de conviction très-favorable à l'honneur de la monarchie de juillet, afin d'attester la faiblesse du dernier gouvernement, l'impuissance de la dynastie déchue, la vénalité de ses ministres, et surtout la prépondérance usurpée par l'Angleterre sur les volontés et les déterminations politiques du Roi Charles X.

— Suivant une autre version très-accréditée, Hussein-Dey aurait envoyé à M. Sébastiani l'éventail avec lequel il avait frappé notre agent consulaire en Barbarie; M. Sébastiani aurait donné en échange au Dey d'Alger la fameuse balle avec laquelle il a été blessé à la bataille de Wilna : il aurait même eu l'attention de lui en envoyer plusieurs du même calibre afin de le mettre à même de faire un choix.

— Avis a M. Sébastiani. — On lit dans tous les journaux : *Conservation du lait.* — M. Kirchoff, chimiste russe, le même qui a découvert la manière de convertir l'amidon en sucre, a fait sur le lait des expériences desquelles il résulte qu'on peut le conserver pour l'usage pendant un temps indéfini. On fait évaporer du lait nouveau à feu très-doux, etc., etc., etc.

— Nous remarquons, dans le feuilleton du *Cri du Peuple* de Lyon, un article intitulé *l'Anti-Némésis*, on ne peut mieux pensé et mieux écrit, et suivi de strophes qui annoncent dans M. le chevalier Joseph Bard de la Côte-d'Or un talent fort distingué ;

nous regrettons que le court espace de cette feuille ne nous permette pas de reproduire en entier ce feuilleton, non plus que d'autres encore appartenant aux feuilles royalistes des départemens et particulièrement à la *Gazette du Midi*, et qui auraient été lus par les souscripteurs de *la Mode* avec autant d'intérêt que de plaisir.

— C'était une grande et admirable tâche pour un écrivain que de protester avec toute l'énergie de l'indignation et du talent contre cette étrange réhabilitation des hommes de 93, tentée depuis quelque temps, et de venger des lâches atteintes de la calomnie ce que la vertu et le malheur ont de plus noble et de plus touchant. Cette tâche, disons mieux, ce devoir, M. Jules Janin s'est chargé de le remplir dans son *Barnave*. On attend la publication prochaine de cet ouvrage avec la double impatience qu'inspire le talent de l'auteur et le noble but auquel il n'a pas craint de le consacrer. Là, près de ces hommes de sang, dont les honteuses apothéoses ont trop souvent insulté aux souvenirs de la France, et comme pour nous reposer de leur aspect, nous verrons apparaître dans toute sa majesté la belle et imposante figure de cette Marie-Antoinette, de cette femme, de cette reine tombée d'un trône à un échafaud. Il y a peu de jours, en annonçant *Barnave*, un recueil périodique qui ne professe pas nos opinions, la *Revue de Paris*, après avoir cherché à ranger l'auteur parmi les siens, finissait par avouer avec embarras que M. Janin n'était et ne pouvait être qu'un écrivain royaliste. Si pour avoir le droit de puiser aux généreuses et grandes inspirations reproduites dans le livre de M. Janin il faut appartenir au parti royaliste, nous nous félicitons d'être de ce parti; nous plaignons la *Revue de Paris* de ne plus lui appartenir; nous nous réjouissons surtout de ce que peu à peu nous sommes ainsi assurés d'obtenir le concours de tous les hommes d'un talent véritable. Il nous sera permis d'observer ici que depuis quelque temps la faveur du public s'attache surtout aux œuvres des écrivains que notre opinion revendique, et c'est là un fait dont nous devons également nous honorer et nous applaudir. Le livre de M. Janin obtiendra, nous n'en faisons aucun doute, un éclatant succès : heureux l'auteur que toutes les opinions se disputent et que tous les partis voudraient compter dans leurs rangs !

— Colloque entre deux Députés. — M. Thiers est à la tribune : — Bonjour, mon cher collègue ; qu'avez-vous fait hier de votre soirée? où avez-vous dîné? — Comme d'habitude, chez Tabar ; on y est fort bien : carte bien fournie, bonne compagnie, société *bourgeoise*, et.... pas cher ; mais vous? — J'ai dîné chez Pétron, où je me suis vu en pays de connaissance, avec M. Dusaussay, sa *dame* et sa *demoiselle*, qui est tout-à-fait *mignonne;* l'autre jour j'étais allé par curiosité dîner à ce café de Paris, que l'on vante tant, et où je n'ai rien trouvé de ce que je *leur* ai demandé, ni *petit salé aux choux*, *ni pieds de mouton à la poulette, ni raie au beurre noir*........ enfin rien, absolument rien. Mais expliquez-moi d'où vient cette habitude qu'ils ont ici, dans les grands cafés, de mettre leurs vins dans la glace ; est-ce que cela ne lui ôte pas de sa force? — Très-certainement ; mais que voulez-vous? c'est l'usage, et puis cela veut dire que l'on est riche, qu'on est homme de luxe. C'est comme à leur café Tortoni, le matin, j'en ai vraiment des impatiences de les voir arriver là tous, un à un, en voiture, pour y déjeuner comme on ne déjeunerait pas dans des pays à *familles privilégiées;* et le peuple, et tant de pauvres ouvriers qui n'ont pas un morceau de pain à mettre sous la dent! Ah! cela est scandaleux! cela est indigne ! On parle de prétentions nobiliaires, de l'hérédité de la pairie, de l'aristocratie du faubourg Saint-Germain, mais celle du café Tortoni est bien autre chose! — Laissez faire ; j'en causais hier encore avec Odilon-Barrot et Eusèbe Salverte, et nous étions tous les trois du même avis ; nous saurons bien, et très-prochainement, mettre un terme à tous ces abus. Imaginez que mardi dernier j'allai voir le roi ; je revenais de la Salpêtrière, où j'étais allé *faire un tour* dans la soirée ; j'entrai tout simplement, en bottes, et mon parapluie à la main : je le trouvai seul, occupé à prendre son café dans un cabinet où je n'ai pas compté moins de cinquante bougies allumées. Je vous demande un peu, dans un temps comme celui-ci, un cabinet qui n'a pas dix pieds de large éclairé par cinquante bougies! n'est-ce pas révoltant?... Et *c'est les provinces* qui paient tout cela.... (*Historique.*)

— On avait cru pouvoir promettre et publier que la Princesse Louise d'Orléans (Mademoiselle de Chartres) irait présider au couronnement de la Rosière qui devait avoir lieu dimanche dernier dans l'église paroissiale de Surêne, et, comme de coutume, à une heure après midi. On a attendu jusqu'à près de quatre heures, et c'est alors seulement qu'on a fait avertir que la Princesse était indisposée, et qu'elle devait être remplacée par une des Dames-pour-accompagner leurs Altesses Royales.

Les musiciens de la garde nationale ont fait entendre l'air de *la Parisienne* au moment où cette Dame est entrée dans l'église ; autant valait la ritournelle de *la Marseillaise*, et c'est une inconvenance qui ne saurait manquer d'avoir été fort désagréable à une personne aussi parfaitement régulière et d'aussi bonne compagnie que Mme la Marquise de Chantérac. On ne risque rien d'affirmer qu'elle en a été péniblement contrariée.

— Le président du conseil des ministres avait invité le Dey d'Alger à dîner pour vendredi dernier. Un des principaux drogmans de cette altesse africaine est arrivé le jeudi matin au ministère de l'intérieur, en y faisant annoncer qu'il était chargé d'un message important et urgent de la part du Dey. Il a commencé par dire au ministre que son Altesse avait une aversion tout-à-fait insurmontable pour le poisson, imaginant apparemment que parce que MM. Perrier sont les neveux d'un évêque, *constitutionnel* à la vérité, on devait observer chez eux, dans les occasions d'apparat, un décorum religieux dont les fonctionnaires publics ne se relâchent jamais en Barbarie.—Il mangera de la viande, a répondu le président du conseil. — Mais, M. le ministre, mon maître m'a chargé de vous prévenir que sa religion lui interdisait l'usage du porc, et que les viandes piquées, ainsi que les coulis de jambon... — On ne fait jamais de coulis de jambon chez nous, monsieur! mais je ne puis rien vous répondre à tout cela, je suis écrasé d'affaires et je vous prierai de...... — Mais, monsieur le ministre, son Altesse demande si vous permettriez que son roumely-bachy vînt apprêter ses alimens d'usage et de précepte.... — Est-ce que votre maître aurait peur d'être empoisonné chez un ministre du roi des Français? chez un des chefs de la maison Perrier? chez le neveu de l'ancien évêque d'Avignon, propriétaire du château de Visilles où demeurait le connétable de Lesdiguières? — Ce n'est pas là ce qu'il m'a chargé de dire à votre excellence. — Faites-moi le plaisir de passer chez Mme Casimir en lui disant d'arranger les choses de manière à ce que le Dey d'Alger puisse envoyer son cuisinier demain matin. Salut, monsieur, salut.

Cet officier de la sublime régence est arrivé le lendemain dans l'officine de Mme Casimir avec deux malheureuses poules vivantes. Le barbaresque a commencé par plonger ces tristes épouses du chantre du jour dans une chaudière d'eau bouillante (M. Geoffroy Saint-Hilaire a déclaré que c'était à l'effet d'en concentrer les sucs nutritifs, et dans l'intention postérieure de les plumer plus commodément). Il en a fait ensuite une espèce de pilon, mêlé de quelques grains de riz, et voilà tout le dîner du magnifique Hussein-Dey, Emir aimé du Prophète favori d'Allah, et (jadis) Altissime Souverain Premier Esclave de sa Hautesse le Padischah, Père des Croyans, dans les deux Mauritanies Césarienne et Tingitane.

La table était assez bien couverte; mais comme les valets étaient malappris et maladroits, il en est résulté que le dîner a été très-mal servi. Hussein-Dey, qui supposait apparemment que ses convives étaient de hautes notabilités européennes, a commencé par ôter ses lunettes vertes et par en mettre de translucides afin d'y mieux voir; ensuite il s'est fait rendre compte des noms, prénoms, qualités ou professions de tous les assistans. Quand il a su qu'il se trouvait avec messieurs A. B. C. D. Perrier, frères, avec mesdames leurs *épouses* et leurs *demoiselles*, ainsi qu'avec monsieur E. F. dont la grand-mère est une Perrier, et finalement avec messieurs G. H. J. K., dont les femmes sont nées Perrier, le Dey d'Alger a ôté ses lunettes blanches pour remettre ses conserves; ensuite il a compté les grains de son chapelet d'aventurine en disant avec un sérieux extraordinaire, Kourou Bédhoui na-igha. (La famille des chiffres arabes est nombreuse.) Monsieur l'interprète des affaires étrangères, qui se trouvait de la partie, a dit que c'était un proverbe usité dans tout l'Orient, et il a jugé sans inconvénient d'en donner la traduction suivante: *Comme la famille illustre des Perrier est nombreuse, elle en est d'autant mieux comparable aux brillantes étoiles du firmament;* ce que M. Casimir a paru trouver tout naturel et *strictement juste*.

⁂ La Reine de Portugal, des Algarves et d'Outremer, a travaillé pendant une heure, hier vendredi, au château royal de Meudon, avec S. Ex. M. Poupinet-Flutaillaut, marchand de joujoux, et premier ministre de S. M. T. F.

⁂ La petite Reine dona Maria vient de créer l'ordre du *Cerceau-doré*, dont elle a conféré le titre et les insignes à M. le général-comte Sébastiani della Porta.

⁂ La Chambre des Pairs s'assemblera mercredi 31, à deux heures, pour une communication du gouvernement.

(*Moniteur.*)

⁂ On assure que si leur traitement est supprimé, MM. les questeurs de la Chambre se feront quêteurs.

⁂ On a créé en Belgique une commission chargée d'aller dans les caves et les gouttières à la recherche des *héros* qui peuvent encore s'y trouver.

⁂ Dans une ferme des environs de Liége on vient d'extraire un garde civique du sein d'une énorme pièce de lard.

⁂ Les pigeons de Liége, jadis si renommés, viennent d'être dégommés ; ils sont vaincus de vitesse par ceux de la garde civique de Bruxelles.

⁂ M. de Schon... devrait bien *divorcer* avec la tribune.

⁂ « Si j'avais vécu dans ce temps-là, disait l'autre jour M. de Schon... j'aurais fait divorcer Philémon et Baucis. »

⁂ *Avis.* — De Schon..., agent anti-matrimonial, quai d'Orsay, a l'honneur de prévenir le public qu'il s'occupe spécialement de séparations légales et à l'amiable, *divorces* et généralement de tout ce qui concerne son état.

⁂ Le dey d'Alger, zélé partisan de la pluralité des femmes, a fait complimenter M. de Schon....

⁂ La proposition de M. de Schon... est excellente... relativement à la Turquie.

⁂ M. de Schon... se flatte d'obtenir au moins le paradis de Mahomet.

⁂ Le conseil des ministres chante souvent en chœur, avec enthousiasme :

Je suis Français, l'Angleterre avant tout !

⁂ M. Cas. P. est un des plus grands ministres qu'ait eus l'Angleterre.

⁂ L'Angleterre ayant encore besoin de nos troupes en Belgique, la *dignité* de la France exige qu'elles y restent.

⁂ Pair ou non est le jeu à la mode.

⁂ En vente chez tous les marchands de musique : *Doléances d'un fils de pair de France qui ne peut se marier* ; variations sur l'air :

Pourquoi mon papa
M'a-t-il fait comm' ça ?

⁂ Le théâtre de la Gaîté donne depuis quelque temps *les Sœurs de Lait*. M. Sébastiani nous prie d'annoncer qu'il n'est pour rien dans cette pièce.

⁂ Probité ministérielle. — Messieurs, l'abolition de l'hérédité de la pairie sera la source des plus grands malheurs : c'est pourquoi nous avons l'honneur de vous la proposer au nom du roi.

⁂ Le ministre de l'intérieur a traité samedi l'ex-dey d'Alger. Sa Hautesse a fait un dîner de *poules mouillées*.

— On vient d'ouvrir, place de la Bourse, n° 9, et rue Feydeau, n° 13, un Bureau d'abonnement et de correspondance pour tous les journaux de Paris, de la province et de l'étranger. Nous nous faisons un plaisir de recommander ce bureau, dont l'emplacement et l'exactitude dans le service doivent assurer le succès.

— Les longueurs et les difficultés de l'étude du dessin qui arrêtaient l'élève pendant deux ou trois ans, avaient depuis long-temps frappé tous les artistes. C'était à la manière de procéder dans l'enseignement élémentaire de cet art qu'on devait attribuer ces obstacles. On faisait perdre surtout aux enfans un temps précieux en études de détail, au lieu de les appliquer d'abord à retracer l'ensemble des figures qu'ils devaient reproduire. M. Dupuis vient de faire sortir l'enseignement de l'ornière de la vieille routine. Au moyen de la méthode dont il est l'inventeur, les inconvéniens que présentait l'ancien mode d'enseignement disparaissent. L'élève dessine d'abord les grandes masses, puis il descend aux détails; c'est l'effet des sensations de la vue appliquée au dessin. On commence à voir confusément et en gros, puis on distingue les parties. M. Dupuis a voulu, avant d'employer sa méthode dans l'enseignement pratique, la faire juger et apprécier par la Société des méthodes. Un rapport fait à cette société, et approuvé par elle dans la séance de 14 juin dernier, lui rend la justice que mérite l'invention de cet utile procédé.

On doit donc espérer que la méthode Dupuis remplacera bientôt les anciens modes d'enseignement. M. Dupuis est d'ailleurs connu comme peintre; il avait exposé divers tableaux au salon, et entre autres une flagellation du Christ, remarquable par l'expression, la composition et surtout par le coloris.

— Il vient d'être mis en vente, dans la librairie de Mongie, boulevard des Italiens, n° 10, une brochure écrite en langue espagnole, dont le titre est : *Dos palabras al autor del Dardo, por un Espaniol imparcial.* Cette brochure contient plusieurs détails des faits qui se sont passés en Espagne, surtout dans le temps de la fameuse constitution, et les menées et inepties des révolutionnaires espagnols y sont mises au grand jour. Les protecteurs des tentatives infructueuses de ces hommes qui ne cessent jamais de vouloir troubler la tranquillité exemplaire de l'Espagne connaîtront, en lisant cette brochure, à quel pays ils ont affaire, et quelle est la race de leurs protégés. En s'adressant à l'auteur du *Dard* (feuille périodique qui a paru tous les mois depuis le mois d'avril), celui de la brochure que nous annonçons prend la défense de son roi légitime Ferdinand VII, et combat très-victorieusement les calomnies de son antagoniste. Cet opuscule est, du reste, fort remarquable et rempli de choses curieuses. Nous le recommandons aux personnes qui entendent la langue espagnole.

Erratum. — Dans la dernière livraison, en tête du 2e article, au lieu de : 13 février 1830, *lisez :* 13 février 1831.

LA MODE.

La présence de grands personnages (1) avait attiré une foule considérable à l'Opéra vendredi dernier, et les loges offraient des toilettes élégantes, mais pas encore de modes nouvelles.

L'ex-impératrice du Brésil portait une robe de mousseline de laine, bleu suédois, à raies mates et claires, avec une écharpe-mantille en blonde noire, dont les deux bouts étaient réunis sur la poitrine par un coulant en brillans; sa coiffure, très-simple, formait le bandeau sur le front.

La duchesse d'O , qui sait toujours rendre élégante la mise la plus simple, avait une robe d'organdi blanc, sans broderies ni aucun autre ornement, et sa coiffure lisse avait, pour toute parure, un peigne en écaille, à haute galerie sculptée.

De toutes les coiffures en cheveux, qui, au surplus, n'étaient pas très-nombreuses, une seule était ornée de petites fleurs.

Les chapeaux et les capotes formaient la majorité des coiffures des dames. Les uns étaient en paille d'Italie, ornés de plumes et de rubans de gaze d'une nuance assortie à celle de la paille, ou de plumes blanches; les autres étaient en paille de riz doublée en blanc, en bleu, en rose pâle, et ornés de plumes blanches ou de la couleur de l'étoffe qui en doublait la passe; d'autres enfin étaient en gros-de-Naples, et surtout en gros-de-Naples moiré, ayant pour ornemens des plumes ou des nœuds de rubans, ou enfin ces mêmes nœuds au milieu desquels diverses fleurs s'arrondissaient en bouquet.

Nous indiquerons, comme une variation dans la forme habi-

(1) Don Pedro, l'impératrice son épouse, et l'ex-dey d'Alger.

tuelle des capotes, celle que nous avons remarquée dans cette soirée. Le gros-de-Naples rose, dont une capote était recouverte, formait des plis sur la calotte : ordinairement l'étoffe y est tendue. Une blonde, qui semblait servir de lien au bouquet de plumes dont cette capote était ornée, partait de la naissance des plumes, et tombait en éventail sur la forme qu'elle dépassait un peu.

Un chapeau de paille de riz présentait également une disposition non ordinaire. Sa passe avait, sur le bord, un entre-deux de blonde qui retombait en demi-voile sur le devant de ce chapeau, auquel des plumes et rubans bleus servaient d'ornemens.

Nous citerons encore une petite capote de moiré, couleur oiseau-de-paradis, qui attirait les regards par la couleur tranchante de ses rubans. Ceux ci étaient ponceau, et les nœuds qu'ils formaient avaient, chacun au milieu, un bouquet de paquerettes, vulgairement appelées marguerites des champs. Un de ces bouquets se trouvait placé au haut de la forme, et l'autre sur le côté gauche, au-dessus de l'oreille.

Les canezous en tulle ou en mousseline brodée étaient très-nombreux. Les corsages de ces canezous avaient, pour la plupart, des broderies à colonnes formant la gerbe; beaucoup d'autres broderies figuraient des grecques formées par une suite de pois plus ou moins gros.

Un grand nombre de robes étaient blanches, avec un large rempli surmonté d'une broderie. On y voyait également beaucoup de robes en chaly, et nous avons remarqué que les dessins de ces étoffes étaient généralement plus grands, et qu'ils formaient des bouquets détachés.

Les hommes, en habit, avec ou sans poches, ou en redingote noire, avaient, en grande partie, des pantalons blancs et des gilets de satin noir ; les pantalons de couleur et les gilets à fleurs s'y voyaient, mais en petit nombre. Les chapeaux noirs sont repris de plus en plus.

DON PEDRO ET SON FILS.

On ne saurait trouver en France un seul père de famille, il n'existe pas en Europe une seule mère, qui n'aient été profondément révoltés par le froid calcul, la confiance incompréhensible, et, s'il faut le dire en un mot, par *l'inhumanité* sauvage, avec laquelle on a vu Don Pédro abandonner son fils unique, âgé de six ans, au milieu d'une ville enflammée par la sédition, à la merci d'une population révoltée, stupide et féroce! dans un pays où les vengeances révolutionnaires ne sauraient s'arrêter à la destruction des priviléges et la proscription des individus. Le duc de Bragance l'avait si bien compris, qu'il n'a pas cherché d'autre moyen de sauver sa propre vie que dans une prompte fuite!....... On ignore aujourd'hui ce qu'aura pu devenir un malheureux enfant à qui l'on a jeté, pour toute sauve-garde, le titre dérisoire d'*Empereur;* à Rio-Janeiro, grand Dieu! dans un pays où l'on doit s'attendre à voir infailliblement massacrer, non-seulement tous les Européens, mais encore toutes les notabilités indigènes, et tous *les blancs* sans exception! sans autre privilége que celui des raffinemens les plus affreux dans la torture!

Nous n'avons pas oublié les atrocités sanglantes et les monstruosités infernales des nègres de Saint-Domingue! Nous savons à quoi nous en tenir sur les folies déclamatoires ou la mauvaise foi des négrophiles; mais s'il est une réunion d'idées hétérogènes et de folies dangereuses dont un homme sensé ne puisse se rendre compte, et qu'un esprit droit ne puisse s'expliquer, c'est assurément la manie constitutionnelle avec les habitudes despotiques; l'inconséquence dans les actes et l'opiniâtreté dans les idées, les espérances et l'aveuglement révolutionnaires; enfin les prétentions à la philantropie et l'abandon paternel de Don Pedro.

On vient de nous communiquer sur la situation du jeune prince du Brésil un document aussi touchant qu'il est naïf. On a trouvé l'original de la lettre suivante dans une chambre d'auberge, où elle avait été négligemment oubliée avec d'autres papiers non moins importans. Le sujet en est trop grave et trop douloureux pour que nous n'ayons pas cherché tous les moyens d'en reconnaître l'authenticité, et nous pourrions pousser l'exactitude jusqu'à reproduire le texte portugais en regard de la traduction française, en y maintenant les locutions vulgaires et les fautes grammaticales qui se trouvent dans l'original; au surplus, cette lettre restera déposée dans nos mains, et nous sommes prêts à en justifier auprès de tous ceux qui auraient quelque intérêt à vérifier son contenu.

« Mon Seigneur, Empereur et Père,

» C'est le fils de ma fidèle mulâtresse Maria da Cruz qui vous écrit sous ma dictée, par mon commandement, pour vous dire en mon nom ce que vous trouverez dans cette lettre, que je signerai moi-même. A peine votre majesté impériale fut-elle partie que Dom M. Alvarès est venu me dire que je ne vous reverrais plus, et que vous m'aviez laissé votre empire; ce qui a causé tant d'affliction pour moi aux nobles et aux esclaves de mon service, que nos cris en auraient été entendus par les morts dans les cimetières. Ensuite, il est venu deux heures après des hommes inconnus qui m'ont dit des *indignités;* je n'oserai pas dire aussi qu'ils ont maudit mon seigneur en l'injuriant des noms de fils et père dénaturé. Que Dieu leur pardonne! Ensuite Dom Manuel est rentré dans ma chambre sans me donner le salut, ce que ma nourrice et mon frère de lait lui ont reproché comme étant l'action d'un juif et d'un Maure infidèle. Il a blasphémé et j'ai pleuré. Le lendemain Dom M. Alvarès et Dom J. Pereira sont venus me demander pour sortir, mais Maria da Cruz n'a pas voulu me livrer à eux, et j'entendais tout ce qu'ils disaient dans ma salle d'études en se disputant horriblement. Jozé était à genoux auprès de mon lit, qui me consolait et baisait mes pieds, et il avait son poignard à la main pour me défendre. Ensuite Maria da Cruz est rentrée seule et m'a dit: — Prince de mon cœur et mon lait, j'irai avec vous et j'y mourrai si l'on tue mon prince. Ensuite Dom

Manuel et Dom Joaquim sont entrés avec une troupe d'hommes, et j'étais si saisi et attentif à ce que leur disait Maria da Cruz que j'ai oublié les paroles des autres. Ils criaient comme des *Goinoores* en furieuse colère. Ils m'ont mené à pied dans une foule horrible à voir, et puis ils m'ont porté sur un *undaime* (échafaudage ou balcon temporaire , en criant : *vive la liberté et la constitution héroïque!* Ensuite ils m'ont abandonné dans cet endroit avec Maria et mon frère de lait, et nous sommes descendus au milieu de la foule des noirs et autres méchantes espèces d'hommes, et il y avait aussi des femmes; et nous ne pouvions ni marcher ni me reposer, et la nourrice disait : — N'aurez-vous donc point pitié de votre Prince, qu'ils ont enlevé du Palais avant l'heure du réveil et qui n'a rien mangé? et elle pleurait, et plusieurs pleuraient; mais les autres non. Depuis ils ont chassé tous mes serviteurs, excepté Maria da Cruz et Baptista da Paula qui est malade, et ils ont envoyé pour me servir deux négresses avec un *Tapuyo* (Indien sauvage et méchant) qui nous effraie. Jozé s'est caché dans les *forros do teto* (combles du palais) et vient toutes les nuits dormir auprès de mon lit. Il a été blessé d'un coup de poignard , sur la place de l'église royale. On ne nous donne pas le nécessaire, et l'on crie épouvantablement sous les fenêtres du palais à toute heure du jour et de la nuit. Le frère Joao, le franciscain, qui parlait pour moi, a été tué. On a tué padre Clemente qui voulait entrer pour me dire la messe à l'ordinaire. On a tué Joao le *barredor* (valet de garde-robe) et Don Salvador de Silva, mon *Moço du camara*. On a tué aussi Dona Januaria de Silva, de Vasconcellos et de Mello, ce qui m'a fait une peine si noire que j'en pleure encore à présent. Enfin ils ont tué jusqu'à mon chien Comire, que ma Dame, seconde mère et impératrice, m'avait donné et qui m'aimait. Si vous m'abandonnez, je mourrai, mon père. Maria da Cruz dit qu'il est bon de vous avertir que nous sommes en grand danger de mort, et qu'il faut que votre majesté impériale envoie chercher son enfant pour nous arracher à la misère et au meurtre. C'est sans perdre un seul jour. Maria da Cruz a fait un vœu à *Nostra Sinhora* des sept douleurs pour ma délivrance. Elle est allée prier avec supplication le consul de Suède d'écrire en Allemagne à la majesté de l'empereur mon grand père, pour qu'il écoute aussi la voix de la compassion chrétienne et paternelle. Le consul de Suède est très-bon pour nous et pour tous les bons qui sont dans la ville et les terres. Il nous a envoyé du vin d'Europe et beaucoup de pain très-bon. Que Dieu accorde à votre majesté impériale de longs jours!

Don **PÉDRO-JEAN-CHARLES-LÉOPOLD**, etc., de Bragance, Autriche et Bourbon,

votre fils soumis.

A Rio-Janeiro, le jour de la fête de saint Jean et saint Paul, M., en l'année du Christ 1831.

(Il était écrit sur le recto de la deuxième feuille :)

Nous, Don Manoel-Salvador-Sinforozo da Para et Carasco, ancien Tabellion royal de l'audience royale et archevêché de San-Salvador, par ordre et mandement du Sérénissime Infant Don Pedro, Prince impérial, attestons que Son Altesse impériale nous a déclaré que la présente lettre avait été écrite sous la dictée du Sérénissime Infant, par Jozé-Estanislao-Cosca, et qu'elle a été signée de la main de sadite Altesse en notre présence, afin d'être portée à la seigneurie du consul-général, chargé d'affaires de Sa Majesté le Roi de Suède et Norwège, à Rio-Janeiro, pour le faire parvenir en Europe à la Majesté impériale et sacrée de l'Empereur Don Pedro, premier du nom, que Dieu garde! et en quelque lieu de l'ancien monde où se puisse trouver aujourd'hui sadite Majesté. Ce qu'étant requis d'attester, nous avons signé le présent les mêmes jour et an que ci-dessus il est dit, à Rio-Janeiro, après y avoir fait apposer le sceau de nos armes, à défaut de papier au timbre impérial qu'on n'a pu se procurer dans la ville.

Signé Manuel-Salvador do Para.

Et scellé.

A la dernière représentation de l'Opéra, à laquelle assistait Don Pedro, nous eûmes un instant la pensée de lui faire remettre cette lettre qui venait de nous être remise à nous-mêmes ; la crainte de le troubler dans ses plaisirs est ce qui nous a retenu.

Revue de la Semaine.

DIALOGUES

ENTRE DES OISEAUX DE BASSE-COUR, DE RAPINE ET DE PASSAGE.

SUITE (1).

INTERLOCUTEURS.

UN COQUATRE, à qui l'on a confié la haute police et les négociations pécuniaires de la basse-cour.
UN CHAT-HUANT de 93, oiseau de proie s'il en fut jamais!
UN BUTOR, propriétaire exigeant et révolutionnaire indécis.
UN VANNEAU, vaniteux, industriel et irrésolu.
(Ces derniers sont deux Oiseaux de passage qui remplissent l'office de législateurs des Oiseaux.)

(*La scène est dans un grand poulailler dont la plus belle façade ne se trouve pas du côté du perron.*)

SCÈNE PREMIÈRE.

LE COQUATRE.

Chat-huant, mon ami, voulez-vous rendre un service au roi des Oiseaux?

LE CHAT-HUANT.

Hélas! ce n'est pas un Phénix! ce n'est pas non plus un Aigle, et ce n'est pas même un Vautour! Ce pourrait bien n'être tout simplement qu'une Buse avide.

(1) Voir les livraisons des 9 et 16 juillet

LE COQUATRE.

Voulez-vous lui prouver encore une fois la sincérité de votre dévouement?

LE CHAT-HUANT.

Ma position dans la curée n'est pas assez copieuse.

LE COQUATRE.

Patience! — Attendez donc la fin des chasses et les joies du partage! — Comment voulez-vous que nous puissions rassasier et gorger tous nos Faucons, lorsque la caverne royale est encore si mal pourvue?... Vous êtes des Oiseaux déraisonnables, vous autres Becs-retords! — Ah! parlez-moi des Dindons du centre! on en fait tout ce qu'on veut en leur parlant seulement de la famine ou de la loi du *maximum;* on est sûr de les effrayer en faisant crier *vive Lafayette!* par une demi-douzaine de Canaries; et nous en obtenons des merveilles en leur montrant un couteau des *Vendanges de Bourgogne*, ne fût-ce que par le manche. — Mais revenons à notre affaire: ouvrez-vous à moi sur les nécessités du moment; parlez avec une sincérité pleine de confiance, mais parlez avec modération. — Vous connaissez les sympathies et la bonne volonté du souverain, mais vous connaissez son économie naturelle et son peu de ressources.....

LE CHAT-HUANT (*avec dignité*).

Général, j'ai la confiance d'avoir mérité des encouragemens, et quelques dédommagemens peut-être; ainsi je n'hésiterai pas à profiter de la justice de l'administration présente. Je voudrais obtenir, et je crois avoir le droit d'espérer:

1° Le droit de collecte dans tous les nids de la ville de Paris et de la banlieue.

2° Celui de chasse à l'affût des insectes nuisibles dans les jardins de Conflans, de Trianon, du Sacré-Cœur (et de Bagatelle par dessus le marché).

3° La récolte sur pied de tous les Plantains et les Mourons dans le département de la Seine. — Vous comprenez bien que je n'en voudrais pas manger, mais j'en userai pour secourir les Oiseaux malheureux, et pour entretenir le feu sacré du patriotisme parmi les Geais, les Corbeaux échappés de leurs cages, et les vieilles Pies tombées dans l'infortune.

4° Le privilége exclusif de la chasse au vol dans le jardin, les cours et les galeries du palais Égalité, attendu qu'il s'y trouve encore des Pinsons carlistes et des Faisans-Dorés qui s'y promènent effrontément comme si de rien n'était.

5° Un logement spacieux, commode et sain, entre les deux pavillons du palais national des Tuileries, au rez-de-chaussée du côté du jardin, et, s'il est possible, dans l'emplacement où Bonaparte avait établi la chapelle qui n'existe plus.

Je vous avouerai que je commence à m'ennuyer après quarante ans d'allées, de venues, de fatigues et de services ultrà-révolutionnaires; je commence à m'ennuyer, vous dirai-je, d'aller percher au sommet de la tour Saint-Jacques-de-la-Boucherie.— Nous devenons vieux, mon compère; on ne sait pas ce qui peut arriver de la révolution qui s'est opérée en juillet. J'en ai vu qui valaient mieux et qui finissaient mal! et, décidément, je ne veux pas mourir sans avoir goûté les douceurs de l'opulence et de la vengeance!

LE COQUATRE.

Aux Tuileries?... mais vous n'y pensez pas, mon ami! C'est un endroit qui n'est pas logeable, et les plafonds vous tomberaient sur la tête. — En outre vous y seriez logé à l'exposition du *couchant*, et vous avez dû voir dans *le Moniteur* que c'était la chose du monde la plus désagréable pour les Oiseaux de proie... — On pourrait, au lieu de cela, vous donner un logement à votre choix dans l'archevêché de Paris...

LE CHAT-HUANT (*à qui ses yeux flamboyans sortent de la tête*).

Loger à l'archevêché? — Moi!... — L'archevêché sera démoli malgré vous!... Souvenez-vous de ce que vous m'avez dit il y a six mois!....

LE COQUATRE (*avec un accent embarrassé qui trahit une arrière-pensée*).

Calmez-vous donc, et soyez convaincu de la sincérité de nos promesses! il ne sera pas laissé pierre sur pierre de cette exécrable enceinte! — Mais vous savez que c'est un bâtiment solide; vous savez que de pareilles démolitions ne sauraient avoir lieu sans bourse délier; enfin vous savez que l'argent est rare! — C'était un pis-aller provisoire, en attendant mieux, que j'avais compté vous offrir.... Mais, du reste, nous allons chercher ensemble un autre dédommagement qui puisse vous satisfaire, et, par exemple, on pourrait tâcher de vous faire obtenir la décoration de juillet.

LE CHAT-HUANT.

Allons donc, compère! allons donc! — Je ne dis pas que si vous aviez eu la justice et le bon esprit de vous en tenir à la première liste des Coqs du mouvement, la proposition ne m'aurait pas fait honneur et plaisir; mais grâce à quelque nouveau tripotage insidieux de vos doctrinaires, on a tout-à-fait dénaturé l'institution primitive, et vous avez fini par conférer la décoration glorieuse du Coq à trois mille deux cent quarante-quatre Poulets, Poussins, Pigeons et Pigeonnaux du juste-milieu! — Ne parlez jamais du Coq de juillet, Général Coquâtre! — N'en parlez pas!

L'OISEAU DOMESTIQUE (*avec un ton d'égards et d'obligeance incomparables*).

Vous savez, cher et parfait ami, combien nous désirons vous satisfaire!

Voulez-vous deux épaulettes pour votre gendre l'avocat? C'est un Perroquet très-valeureux, et ce seront deux insignes admirablement bien portés!

Voulez-vous une pension littéraire pour votre fils aîné le Hibou qui est officier dans les pompiers?

Voudriez-vous une préfecture pour votre neveu l'Épervier, celui qui vient d'arriver du bagne de Toulon?

Auriez-vous envie d'un évêché pour votre ami le vieux Corbeau de l'église constitutionnelle de Carpentras? — C'est à condition pourtant qu'il pourra montrer l'extrait mortuaire de sa femme, et qu'il abandonnera le comptoir de sa boutique. — Le mariage et la profession d'épicier, voyez-vous, c'est très-bien pour un évêque *de la Constituante;* mais il est indispensable pour nous de composer avec la résistance et les préjugés de la multitude, et vous oubliez toujours, vous autres hérauts du progrès et du mouvement, qu'il y a parmi les Oiseaux français trente millions sept cent soixante-seize mille sujets catholiques, apostoliques et romains, sans compter les ultramontains et les capucins de Marseille.

LE CHAT-HUANT.

Français!... — Sujets!... — Catholiques!....

(*L'oiseau de 93 a proféré ces trois mots avec un tel emportement qu'il s'en est mordu la langue.*)

LE COQUATRE.

Mon bon ami, ne vous emportez pas. C'est à vous que je veux m'en rapporter pour les conditions du traité que je vous propose. Que voulez-vous? — Voyez, décidez et parlez.

LE CHAT-HUANT (*d'un air aigre-doux*).

Vos dispositions obligeantes doivent encourager ma confiance, et je vais y répondre avec toute la candeur, le désintéressement et la simplicité d'un Oiseau républicain.

Vous savez sûrement que les Cormorans des États-Unis vont obtenir à titre de *restitution* 25 millions de gerbes de maïs qui valent à peuprès 99 centimes la pièce.

LE COQUATRE (*embarrassé*).

Je crois avoir entendu parler de.... quelque chose comme ça.

LE CHAT-HUANT.

Vous n'ignorez pas non plus que sous le régime de l'Aigle, et, plus tard, sous celui du Fin-Merle, et même sous le régime un peu désordonné des Phénix de la défection, ces Cormorans américains n'avaient jamais ni prétendu, ni réclamé, ni poursuivi que la moitié des 25 millions que vous leur accordez aujourd'hui?

LE COQUATRE.

On a fait, au sujet de cette opération financière, une ou deux objections spécieuses auxquelles on a répondu par des observations politiques qui ne me sont pas restées bien présentes à l'esprit, mais qui m'avaient paru très satisfaisantes, et c'est tout ce que je me rappelle aujourd'hui.....

L'OISEAU DE RAPINE (*avec un ton qui participe à la fois du despotisme et de la dérision*).

Je vous dirai tout naturellement que je ne serais pas fâché d'obtenir, sur la récolte de ces animaux d'outre-mer, un tribut de partage honnête, c'est-à-dire environ deux cent mille gerbes.... Et je vous prierai de faire en sorte que ce soit en argent plutôt qu'en nature, afin d'éviter ce que vous savez.

LE COQUATRE.

Hélas! mon digne ami, vous arrivez trop tard! Il ne reste plus à glaner que deux à trois mille épis de millet qu'on avait laissés de côté pour la prompte exécution, les faux-frais, les appoints, etc. Vous savez ce que dit le proverbe d'Anjou : *La grand'bande fait les Étourneaux maigres.* — Vous en contenteriez-vous de ces deux mille épis de millet? — Voulez-vous les accepter à titre d'indemnité patriotique?... — Allons, soyons noblement désintéressés. — Vous y consentez, n'est-il pas vrai? (*Il l'embrasse.*) — Mon cher ami, notre alliance avec un individu de votre caractère et de votre capacité me rend bien heureux! — Je vais aller protester de votre dévouement et de votre fidélité pour l'Oiseau qui nous régit. (*Il ajoute avec un air de jubilation triomphante:*) Allez travailler auprès de vos collègues de la grande volière pour la consolidation de notre système forestier! (*Il sort en fredonnant la ritournelle de* la Parisienne.)

LE CHAT-HUANT (*seul*).

Chantez : — En avant, marchez! — et comptez sur mon vote, imbécilles! — O les Bondrées et les Pingouins! Comparez donc ces animaux confians et stupides à nos habiles et vigoureux Oiseaux du Mouvement et du Progrès! « La perfidie est noble envers la tyrannie », a dit le patriarche de la philosophie moderne; et si le piége est assez grossier pour être indigne de nous, il est bien digne de la Buse et du Coquâtre qui nous l'ont tendu!

Insecte usurpateur du nom de Majesté (1)!

(Murmure le Conventionnel en jetant sur un buste de marbre un de ses regards les plus obliques et les plus farouches.) *Il se dirige en sortant vers la Chambre des députés des Oiseaux.*

SCÈNE DEUXIÈME.

(*La suite aux prochaines livraisons.*)

— L'invention des fleurs en *pains à cacheter* s'est prodigieusement perfectionnée. On en compose aujourd'hui qui imitent jusqu'à des touffes d'*Hortensia* roses et de *Boules-de-Neige* blanches, sans parler ici des *Fleurs de la passion* et généralement de toutes celles des familles botaniques *Rosacées*, *Labiées*, *Papillonnacées* et *Crucifères*. On y ajoute présentement des feuillages assortis à chacune de ces fleurs auxquels on donne peu de volume, afin qu'ils soient plus solides; et qu'on a soin de confectionner en papier-carton de différentes nuances, judicieusement assortis avec la plante. On ne se borne plus à former avec ces fleurs de petites couronnes pour les placer au-dessous des bobèches de cristal qui surmontent les bougeoirs et les flambeaux, on en compose de brillantes guirlandes pour suspendre aux branches des lustres et des girandoles de table ou de salon. Un de leurs emplois les plus ingénieux et les plus agréables, c'est d'en orner des *cachepots* en les y disposant soit en semis irrégulier, soit en guirlandes qui s'amincissent à leurs extrémités et qu'on a soin de placer en biais et en tournant sur la panse du vase, qu'il faut choisir de préférence

(1) Vers du poète Lebrun, le Pindare de 93.

en couleur claire et de nuance indécise. On ne saurait se faire une idée de la parfaite solidité de ces compositions quand elles sont faites avec soin ; la poussière et le soleil ne pouvant les endommager, et n'ayant presque rien à craindre des *houssoirs* à moins d'une brutalité sans exemple ou d'une malveillance coupable. Tous les papetiers de Paris fournissent non-seulement des *pains* de toutes les nuances, avec les étamines, les capsules, les pistils, les feuilles et les tiges nécessaires, mais encore des modèles échelonnés sur les différens degrés d'avancement dans la composition de ces fleurs, ce qui met à même d'y réussir avec autant de facilité que de perfection. On cite un arrière-cabinet de Mll Flora M..... comme un archétype du genre. Les parois de cette petite pièce sont ornées de guirlandes en fleurs variées ; une niche ceintrée contient une jolie statue de Sainte Flore, en marbre de Carrare, et tout l'intérieur de cette niche est couvert d'un semis nombreux et serré de toutes sortes de fleurs, appliquées sur un fond de stuc vert. Il est impossible de se figurer l'élégance religieuse et la grâce naïve d'un pareil ajustement, qui paraît être provenu de la sculpture la plus savante et la plus délicatement soignée.

— Un des plus honorables journaux de la révolution de juillet, que M. Casimir Périer appelle une révolution *très-morale*, un des principaux organes de l'ancienne opposition, *le Courrier Français* enfin, vient de recommander à son *public*, dans le n° du 3 septembre, la lecture et l'acquisition des ouvrages suivans. Il commence par annoncer la réimpression d'une ancienne, indigne et misérable rapsodie intitulée :

CRIMES DES PAPES, depuis saint Pierre jusqu'à Pie VI, *par un député à la Convention nationale*, avec un supplément contenant l'assassinat de Basseville et du général Duphot.

C'est là une recommandation qui n'a rien de bien surprenant de la part d'un journal calviniste, et nous nous joignons à lui pour avertir que le prix du *supplément* en question n'est que de *cinq sous;* mais poursuivons la liste des ouvrages ainsi annoncés au public par le journal de la *société biblique*.

LE SIÉGE DU PARADIS, macédoine infernalico-diabolico comique, par Félix Becker, ouvrier menuisier.

LES SANGSUES DU PEUPLE, depuis le commencement de la monarchie jusqu'à Polignac et Peyronnet.

CRIMES DES ROIS DE FRANCE, depuis le commencement de la monarchie jusques et y compris Charles X.

CRIMES DES REINES DE FRANCE, depuis le commencement de la monarchie jusques et y compris Marie-Antoinette.

HISTOIRE DU GÉNÉRAL LAFAYETTE, dédiée à la garde nationale. Prix, 50 c.

L'ART DE ......, *contenant ..... de province, de ménage, de maîtres d'armes, de demoiselles, de petites filles, de femmes mariées, de bourgeoises, de bergères, de vieilles, de boulangères, de paysannes*, etc., etc., etc.

Sans être embarrassé par aucune idée de respect envers lui-même, de considération pour ses lecteurs, ni de politesse à l'égard de ses lectrices, *le Courrier Français*, qui dit les choses *en toutes lettres*, a soin de faire observer que la publication de ces mêmes ouvrages était interdite sous le *gouvernement déchu*. Voilà qui témoigne assez quelle était l'oppression tyrannique où nous vivions avant le régime des barricades, et ce qui justifie pleinement le système d'opposition qu'avait embrassé l'estimable feuille à qui nous devons une publication si utile au *progrès* et si favorable pour le *mouvement!* C'est uniquement des intelligences et du mouvement des esprits dont nous entendons parler : nous prions MM. les rédacteurs du *Courrier Français* de ne pas s'y méprendre, et de ne pas supposer que la *Mode* voulût faire des plaisanteries d'aussi mauvais goût que leurs annonces.

— L'HOMME DE LA MODE ET L'HOMME DE MÉNAGE. — Un de nos abonnés avait un *compte à régler* avec un homme du Palais-Royal, et, soit dit en passant, il en a reçu des réponses tout-à-fait satisfaisantes. En circulant dans une quantité de petits corridors et de couloirs du côté de la cour des Fontaines, il a rencontré un domestique en petite livrée qui portait un *vase*... (lequel, heureusement! paraissait *tout neuf*.) — Où portez-vous cela? lui a-t-on demandé d'une voix forte et sévère. — C'est pour le numéro 18..., a répondu le valet de garde-robe avec un air craintif. — Alors il faut que vous ayez cassé l'autre! car je m'étais assuré par moi-même qu'on en avait mis partout!... Tout ce que l'on casse ici est une chose épouvantable!...

Ce rôdeur économique était LE MAÎTRE de la maison qui n'avait pas encore apperçu notre abonné, auquel il a fait, en passant, la salutation la plus bienveillante et la plus aimable.

— A présent il n'y a plus moyen de ne pas croire aux revenans : c'est à terrasser les plus incrédules. Venez tous, esprits forts qui osez nier l'existence des apparitions, des fantômes, des farfadets. En voilà une preuve convaincante, irrésistible, irrécusable. Le fait a eu lieu dans Paris; il a eu lieu ces jours-ci : toute la capitale en a eu connaissance, et nous-mêmes nous l'affirmons comme témoins oculaires. Vous savez bien la Chambre des pairs, cette vieille exténuée se traînant sur deux béquilles avec une robe de brocard fripée; tout le monde la connaissait comme on connaît Chodruc-Duclos : cette vieille, elle est morte dernièrement dans sa maison du Luxembourg, au vu et su de chacun. *La Mode* annonça officiellement son décès; elle donna d'avance le programme du convoi et de la cérémonie funèbre dans les plus grands détails. Ainsi que nous en avions averti le public, le corps fut transporté et exposé dans nos bureaux; nous suivîmes le corbillard au cimetière Montmartre; nous assistâmes à l'enterrement et à l'inhumation; nous vîmes le cercueil descendu dans la fosse, recouvert de terre, fermé, scellé, plombé; l'assistance se retira, la cérémonie bien et dûment terminée; puis durant quinze jours il ne fut plus question de la défunte. Ce n'était plus qu'un nom, une idée, un souvenir déjà presque effacé; et voilà que soudain un bruit étrange, inoui, est venu jusqu'à nous. On avait revu la Chambre des pairs en personne dans sa demeure ordinaire; les habitans du quartier l'attestaient; ils avaient inutilement recouru à toutes les formules d'exorcisme: l'alarme était au comble. Il fallait vérifier ou démentir un bruit aussi incroyable; nous courûmes; nous passâmes les ponts; nous découvrîmes de loin le palais du Luxembourg : nous nous présentâmes à ses portes. Nous l'avouons, ce ne fut pas sans une sorte de crainte superstitieuse que nous franchîmes ces arceaux funèbres ; enfin nous parvînmes jusqu'à la salle où de son vivant l'aggrégation d'individus constituant la Chambre des pairs se réunissait en assemblée ; et là nous l'avons vu, de nos propres yeux vu ; le fait est bien vrai. Une cinquantaine de fantômes, assis sur des banquettes, tenaient séance ou plutôt sabbat ; car les faits et gestes des transfuges de l'autre monde ressortent nécessairement du domaine infernal. Une odeur cadavéreuse s'en exhalait. Ces fantômes étaient, comme durant leur vie, affublés chacun d'un manteau, et il n'était pas jusqu'aux drapeaux jaunes et noirs qui avaient figuré à l'enterrement, et qui se retrouvaient encore à leur place. La réunion fantastique avait un président, des secrétaires ; elle murmurait les mots de *communication du gouvernement*, de *formation de bureaux*, de *commission des pétitions*. Parmi ces pétitions nous en remarquâmes deux plus particulièrement étranges : l'une était du fils d'un pair mort depuis peu, et qui demandait à se revêtir de la défroque paternelle ; l'autre était adressée par un pair que certains inconvéniens judiciaires empêchaient de siéger sur le velours qui fut successivement orné d'abeilles, de fleurs de lis et de coqs gaulois ; il voulait à toute force rejoindre ses confrères morts. C'était vraiment chose inouie que la fantaisie de ces deux vivans qui réclamaient à cor et à cris leur part de sépulcre et leur petit coin de cercueil ; qui demandaient la mort comme d'autres demanderaient la vie, et n'avaient pas assez de patience pour attendre paisiblement le moment fatal. Après avoir pris en considération ces deux demandes extraordinaires, la défunte assemblée a continué gravement sa séance ; elle s'est haranguée ; elle s'est applaudie, puis elle s'est tout à coup dissipée : elle a disparu comme une ombre. Examen fait de l'état du tombeau et du cimetière, aucun changement n'a été observé ; cependant les voisins du Luxembourg redoutent de nouvelles apparitions, et déjà toutes les portes se garnissent du fatal écriteau. On s'empresse de déménager, car il n'est pas agréable d'habiter un lieu hanté par les transfuges de l'autre monde. Rapport a été fait à très-puissante dame la Chambre des députés, en sa qualité de sœur de la défunte et de préposée à l'ensevelissement. Après maintes discussions, comme à défaut de l'*assurance* du fait elle en a du moins acquis la *certitude*, elle a nommé une commission chargée de veiller provisoirement autour du tombeau. M. Dupin en sera président, vu que tout ce qui regarde le Paris *souterrain* rentre naturellement dans ses attributions. Dans le cas où quelque trépassé viendrait à surgir de son sépulcre, le sauveur de la France a proposé à ses collègues de prendre sur-le-champ le *mort aux dents*.

— Je connaissais un homme qui n'avait jamais à la bouche que ces mots: « La probité, la probité; moi je ne connais que la probité. Mieux vaut mourir cent fois que de manquer à la probité. » Mon homme est maintenant au bagne de Toulon. « La légalité, la légalité, dit sans cesse le juste milieu; je ne connais, je ne veux que la légalité. Plutôt mourir que d'estropier cette bienheureuse légalité. » Le juste milieu est absolument comme mon galérien. Je suis fâché pour lui de la comparaison; et, au fait, je voudrais bien savoir si les visites domiciliaires, non discontinuées depuis les ordres Montalivet, font précisément partie de cette légalité. Celui-ci m'obligerait beaucoup qui me prouverait que les coups de fusil, tirés d'emblée sur quelques paysans sans autre avertissement préalable que le feu de l'amorce, sont aussi dans la ligne de cette légalité; et, pour ne citer qu'un exemple de cette nouvelle inquisition, trois visites domiciliaires viennent d'avoir lieu coup sur coup à Beaucaire dans la maison de M. le colonel de Pillet; une à sa maison de campagne, une autre dans sa maison de ville, une troisième dans une île du Rhône qui lui appartient. Un peu plus, les visiteurs fussent allés fouiller le lit du fleuve pour y trouver des cartouches; car ils cherchaient de la poudre et des armes dans une île qui est couverte, à l'époque des inondations, de trois pieds d'eau pour le moins. Quant aux fusillades de la légalité, rien qu'un exemple encore. Trois réfractaires, ou du moins présumés tels (et cela suffit), trois prétendus réfractaires étaient donc paisiblement assis dans un champ, près du village du Gros-Châtaignier, dans l'Anjou. Passent cinq soldats; cinq coups de fusil partent : c'est un nouveau genre de salut. Ordinairement, à la guerre, on ne se tue pas avant de s'être assuré qu'on a bien affaire à un ennemi ; en France, la légalité ne veut pas que des concitoyens se reconnaissent avant de s'exterminer! Quelle douce chose que la légalité du juste milieu!

— On écrit d'Aix, le 29 août.

« L'affaire des individus de Tarascon, accusés d'avoir pris part aux massacres commis dans cette ville, et qui après avoir planté l'arbre de la liberté avaient refusé d'obéir aux ordres de l'autorité, a été jugée ce matin. Tous les prévenus ont été acquittés. »

— On lit dans la *Gazette des Tribunaux* :

« Les nommés Blanchard, cultivateur, Bertomé, tisserand, et Jannot, journalier, ont comparus devant la Cour d'assises de la Vendée, comme accusés d'excitation à la guerre civile ; tous les trois ont été condamnés à mort. »

— Encore une émeute! Aux armes! aux armes! La république, qui depuis long-temps se tenait coi dans son domicile, vient de surgir avec son bonnet rouge plus menaçante que jamais! Elle marche sur le Palais-Royal, avide de sang et de carnage, à moins pourtant que ce ne soit une insurrection de *carlistes*, autre classe d'êtres non moins féroces. Aux armes! aux armes! — Et voilà le juste milieu tout en émoi. Il est écrit là haut qu'il ne sera jamais au bout de ses tribulations, que l'émeute ne le laissera jamais en repos! Maudite émeute! après quelques semaines de trêve, la voilà qui reparaît plus terrible que jamais. Et les aides-de-camp de courir, le tambour de rouler! Le danger approche : pour l'instant l'émeute est rue du Cadran... Courons!... La voilà!... Prodige étonnant! ce sont des femmes! Protée insaisissable, cette fois l'émeute a déposé l'œillet rouge, le chapeau gris et les moustaches républicaines, pour une cornette et un jupon ; elle se promène en cotillon de futaine, tout en glapissant *la Parisienne* et *la Marseillaise!* C'est une variété de l'espèce, une nouveauté qui rompt la monotonie du service; il s'agit de briser des machines, des métiers à la mécanique, et les fileuses du quartier se sont attroupées; mais le juste milieu ne veut pas en avoir le démenti: il s'est dérangé, et il lui faut une victoire parisienne pour servir de pendant aux victoires de Lisbonne et de Bruxelles: l'ennemi est digne de sa vaillance. En avant donc, les commissaires! baïonnettes en avant! la cavalerie au trot! vite, M. le maréchal Mouton, vos pompes en batterie! Gloire au juste milieu! la victoire lui est restée; son triomphe est complet; il a emporté pour trophées deux bonnets de femmes qui se marieront agréablement avec les drapeaux de M. de Sémonville.

Messieurs les journaux ministériels, pour demain l'article obligé! *Les éternels fauteurs de troubles ont encore osé lever la tête... Les carlistes qui s'agitent dans l'ombre.... La force du gouvernement et la vigueur de ses mesures....* En effet, nous avons entendu d'honnêtes libéraux attribuer tout d'abord l'émeute féminine aux partisans de la *dynastie déchue.* Quant à moi je n'en serais nullement surpris; ces carlistes ont le diable au corps! Qui sait *si des officiers de l'ex-garde royale*, des *ex-gardes du corps*, ne s'étaient pas affublés du bavolet et du tablier d'indienne pour diriger et salarier l'émeute en faisant la petite voix? On assure même que plusieurs anciens grenadiers Suisses ont été reconnus déguisés en jeunes ouvrières. Ce sera le sujet d'un épisode fort intéressant dans la prochaine conspiration de M. Persil, et nous recommandons vivement ce nouvel et odieux artifice à l'éloquence de messieurs les substituts de Paris et de la province.

— On lit dans *le Patriote du Puy-de-Dôme.*

..... « Ceci nous prouve que nous avons affaire non plus aux
» partisans de Charles X, mais à ceux d'Henri V, mais aux fi-
» dèles sujets de la régente; ce qui est bien plus fort, parce que
» cela est moins absurde : c'est dans ce sens qu'est rédigée *la*
» *Mode*, le meilleur journal du parti, et le mieux fait peut-être
» de tous les journaux de la capitale :..... nous avons donc affaire

» aux jeunes, aux forts, aux plus éclairés de la faction : ce n'est » pas par le nombre que nos ennemis sont redoutables; c'est par » l'habilité, la richesse, et surtout l'union : »

Nous ignorions qu'un journal se fût exprimé d'une manière aussi singulièrement laudative à notre égard, et c'est par *le Globe* que nous l'avons appris : les réflexions que fait *le Globe* à cette occasion n'étaient nullement necessaires pour nous amener à comprendre que de semblables éloges ne pouvaient pas nous être applicables : le parti royaliste, qu'une indifférence bien déplorable à notre avis, avait fait ne pas redouter assez les effets de la presse, se sert aujourd'hui d'une arme dont l'emploi qui en a été fait contre ce parti lui a révélé la force ; si la presse a été toute puissante contre les hommes du parti royaliste, gens de loyauté, de probité et d'honneur, elle le sera, elle ne peut manquer de l'être contre les hommes du parti adverse, gens d'improbité et d'intrigue, ou d'aveuglement pour la plupart : il y avait ici une tâche à remplir dont nous avons voulu accomplir notre portion ; dans un genre que nos adversaires n'avaient pas négligé, qui leur a été bon, et que la gravité des journaux royalistes de Paris et des départemens ne leur permettait pas d'aborder, nous avons cru qu'il nous serait possible de nous produire avec quelque utilité; mais nous ne pouvions avoir la pensée d'établir une rivalité avec aucun de ces honorables journaux, nous combattons autrement qu'eux, mais à côté d'eux ; nous ne voulons que marcher sur leurs traces ; nous sommes forts de leur encouragement et de leur appui ; que si dans le langage de cette feuille, dans l'expression de nos vœux, on a pu remarquer parfois moins d'indécision qu'il n'a été possible d'en rencontrer ailleurs, on aura compris aisément que cette feuille était l'œuvre de quelques jeunes gens entièrement étrangers au passé, étrangers surtout à ses hommes et qui ne sauraient être responsables de leurs fautes, les représentans en un mot de tout ce qu'il y a de jeune dans ce parti royaliste dont les destinées ont pu être remises un instant aux mains d'un enfant, et qui n'attendant et ne veulant rien que de l'avenir, l'appellent de leurs vœux et de leurs efforts, et croient travailler bien moins encore au triomphe d'une cause qu'à ce qui doit et peut seulement assurer, suivant eux, le bonheur de la patrie.

—C'est parce que le pouvoir comprend tout ce qu'il y a de fort et de menaçant contre lui dans cette organisation de la presse royaliste sur tous les points de la France, qu'il ne cesse pas de la poursuivre, et que partout il sévit contre elle : ce n'est rien dans un temps de tolérance et de liberté que quelques mois, qu'une année ou deux de prison; un homme se remplace par un autre homme, et le moyen pour contraindre au silence est insuffisant et mauvais ; mais l'amende! l'inévitable et ruineuse amende, cette autre confiscation digne de l'ancienne et qui lui a survécu; à la bonne heure! qu'on ne s'en fasse pas faute! si l'argent leur manque, alors et malgré tous nous aurons raison et il faudra bien qu'ils se taisent! c'est au parti royaliste à comprendre qu'à lui seul il appartient de se conserver les feuilles qui sont l'expression de ses vœux et la sauve-garde de ses droits, en leur prêtant tout son appui. Certes, s'il était dit que pas une condamnation n'a été prononcée contre les organes d'un parti, sans que celui-ci n'ait voulu en supporter le poids avec eux, il y aurait *pour ce parti en France* du respect et de l'honneur! *La Gazette du Midi* fait aujourd'hui un appel à tous les royalistes de France; pour s'être exprimée dans les circonstances les plus difficiles avec une franchise et un courage dont elle devra toujours s'honorer, elle est à la veille de succomber sous le poids des condamnations prononcées contre elle : nous nous félicitons de ce que le succès si rapidement et si généralement obtenu par le recueil que nous rédigeons nous met à même de répondre des premiers à cet appel, et nous nous adressons aujourd'hui même au rédacteur gérant de la *Gazette du Midi* en le priant de vouloir bien nous comprendre pour une somme de deux cents francs au nombre de ses souscripteurs; nous recevrons au bureau de *la Mode* les souscriptions qui lui seraient également destinées, et nous nous empresserons de lui en faire parvenir successivement le montant.

⁂ Le dey d'Alger se plaint d'avoir été *mal traité* par M. Cas. P.

⁂ Le dey d'Alger prétend qu'il n'est pas venu à Paris pour être ainsi *restauré.*

⁂ La reine dona Maria s'occupe toute la journée de la confection de petits bateaux de papier destinés à un débarquement en Portugal.

⁂ On voit chez Alphonse Giroux des poupées habillées en Jean-Bart d'un goût tout particulier.

⁂ On assure qu'un Duguay-Trouin de douze ans doit prendre le commandement de la flotte de dona Maria aussitôt qu'il aura fini sa sixième.

⁂ Deux nouveaux jeux innocens à l'usage des enfans ont un grand succès dans certains salons ; on les appelle *le jeu du soldat* et *le jeu du marin.*

⁂ Les fils de pair de France ont prié le directeur du Gymnase de ne plus jouer *l'Héritière*, à cause des allusions.

⁂ M. Williaume lui-même ne parviendrait pas à présent à marier un fils de pair de France.

⁂ M. de Schon... est la pomme de discorde des ménages.

⁂ La Comédie-Française va supprimer l'emploi des pères nobles.

⁂ La populace a voulu pendre un boulanger qui se servait de faux poids, que réserve-t-elle aux gens qui ne prennent que de fausses mesures ?

⁂ M. Thiers est une belle petite histoire personnifiée.

⁂ La petite reine dona Maria a pris le petit M. Thiers à son service afin de lui faire de petits contes et de lui conter de petites histoires.

⁂ On assure que M. Thiers ne se présentera plus à la Chambre que monté sur des échasses.

⁂ Plusieurs graves fonctionnaires trouvent fort mauvais qu'on s'occupe d'eux tandis qu'ils ne s'occupent de personne.

⁂ Quelqu'un voudrait-il me faire le plaisir de me dire ce que sont devenus les héros belges pendant la campagne des Hollandais ?

⁂ Les femmes insurgées de la rue du Cadran voulaient briser une machine anglaise : on a craint un instant pour le gouvernement.

⁂ L'émeute de la rue du Cadran leur a fait passer un mauvais quart d'heure.

⁂ Lundi, aux courses du Champ-de-Mars, plusieurs gardes civiques de Bruxelles, de Liége et de Louvain, ont concouru avec les chevaux de lord Seymour.

⁂ On demandait au dey d'Alger, lors de sa visite au Palais-Royal, ce qui, de tant de merveilles, lui paraissait le plus extraordinaire ? Il n'a pas répondu : C'est de m'y voir !

LA MODE.

Mme Pasta, Lablache et Rubini avaient attiré la foule à l'ouverture du Théâtre-Italien, et rempli les loges d'un grand nombre de femmes élégantes. On y remarquait beaucoup de coiffures en cheveux, pour la plupart très-simples ; quelques-unes cependant étaient ornées d'un bouquet formé d'une grosse rose entourée de petites fleurs, et placé sur le côté gauche.

Une fort jolie femme avait une coiffure à la grecque, dont les cheveux étaient relevés en bandeau par-devant, et ceux de derrière, tressés en natte, étaient tournés et laissaient s'échapper une fusée de cheveux en tire-bouchons ; une sévigné traversait le front.

Une autre coiffure également à bandeau avait les cheveux de derrière nattés et tournés sur le sommet de la tête ; un peigne en écaille s'élevait au-dessus de cette natte, de toute la hauteur de son immense galerie.

Les chapeaux, en grand nombre dans cette brillante soirée, étaient en paille de riz, en paille d'Italie, ou en gros-de-Naples moiré ; beaucoup étaient ornés de plumes.

Les loges, contre l'ordinaire, offraient peu de bonnets.

Outre le grand nombre de robes en chaly, on en voyait également en organdi et en mousseline. Ces dernières avaient des manches courtes, bouffantes et à plis irréguliers.

Une toilette qui attirait les regards se composait d'une robe de tulle brodé, à deux volans de sept à huit pouces de haut, surmontés chacun d'un entre-deux de broderie. Les manches de cette robe étaient courtes, en béret, et bordées d'une petite ruche de tulle.

La plupart des hommes portaient des cravates blanches et des habits noirs ou bleus. Les gilets étaient ou blancs ou de satin noir. Le plus grand nombre des chapeaux d'hommes avaient les bords fortement relevés sur les côtés.

LES TROIS RÉFRACTAIRES.

C'est bien, hommes du juste milieu : versez du sang! que la *stricte justice* ait son cours. Trois condamnations capitales pour délits politiques dans une seule séance de Cour d'assises! la journée a été bonne. Vous voilà sans doute pleinement rassurés; car ce doivent être d'illustres coupables, de grands conspirateurs que ceux dont la mort est si nécessaire au salut de l'État. Leurs noms? Blanchard, cultivateur; Bertomé, tisserand; Jannot, journalier; trois pauvres paysans de la Vendée accusés d'*excitation à la guerre civile* pour avoir cédé à la misère où la révolution de juillet les a plongés, à des vexations sans cesse renouvelées, peut-être à l'exécrable système des agens provocateurs, car la bande de Vidocq n'est pas là pour rien. Encore les deux premiers étaient-ils venus se rendre volontairement : n'importe; la lettre qui devait leur servir de sauf-conduit a été repoussée des pièces du procès. Ils mourront; l'échafaud sera dressé sur la place de leur village afin que leur sang coule aux yeux de leur mère, de leurs enfans, de leur famille. Il n'y a rien à dire; vous usez de votre force; mais, dites-moi, est-ce ainsi que vous prétendez faire oublier aux habitans de la Vendée que c'est ce même drapeau tricolore qui a déjà présidé à l'incendie de leurs chaumières, au massacre des femmes et des vieillards; qu'en 93 aussi la guillotine suivait les armées républicaines et assassinait de sang-froid les prisonniers que leur livrait le sort des armes? voulez-vous qu'il y ait des fils pour qui la vengeance soit un héritage! est-ce ainsi que vous croyez ramener le calme dans ces contrées, éteindre les haines et adoucir le froissement des opinions? Quand vous comptez en vous-même tous les affronts que vous a fait subir l'Europe, pensez-vous rétablir l'équilibre en jetant dans la balance la tête de trois malheureux villageois ; mais ces mêmes hommes ; ces *chouans*, puisque chouans on les nomme, quand ils ont dans leurs mains la vie de vos fonctionnaires, celle de vos soldats tombés en leur pouvoir, de ces soldats chargés de les traquer comme des loups, de tirer au hasard sur tout individu qu'il leur plaît de juger suspect, les fusillent-ils, leur tranchent-ils la tête? Rappelez-vous ces gendarmes qui dans le Morbihan furent enlevés avec le prisonnier qu'ils escortaient: on les relâcha sans même leur ôter leurs armes ni leurs chevaux. Ce sont vos journaux, les journaux révolutionnaires qui l'ont ainsi raconté, et leur témoignage n'est point suspect. Vous, soyez sans pitié, phraseurs de philantropie et de libéralisme ; aiguisez vos instrumens de supplice et l'on se rappellera que, sous la restauration, de tous les Français faits prisonniers en Espagne les armes à la main contre leur patrie et leur prince légitime, *pas un seul* n'a péri. Tous ils trouvèrent un refuge dans la clémence de nos Bourbons. Et ces hommes-là n'étaient pas de pauvres paysans, c'étaient pour la plupart des gens lettrés et instruits ; demandez plutôt à l'un d'eux qui ne dirige aujourd'hui une des principales feuilles de la révolution que grâce à cette royale clémence à laquelle il a dû la vie. L'on dira comme un exemple de votre équité que dans le même temps où vous livriez au bourreau ces trois infortunés ; à Aix, les individus prévenus d'avoir pris part au massacre de Tarascon, d'avoir égorgé des femmes, des enfans, des malheureux sans défense, passaient absous et triomphans du banc des accusés aux festins et aux toasts patriotiques. Faudrait-il chercher le secret de tant d'indulgence auprès d'une pareille sévérité dans ce mot : la *peur?* Hommes du juste milieu, si faciles d'une part et si rigoureux de l'autre, en attendant les lois de perfectionnement et de douceur que vous nous promettez, élevez donc l'échafaud, si c'est votre bon plaisir ; mais alors ne nous parlez plus de votre humanité et de votre justice ; car au souvenir de ces arrêts si divers, on vous montrerait le sang de Bourbon-Vendée encore empreint sur vos mains.

..... Dors, jeune Roi.....

(PREMIER FRAGMENT D'UN POÈME INÉDIT.)

Regardez cette couche : un enfant y sommeille.
Que son front est serein ! que sa joue est vermeille !
Vers lui descend un ange, hôte agile et nouveau,
Qui, d'un léger coup d'aile écartant le rideau,
Se penche avec amour sur son riant visage,
De ses plumes d'azur le caresse et l'ombrage,
L'examine en silence, et, d'un œil attendri,
Trois fois en soupirant redit son nom chéri,
L'effleure d'un baiser qui parfume sa tête,
Et le berce d'un chant que la douleur lui prête :
« Dors, jeune roi ! Sur ton front gracieux
» Je viens poser ma lèvre avec mystère.
» Je te précède aujourd'hui dans les cieux :
» Je t'ai jadis devancé sur la terre,
» Roi comme toi, malheureux plus que toi.
» Ne te plains pas, dors, jeune roi.
» Et vous, esprits des mondes,
» Venez, d'ombres couverts,
» Calmez les ondes,
» Calmez les airs.
» Voici l'heure
» De minuit :
» Jeune roi, dors sans bruit,
» Dors sans bruit. Moi, je pleure !

» Dors, jeune roi. Que n'ai-je pu dormir !
» J'ai payé cher l'ombre d'une couronne.
» Les noirs cachots m'ont entendu gémir :
» A mes côtés je ne voyais personne.

» Ta mère est là, qui veille au moins sur toi.
» Ne te plains pas, dors, jeune roi.
» Et vous, esprits des mondes, etc.

» Dors, jeune roi. Tes sujets t'ont chassé,
» Mais sur la terre un asile te reste.
» De tes parens tu n'es pas délaissé;
» Ils ne t'ont point redit l'adieu funeste
» Qui, même au ciel, me glace encor d'effroi.
» Ne te plains pas, dors, jeune roi.
» Et vous, esprits, etc.

» Dors, jeune roi. Ton facile repos
» N'est point troublé! Nul témoin sur ta bouche
» Ne vient la nuit épier des sanglots;
» De nul geôlier la voix rauque et farouche
» Ne te réveille en sursaut comme moi.
» Ne te plains pas, dors, jeune roi.
» Et vous, esprits, etc.

» Dors, jeune roi. Si ton œil éperdu
» Demande en vain le ciel de ta patrie,
» Tu peux rêver qu'il te sera rendu:
» Tout rêve est doux près d'une sœur qui prie.....
» Ah! si la mienne eût prié près de moi!
» Ne te plains pas, dors, jeune roi.
» Et vous, esprits des mondes,
» Venez, d'ombres couverts,
» Calmez les ondes,
» Calmez les airs.
» Voici l'heure
» De minuit.
» Jeune roi, dors sans bruit,
» Dors sans bruit. Moi, je pleure! »

Revue de la Semaine.

Voici un événement d'une haute importance : Varsovie a capitulé ; *le Moniteur* en donne aujourd'hui la nouvelle en trois lignes dans sa partie non officielle ; demain, les autres journaux vous diront les détails ; vous saurez au juste le nombre des morts, et vous gémirez, vous, royalistes de France, qui ne sauriez rester insensibles en présence de tant d'héroïsme et de désastres aussi affligeans ; vous vous associerez au deuil général ; et s'il y a de l'indignation en France contre un système et des hommes qui n'ont pas su secourir une nation aussi valeureuse, qui n'ont pas même eu la force de jeter, entre elle et ses vainqueurs, moins que rien..... un protocole, cette indignation, vous aussi, vous surtout, vous la partagerez !

—Le duc de Bordeaux, arrivant un jour à Bagatelle, demanda à son gouverneur, en descendant de voiture, s'il avait remarqué aux Champs-Élysées une pauvre femme qui balayait le chemin avec un enfant sur le dos et un enfant dans les bras. Cette demande était faite avec cette touchante expression de bonté qui caractérisait le royal enfant. Le gouverneur répondit affirmativement. « Elle me paraît bien à plaindre, et je voudrais bien lui donner quelques secours. — Monseigneur sait que j'ai toujours sur moi sa bourse pour les malheureux : la voilà. » Le prince prit une pièce d'or, et il la remit à l'officier des gardes, en lui disant de la donner à cette femme au retour de la promenade. L'officier exécuta cet ordre. « Eh bien! a-t-elle été contente ? qu'a-t-elle dit? — Monseigneur, elle a fait la réponse ordinaire des pauvres ; elle m'a dit qu'elle prierait Dieu pour votre altesse royale et pour tout ce qui l'intéresse. — Ho! ho ! répliqua vivement le jeune prince, elle prend là une terrible tâche ; il faudrait, pour la remplir, qu'elle priât pour tous les Français, et elle n'aurait pas un moment à elle, la pauvre femme! En voyant sa misère, vous auriez dû lui dire que je ne lui demandais aucune rétribution en échange de ce que je lui envoyais. » (*Historique.*)

— C'en est fait : Saint-Simon dépose son bilan, la doctrine est dans la rue ; le prophète met la clef sous la porte. Le Dieu est obligé de se tenir à domicile jusqu'au coucher du soleil, sous peine d'être appréhendé au collet comme un simple homme, en vertu du Code de commerce, ce qui serait vraiment mortifiant pour un Dieu. La foi ne donne plus ; le siècle est aveugle, ingrat et sourd. Paris siffle, la province ne sait pas de quoi l'on veut lui parler, ou bien si elle le sait elle se prend à rire. La recette est au plus bas ; le caissier est un véritable *oisif.* La *communauté de biens* est illusoire, vu qu'il n'y a rien à mettre en commun. On prêche dans le désert la *perfectibilité*, *l'amour*, *la paix et la félicité universelle;* on n'en veut pas au rabais, on n'en veut pas même gratis, on s'en sauve comme de *Marion Delorme.* Les adeptes seront bientôt obligés de demander par les grands chemins la conversion ou la vie, et d'offrir aux passans les trésors de la révélation saint-simonienne, le pistolet sur la gorge. C'est *le Globe* qui a tiré le canon de détresse, *le Globe*, porte-voix du Dieu, trompette quotidienne des homélies de la rue Taitbout. Le malheureux annonce lui-même sa fin prochaine; il a la conscience de son état ; il se sent dépérir et sécher de langueur : inutilement il force sa voix de moribond pour appeler les chalands. « Venez, *mes fils*, venez *mes filles!* Le grand jour a » lui! Nous avons bien mieux que le christianisme à vous offrir! » Il vous a paru bon pendant dix-huit siècles. Erreur ! Venez, » nous vous révélerons des choses admirables ! et nous vous » donnerons tous les biens de la terre : nous ne demandons pour » cela que dix sous, que cinq sous, que deux sous par tête. » Donnez, donnez, de grâce! » — Et personne ne vient. Vite, ô grand Saint-Simon, vite un miracle pour ranimer la foi! mets à l'ouvrage tous tes *travailleurs*, tous tes aides-de-camp, du premier, du second et du troisième *degré!* Qu'ils recrutent, qu'ils raccolent des fidèles ! — Peine perdue. L'heureux temps est passé! Adieu les bons dîners où l'on sablait le champagne au succès de la doctrine, les indolens sofas où l'on tonnait contre l'oisiveté! J'aperçois d'ici le noir huissier qui taille sa plume! *A chaque capacité selon ses œuvres;* c'est toi qui l'as dit, ô Saint-Simon, et les tiennes ne sont pas merveilleuses, à ce qu'il paraît. Voici le fatal écriteau qui pend à la porte de la salle Taitbout: *Salle à louer!* Qu'y mettra-t-on? Des escamoteurs, des faiseurs de parades? Ce ne seraient pas les premiers. On fait la vente : A combien l'habit bleu barbeau du pape, la robe bleue de la papesse? par charité poussez un peu l'enchère! — A combien les banquettes rembourrées, les fauteuils des *pères*, la chaire du prédicateur, le verre où il buvait l'eau sucrée, tout ce qui constitue le mobilier du Dieu? Vous verrez que les rayons de sa divinité vont être donnés par-dessus le marché. O siècle! où la prédication d'une foi nouvelle a pour dénouement les recors et les commissaires priseurs; où ses apôtres sont obligés de porter l'arme au bras et de monter leur garde sous peine du conseil de discipline; n'avoir pas même les honneurs des échafauds et des chevalets! pour martyre, un appartement rue de la Clef, et des assignations sur papier timbré. O temps! ô mœurs! Il y a de quoi dégoûter de convertir les hommes. C'est la dernière des conditions. Mieux vaudrait se voir attaché au pilori du ministère, et condamné à gouverner la France des barricades.

— *Bilan de la révolution belge jusqu'à ce jour.* — *Avant.* Un royaume de six millions d'habitans. — *Aujourd'hui.* Un peu moins des deux tiers.

— *Avant.* Une marine marchande et militaire. — *Aujourd'hui.* Une demi-douzaine de bateaux pêcheurs dans le port d'Ostende.

— *Avant.* Un peuple qui avait des alliés et qui faisait ses affaires lui-même. — *Aujourd'hui.* Un peuple sans nationalité avec des protecteurs qui font leurs affaires et non les siennes.

— *Avant.* Des propriétés immobilières qui avaient doublé de valeur. — *Aujourd'hui.* Ces mêmes propriétés qui n'ont pas la moitié de leur valeur réelle.

— *Avant.* Anvers qui rivalisait avec Amsterdam. — *Aujourd'hui.* Anvers menacé jusque dans son existence.

— *Avant.* Gand dont les riches manufactures occupaient vingt mille ouvriers. — *Aujourd'hui.* Au lieu de ces vingt mille ouvriers, vingt mille pauvres à nourrir.

— *Avant.* La Hollande offrait un facile débouché à toutes les denrées de la Belgique. — *Aujourd'hui.* La Hollande est une rivale ou une ennemie.

— *Avant.* Une magnifique ligne de forteresses. — *Aujourd'hui.* Ces mêmes forteresses près d'être démolies.

Avant. Une épée à mettre dans la balance de l'Europe. — *Aujourd'hui.* Le ridicule ineffaçable attaché aux déroutes de Liége et de Louvain.

— M. Emile de Girardin nous adresse la réclamation suivante :

Un drame intitulé *Émile*, anecdote contemporaine, représenté au théâtre des Nouveautés, reproduit les situations et le titre d'un livre oublié dont M. de Girardin est l'auteur. Des considérations délicates, et les suppositions auxquelles donne lieu le nom déguisé de l'un des collaborateurs de la pièce, lui font un devoir rigoureux de déclarer qu'il est complétement étranger à cette pièce.

— Le roi Louis-Philippe veut absolument faire de l'abbé Guillon un évêque malgré lui. Il va, dit-on, écrire directement au pape afin d'obtenir sa nomination. Le gouvernement du Palais-Royal est si bon chrétien que le souverain pontife n'aura rien à lui refuser. Si la diplomatie française, si malheureuse partout, réussit auprès du pape, nous irons le dire à Rome.

— A Paris c'est M. Persil ; à Bordeaux c'est M. Feuillade de Chauvin ; tous les deux armés de réquisitoires, la lance au poing, prêts à *poursuivre;* procureurs généraux tous les deux : *ambo pares ætate...* etc. ; avec cette différence seulement qu'avant la révolution de juillet M. Persil était ce que M. Thomas n'était assurément pas, un avocat fort distingué ; tandis qu'à la même époque

M. Feuillade de Chauvin, le protégé de M. de Peyronnet, occupait en Corse les fonctions qu'il exerce présentement dans le département de la Gironde. Pauvre M. Feuillade de Chauvin! les lauriers de M. Persil troublaient son sommeil; mais en un jour il vient d'égaler, d'atteindre; il a dépassé son orgueilleux rival; Persil n'est plus rien : dans la personne de M. Compas, l'un de ses substituts, Feuillade a paru, Feuillade a parlé; son règne commence! *O mon friand amy* (voyez la liste des héros décorés de juillet dans la livraison de *la Mode* du 10 juin dernier), que pouvais-tu contre l'éloquence d'un aussi formidable adversaire? que pouvais-tu contre la persuasion et l'impartialité de jurés gascons? A ta place j'aurais demandé si, dans l'auditoire, quelque avocat ou un homme du peuple n'avait pas apporté avec lui un *La Fontaine;* j'aurais ouvert le livre, et donné lecture en toute simplicité de la fable du *Loup et l'Agneau;* là se serait bornée ma défense.

Toujours est-il que, pendant les quinze années de la restauration, vous ne m'en citerez pas un autre exemple; un homme de lettres, un journaliste, atteint, frappé par cinq condamnations successives, arraché aux *loisirs* de sa prison pour aller, accompagné d'un gendarme, subir une condamnation nouvelle à la distance de 150 lieues. Cela est nouveau, cela ne s'était pas vu encore; jusqu'à ce jour on s'était contenté de sévir à Paris même; mais la révolution aime les déplacemens; elle a promis de nous faire voyager : le mouvement lui est nécessaire. Où s'arrêtera-t-elle? où nous arrêterons-nous?...

— Le choléra-morbus est à Berlin : la nouvelle n'en est que trop certaine. Tous les journaux, en annonçant l'invasion de la terrible maladie dans la capitale de la Prusse, se sont effrayés de ses progrès; ils en ont calculé les conséquences. Mais se peut-il que pas un n'ait songé à toi, sensible et érotique Fl...., à toi que la diplomatie a enlevé des bosquets de Cythère pour t'exposer à cette malhonnête contagion qui traiterait un ambassadeur du roi des Français comme un serf russe? Toi, couronné jadis de myrtes et de roses, je te vois d'ici, un flacon de vinaigre des quatre-voleurs à la main, oint de camphre de la tête aux pieds, au risque d'offenser la sensibilité de tes nerfs délicats. O galant Fl...., qui ne connaissais d'autres combats que ceux que tu livrais si victorieusement à la rigueur des belles, toi réduit à lutter contre la peste! Combien tu dois regretter les boudoirs témoins de tes exploits, et cet heureux temps du directoire où l'on t'avait surnommé *l'irrésistible!* Tandis que, dans ton hôtel de Berlin, tu barricades portes et fenêtres, quels soupirs tu dois donner à ce voluptueux opéra où Mme de Fl.... lorgne la barbe du dey d'Alger sans plus s'inquiéter de tes angoisses! Hélas! si tu revenais en France, force te serait de subir quarantaine à la frontière ni plus ni moins qu'un ballot de laine suspect arrivé de Constantinople. Tes anciennes conquêtes elles-mêmes, celles auprès de qui tu triomphas si souvent, te consigneraient à leur porte ou ne te recevraient que des sels à la main. Peut-être, ô changement! s'enfuiraient-elles à ton approche. Voilà ce que vaut l'ambition. Crois-moi, si le choléra-morbus t'épargne ses rigueurs, jette aux orties l'habit diplomatique; reprends la houlette; et si la mère des amours juge que tu as fait ton temps, il doit être à Amathonte des compagnies de vétérans sédentaires; montre tes états de service; tu ne peux manquer d'y obtenir un des premiers grades.

— Je ne sais si je m'abuse, nous écrit un des médecins les plus distingués de la capitale, en ce moment absent de Paris, mais je ne puis me figurer que le choléra pénètre jamais en France. A la vérité, indépendamment des éclats qu'il a jetés dans l'Asie, le choléra depuis quatorze ans suit une marche persévérante d'Orient en Occident. La Russie, on le sait, a été envahie. La Prusse, qui s'était si bien défendue jusqu'ici, est entamée. Le choléra est à Berlin. Les barrières sont forcées du côté de Vienne; des pointes, des flèches de cette cruelle maladie percent, à travers la Hongrie, jusque dans le voisinage de Laybach. Trieste serait menacée; Venise, la Lombardie, le Piémont. La crainte de ce fléau a passé de l'Europe jusqu'au-delà des mers. En vertu des lois sanitaires qui depuis cinq ans ont délivré les États-Unis des horreurs de la fièvre jaune, on se prémunit en ce moment à New-York contre celles du choléra. Ce déploiement d'efforts n'est pas, dit-on, fort rassurant pour nous; et cependant c'est cela même qui me donne de la sécurité. Si tant et de si sages mesures n'ont pas eu jusqu'ici l'efficacité nécessaire, c'est qu'elles étaient imparfaites. Ces imperfections se découvrent tous les jours : bientôt elles seront toutes connues. Les nations étrangères en font l'expérience, et cette expérience est un bienfait dont notre sagesse saura profiter. La température tombe : l'hiver approche. Dans la mauvaise saison, le choléra s'assoupit. Nous aurons le temps d'organiser le service sanitaire, et de lui donner le dernier degré de vigilance. On verra le mal expirer aux pieds de nos cordons. Nos villes, nos campagnes sont mieux tenues que les campagnes et les villes des autres parties de l'Europe. On le dit ; je le crois. Nos populations sont plus propres et mieux nourries ; elles sont plus intelligentes.

.... Je raisonne dans la supposition que le choléra-morbus, parti des Indes en 1817, ne voyage sur le globe que parce qu'il est contagieux ; que parce qu'il se transmet de contrée en contrée par l'intermédiaire des hommes et des marchandises. La réalité de cette espèce de contagion me paraît aussi claire que la lumière du jour. C'est dans ce cas seulement que des mesures sanitaires peuvent ou retarder le mal ou l'arrêter tout-à-fait. Que si le principe du mal était dans l'air, comme le supposent si follement quelques insensés, même parmi des docteurs, il faudrait ne rien faire, et se résigner. Mais qui oserait donner un tel conseil aux peuples ?

— « Vite, cinquante mille Français pour soutenir, sans que nous nous dérangions, le roi anglais que nous avons donné à la Belgique. — Cinquante mille ? pas plus ? Les voilà, messieurs de St-James; trop heureux de vous obliger. Notre argent, nos soldats, tout est à votre service. Infanterie, cavalerie, artillerie, que tout soit prêt sans retard. *En avant, marchons !...* En route, en route pour la Belgique! » — Et voilà Léopold remis sur ses jambes et les Hollandais qui regagnent leur frontière. — « C'est très-bien, messieurs du Palais-Royal ; nous sommes contens de vos services et nous vous délivrerons un certificat de bonne conduite. A présent, nous serions fâchés d'abuser plus long-temps de vos momens ; vous pouvez retourner chez vous. Les marrons que vous avez tirés du feu étaient excellens, ce qui doit vous faire grand plaisir. — Quoi! déjà? Ah çà! et les forteresses qui doivent être démolies, comme nous en avons publiquement donné l'*assurance* ou la *certitude?* — Cela ne presse pas; nous verrons plus tard. — Ah!... très-bien! mais ces troupes que vous envoyez maintenant qu'il n'y a plus personne à combattre et que vous mettez en garnison à Anvers.... A quoi bon? — Vous ne comprendriez pas. — Mille pardons; mais ne pourrions-nous pas aussi laisser en Belgique une trentaine de mille hommes? — C'est beaucoup trop. — Vingt mille? — Ce n'est pas la peine. — Douze mille? — Parfaitement inutile, allons, détalez! — Mais enfin la raison? — Parce que. — Nous n'en demandons pas davantage. Soldats, la campagne est finie, c'est assez de gloire. *En avant, marchons!* En route..... pour la France! »

— Deux positions à prendre : celle de M. de Bricqueville : « Tous les descendans de Charles X, leurs épouses et leurs enfans, ce qui veut dire la fille de *Marie-Antoinette* et du roi *Louis XVI*, l'épouse du *duc de Berry*, sa fille et son fils, sont bannis à perpétuité du territoire français; l'infraction aux présentes *dispositions* sera punie de mort.... » Celle de M. le général Lamarque : « J'apprécie trop ma nation, je crois trop aux progrès des lumières et de la raison publique pour craindre qu'un nom, un souvenir, un homme quelconque, puissent désormais être pour elle un sujet de trouble et de perturbation. Chaque jour la pratique de la liberté lui apprend que c'est aux institutions et non aux hommes qu'elle doit s'attacher. Hâtons-nous donc de les perfectionner; donnons-lui toute la liberté compatible avec l'ordre, tout le bonheur qu'elle mérite, toute la grandeur après laquelle elle aspire; et alors, comme le disait naguère un de mes collègues, le fils de Napoléon pourra sans danger venir pleurer sur le tombeau de son père, et le descendant de l'exilé d'Holyrood parcou les forêts où chassait son aïeul. »

— Taïaut! taïaut! Quel bruit de chiens, de cors, de chasseurs, de piqueurs, dans cette royale forêt de Saint-Germain, depuis un an morne et silencieuse! Est-ce le saint monarque qui rendait la justice sous l'arbre de Vincennes, est-ce le galant et chevaleresque François Ier, est-ce le Béarnais ou bien Louis-le-Grand qui reviennent visiter ces beaux lieux si souvent témoins de leurs plaisirs? Allons-nous les voir reparaître au milieu de leur brillante cour? La révolution de juillet n'est-elle qu'un cauchemar, qu'un mauvais rêve, et l'auguste vieillard, aujourd'hui exilé, à qui nos libéraux enviaient si fort cet amusement, vient-il s'y livrer comme à l'ordinaire? Mais attention! nos chasseurs approchent. Voici des personnages d'importance, à en juger par leur suite et leurs grands airs; ils paraissent être les héros de la fête. — Non, non, ces personnages ne sont ni le roi Charles X, ni son fils; ces deux princes sont d'une adresse reconnue, et quant aux personnages en question, le gibier a l'air de se moquer d'eux. Si vous voulez n'avoir rien à craindre de leurs coups, placez-vous au but où ils visent. N'importe! d'autres savent tirer pour eux, et ils n'en auront pas moins ce soir de nombreuses pièces à étaler en trophée. Ils n'en vanteront pas moins leurs exploits dans les salons du Palais-Royal; car, il faut le dire, ces intrépides chasseurs ne sont autres que trois ministres du Roi des Français; MM. Casimir Périer, de Montalivet et d'Argout, ont voulu se reposer des ennuis de leurs porte-feuilles au sein des *déduits et amusemens* de la chasse; c'est bien le moins qu'ils prennent du loisir quand ils conduisent si bien nos affaires. Voilà quels sont dans les forêt royales les successeurs de François Ier, de Henri IV et de Louis XIV. Ces forêts consacrées aux seuls plaisirs de nos rois sont tombées dans le domaine ministériel. Nos excellences daigneront aujourd'hui monter à cheval; vite! debout tout ce qui reste de la vénerie; vite! en grand uniforme pour les recevoir : qu'on assemble tout ce que les *héros-braconniers* ont laissé de gibier depuis les *glorieuses journées*. Nos ministres ont reçu quelques nouveaux soufflets de la main des puissances ; c'est aux chevreuils qu'il les rendront ; les lièvres vont pâtir de l'évacuation de la Belgique. Peuple de France, tu serais bien mal avisé de te plaindre et de crier misère, tandis que nos excellences s'amusent ! Paie le budget de 1600 millions, pendant qu'elles courent le daim ou le renard. On accusait avec amertume Charles X de perdre son temps à la chasse ; c'est tout simple, il n'était que roi, mais des ministres! et des ministres du gouvernement populaire et à *bon marché,* des ministres de la révolution , des ministres responsables, c'est bien différent ! Allons, qu'on remonte toute une vénerie pour ces messieurs ! qu'ils aient des grands véneurs, des meutes, des équipages de chasse; à tout prendre, ce ne sera qu'un petit appendice au budget, et nous y voyons un moyen d'occuper ceux que notre félicité actuelle fait mourir de faim : on les emploiera à rabattre les lapins et les chevreuils pour le plaisir de nos excellences.

— La police sait, par les rapports de ses agens, que plus de cent vingt députés se trouvent tous les soirs dispersés dans les estaminets du Palais-Royal. Ainsi M. Sébastiani pourra dire avec raison dorénavant que les politiques de la Chambre sont des *politiques de café*.

— *Barnave*, par M. J. Jannin, a enfin paru mercredi dernier chez le libraire Alexandre Mesnier, place de la Bourse, et chez Levavasseur, au Palais-Royal. Nous rendrons compte très-prochainement de cette admirable publication.

— *Recette pour la fabrication d'un député des départemens.* — Vous avez un député à procréer ; vous êtes préfet, préfet des barricades; votre nom est Thomas , et vous n'avez pas, comme on dit, inventé la poudre; vous vous adressez à deux cent quarante-huit électeurs inscrits ; deux cent dix manquent à l'appel ; qui de 248 ôte 210, reste 38; c'est bien cela ; maintenant mettez-vous à l'œuvre : le premier jour la nomination du président et du secrétaire, la formation du bureau provisoire ; le second jour celle du bureau définitif après quatre heures de ballottage; de cette manière on ne doutera pas qu'il n'y ait eu de la résistance, des difficultés de toute sorte, que le terrain n'ait été enlevé pied à pied, et la *représentation* sera plus complète ; voici le travail électoral qui s'opère ; la matière est suffisamment en fusion ; vous la précipitez dans l'urne, où vous la mêlez et remêlez jusqu'à ce que M. Avarnon en sorte, M. Avarnon fait député, député dans les règles, député des départemens, député de la France. . . . . O comédie!

— Les courses de chevaux pour le prix du roi et le prix du prince royal ont eu lieu dimanche dernier, à deux heures, au Champ-de-Mars, où, malgré l'incertitude du temps, s'était porté un grand nombre de spectateurs.

Ces courses ont présenté un intérêt fort vif par la manière dont elles ont été soutenues par les chevaux lutteurs.

Le prix du roi consiste en un vase de vermeil de la valeur de 1,500 fr., une coupe d'argent de 800 francs et une somme de 3,700 fr.

Le prix du prince royal est composé d'un vase d'argent de 1,000 fr. et d'une somme de 2,000 fr.

Le prix du prince royal a été disputé par Dowine, de 5 ans, appartenant à M. Crémieux; Sélina, de 6 ans, appartenant à M. Desgrands; Cyrus, de 4 ans, appartenant à lord Seymour; Fréd. Alfort, de 4 ans, appartenant à M. de Castellane ; Daphné, de 4 ans, appartenant à M. Larroque ; Odéina, de 4 ans, du haras de Meudon.

A la première épreuve, Odéina est arrivée au but d'un cinquième de seconde avant Dowine, et de deux cinquièmes avant Cyrus. A la seconde épreuve, Dowine et Cyrus touchaient déjà le but, et Odéina n'était que la troisième avec distance de plus d'une longueur de cheval, lorsque, franchissant, par un bond extraordinaire, une distance de près de vingt-cinq pieds, elle a, une seconde fois, atteint le but la première, et, ainsi, gagné le prix.

Le prix du roi a été couru par Rubens, de 5 ans, appartenant à M. de Vanteaux; Constant, de 4 ans, appartenant à M. Leconte; Bergère, de 5 ans, appartenant à M. Larroque; Oubyou, de 5 ans, appartenant à M. Raulhac; Eglé, de 4 ans, appartenant à lord Seymour.

A la première épreuve, Oubyou a atteint le but le premier, en 5 minutes 16 secondes 2/5; Eglé est arrivée en 5 minutes 16 secondes 3/5: mais à la seconde épreuve Eglé est arrivée la première, en 5 minutes 11 secondes, et Oubyou ensuite, en 5 minutes 11 secondes 2/5: ce qui a nécessité une troisième épreuve qui a donné lieu à beaucoup de paris. A cette troisième épreuve, Eglé est arrivée en 5 minutes 22 secondes, et Oubyou en 5 minutes 22 secondes 2/5; par conséquent le prix est resté à Eglé, qui, sur les trois épreuves, était arrivée deux fois la première.

Églé est une production très-remarquable sortie du haras de Viroflay, appartenant à M. Rieussec, et qui renferme dans ce moment plusieurs élèves de la première distinction.

Oubyou est un cheval de sang arabe, élevé en Auvergne; depuis quelques années les productions de cette contrée se sont fait beaucoup remarquer par leur vigueur et leur vitesse. Oubyou avait gagné dimanche dernier le prix de 5,000 fr.

Les courses de cette journée ont été un peu moins rapides que celles du dimanche précédent, parce que les pluies des deux derniers jours avaient rendu le sol du Champ-de-Mars plus mauvais; mais on a néanmoins pu apprécier toutes les qualités des coureurs.

Nous rappellerons à nos lecteurs que chaque épreuve consiste à parcourir deux fois la circonférence intérieure du Champ-de-Mars, c'est-à-dire 4,000 mètres.

Outre les courses pour les prix, il y a eu une poule de 2,000 fr. courue par Charon, appartenant à lord Seymour, et Laura, appartenant à M. Bergeret. Charon, qui est arrivé le premier, a gagné la poule.

— Sans cesse on parle des dettes de Charles X et de ses impitoyables créanciers qui le tiennent bloqué dans Holyrood; d'abord le fait est faux, et même fût-il vrai, y aurait-il peu de générosité à rappeler toujours les infortunes d'un vieillard qui fut roi. D'aucuns ont attribué ces bruits à la royauté nouvelle et à ses partisans, qui les répandraient à dessein pour appeler le mépris sur la royauté bannie. En effet, un roi ne pas payer ses dettes, tandis que le plus petit boutiquier et le plus mince industriel observent, comme on sait, avec le plus profond respect, la religion de l'échéance. Quelle horreur! Cependant il est impossible de croire à la réalité de cette tactique de la part de la royauté nouvelle ou de ses amis. Il y aurait, dans ces reproches de leur part, au moins de la maladresse; car il n'est personne qui ne sache les colossales dettes et la faillite historique du duc d'Orléans, auquel plus tard on donna le surnom d'Egalité. Il est bien connu de tous que jamais aucun membre de sa famille ne s'est mis en peine de payer ces dettes. La royauté en activité aurait donc mauvaise grâce de chercher à flétrir la royauté bannie par un tel reproche. Dans l'esprit du peuple, il y a tout au moins aussi peu de faveur pour le fils qui laisse la mémoire de son père sous le coup d'une faillite que pour celui qui ne fait pas honneur à ses engagemens, parce qu'il est dans l'impossibilité de les remplir.

— Il y a eu jeudi dernier au Théâtre Italien de l'*émotion;* Mme Pasta, qui, nous pouvons le dire aujourd'hui, avait été accueillie avec assez peu de faveur dans *Anna Bolena*, a obtenu dans *Tancredi* un succès éclatant; elle a été tout ce qu'elle était il y a peu d'années; Mme Malibran, qui assistait à cette représentation dans une des loges sur le théâtre, a pu étudier de près ce parfait modèle, cette admirable actrice dont le jeu est si vrai, si élégant, si pathétique aussi, mais sans exagération, avec à-propos et sans nul effort, cette cantatrice dont le talent est si sûr, si égal, si irréprochable; malheureusement l'exécution des autres rôles, à l'exception de celui confié à Rubini, a été faiblement rendue, et l'ensemble de cette représentation en a dans plus d'un instant beaucoup souffert.

— On a remarqué, l'un des jours de cette semaine, assis à la même table, au Café de Paris, deux hommes d'une opinion assurément bien opposée, M. de Chateaubriand et le rédacteur principal du *National*. C'était un rapprochement qu'on parvenait à s'expliquer en comprenant tout ce qu'il y a eu de surprise, de désenchantement et de déception pour les deux partis représentés par ces deux hommes dans les événemens qui se sont succédés depuis une année; d'ailleurs tous les deux n'ont pas cessé d'être d'accord sur un point, la nécessité d'un appel au peuple; leur devise, aux uns et aux autres, est tout *pour* la France, et *par la* France; c'est là un système au sujet duquel le véritable parti républicain et le vrai parti royaliste pourraient peut-être au besoin plus vite et plus aisément s'entendre qu'on ne le suppose, et ce n'est pas trop s'aventurer que de dire qu'en tout ce qui se rapporte à ces questions fondamentales il n'y a de M. de Cormenin à M. de Chateaubriand qu'un pas, et qu'un pas aussi du *National* à *la Gazette de France* et à *la Quotidienne*.

— L'affaire de M. Eugène Desmares, prévenu d'offenses envers la personne du Roi, dans un recueil de fables politiques intitulé *La Fontaine en* 1831, sera appelée le 22 de ce mois à la Cour d'assises. M. Eugène Desmares présentera lui-même sa défense.

— VOYAGE BIOGRAPHIQUE DANS LES 86 DÉPARTEMENS. — *Corse*. — Suite. — Lorsque l'on eut appris en Corse que l'abbé *Sébastiano* venait d'être nommé à l'évêché d'Ajaccio, et qu'il avait changé son nom de famille en celui de SÉBASTIANI, on n'en revenait pas de surprise. Mais quand on l'a vu ajouter subitement à ce nom de fabrique celui DELLA-PORTA, il en est résulté une telle explosion de risées que le nouveau prélat a fini par s'en apercevoir. — *Francesco m'ha scritto ch'era l'uso e bisogna*, répondait ce bon évêque. — François m'a écrit que c'était une chose de coutume indispensable ! or, il est à savoir que *François* n'est autre chose que M. *Horace* Sébastiani, lequel, après avoir réformé la terminaison populaire de son nom de famille, et pris le surnom de son village, a cru devoir échanger son nom de baptême contre le nom plus poétique et plus élégant du favori de Mécène et d'Auguste. On ne se rend jamais justice à soi-même, et c'est plutôt le nom d'*Ovide* que M. Sébastiani aurait dû choisir. A défaut de plusieurs facultés plus ou moins utiles, il est impossible de ne pas reconnaître en lui la présence et les inspirations du génie qui présida aux *Métamorphoses*.

Lorsque les Corses ont vu paraître ensuite dans la véridique et judicieuse Biographie de MM. Jay, Jouy, Arnault et Norvins, un article panégyrique et presque dithyrambique sur M. le lieutenant-général comte Horace Sébatiani DELLA-PORTA, issu d'une famille distinguée, on a jugé que la prétention gentilhomière avait décidément tourné la tête à toute la famille. Les bonnes gens du pays (il en est jusqu'à trois que l'on pourrait citer) avaient d'abord imaginé que l'affaire du surnom pourrait bien être la conséquence ou la suite de l'honneur qu'avait eu Francesco Sébastiano de parvenir jusqu'à franchir le seuil de la *Porte Ottomane;* mais on a fini par découvrir que les Sébastiani, *tutti quanti*, étaient sortis d'un petit village appelé la *Porta-d'Ampugnano*, où leur père vendait des balais, et voici des vers italiens qui furent consacrés à perpétuer le souvenir de cette grande révolution nobiliaire.

SONETTO.

Il nostro Monsignor si chiama *Porta*
Ed evvi una premura universale
D'indovinar qual sia il motivo, e quale
Il sauto fin, onde un tal nome, ci *porta*.

V'é chi dice : perchè nato alla *Porta*
O perché *porta* mitra e piviale ;
Altri : perchè del ciel apre la *porta*,
Quando la picchia col suo pastorale.

Un altro : perchè il peso ha su le schiene
Di cinque uniti in un sol vescovato
Che seco *porta* immense cure e pene.

Ma altri : perchè niun resti ingannato
Che chi nulla gli *porta* nulla ottiene....
Oh ! questo si, per Dio ! l'ho indovinato !

TRADUCTION.

Notre évêque vient de prendre le surnom de *Porta*,
Et l'on est d'un empressement universel
Afin de savoir par quel pieux motif et dans quel louable but
Il *porte* un pareil nom.

Les uns disent : — C'est parce qu'il est né à la *Porta ;*
Les autres : — C'est parce qu'il *porte* une mitre et une chape ;
Les autres : — Parce que du ciel il ouvre la *porte*
Quand il frappe avec son bâton pastoral.

D'autres encore : — C'est parce qu'il *porte* le poids
De cinq évêchés qui se trouvent unis en un seul,
Et qu'il en *porte* sur le dos un poids immense.

Mais d'autres (pour que chacun soit bien averti) :
— C'est parce que celui qui *n'apporte* rien n'obtient rien....
Oh ! par Dieu ! celui-ci a deviné bien juste !

⁂ Maintenant qu'il s'agit d'évacuer la Belgique, le commandement en chef des armées françaises va être retiré à M. le maréchal Gérard pour être donné à M. le maréchal Lobau.

⁂ On vient d'organiser des compagnies de plongeurs pour aller à la recherche des cartouches au fond des rivières suspectes de *carlisme*.

⁂ Il résulte d'un rapport fait par M. Boyer de Peyreleau que les carlistes ont inventé des *cartouches imperméables* propres à être cachées dans les fleuves et étangs.

⁂ M. Boyer de Peyreleau reçoit tous les jours deux douzaines de conspirations par la poste.

⁂ M. Boyer de Peyreleau a prié ses correspondans de lui envoyer à l'avenir leurs conspirations franches de port.

⁂ A la prochaine séance de la Chambre, M. Boyer de Peyreleau doit déposer sur le bureau une armée de petits *carlistes* en plomb.

⁂ Parmi les chefs-d'œuvre de Corneille, M. Sébastiani della Porta estime surtout *Horace*.

⁂ Si M. Sébastiani della Porta était né à Pontoise, il se ferait appeler *Sébastiani de*, etc.

⁂ Il paraît que certain haut personnage préfère aux vases étrusques des *vases* d'une toute autre espèce.

⁂ On assure que le *vase* du Palais-Royal doit être placé comme ornement sur le monument du jardin de Neuilly.

⁂ M. Mouton demande le *vase* du Palais-Royal pour sa collection particulière.

⁂ Les urnes qui ornent la terrasse du Palais-Royal vont être incessamment remplacées par des *vases*.

⁂ Nous engageons MM. les valets de garde-robe du Palais-Royal à être plus circonspects, vu que c'est la France qui paie les *pots cassés*.

⁂ En vente chez tous les libraires du Palais-Royal : *Traité d'économie domestique*, ou *l'Art de couper un liard en quatre*.

⁂ A propos de l'émeute de la rue du Cadran, le juste milieu est allé chercher midi à quatorze heures.

⁂ Dans ses chasses comme dans ses discours, M. Cas. P. brûle sa poudre aux moineaux.

⁂ Ce n'est pas la première fois que M. Cas. P. manque son coup.

⁂ On ne dit pas si nos ministres-chasseurs paient plus cher une tête de chevreuil qu'une tête de réfractaire.

⁂ A présent nos ministres ne tiennent conseil qu'en casquette et en veste de chasse.

⁂ A l'avenir M. Casimir Périer ne se présentera plus à la chambre qu'en bottes et un fouet à la main.

⁂ La première fois que don Pedro ira à la Comédie-Française, on y jouera *le Bon Père*.

⁂ Par politesse, les Anglais reconduiront le juste milieu jusqu'à la frontière de Belgique.

AVIS.

Nous invitons ceux de nos souscripteurs dont l'abonnement expire le 1er octobre, et qui seraient dans l'intention de le renouveler, à vouloir bien nous en donner avis le plus tôt possible, afin que l'envoi de nos livraisons continue de leur être fait sans aucune interruption : plusieurs des anciens abonnés de *la Mode* n'ayant renouvelé, lors du trimestre de juillet, qu'après l'expiration de leur abonnement, n'ont pu recevoir les exemplaires arriérés, toutes les livraisons étant épuisées.

LA MODE.

Les variations que la température a éprouvées depuis quelques jours en ont amené également dans la mise des femmes. C'est ainsi que, dans les promenades surtout, les robes de soie de couleur ont succédé aux robes blanches ou fond blanc, que naguère on y voyait si nombreuses. Les couleurs qui nous ont paru dominer le plus sont celles scabieuse, immortelle et noire. A ces couleurs se mêlent encore, dans les salons, les gris lapis et argenté, et quelques couleurs changeantes; mais nous devons faire observer que ces dernières ne sont plus de mode. Quant au blanc, il est et sera toujours employé pour la grande toilette.

Les ateliers de nos premières couturières n'offrent pas encore de modes nouvelles; nous venons d'y voir cependant une robe à corsage dit en corbeille. Ce corsage, qui ne dépasse pas la naissance de la gorge, est à draperie plissée en travers; une autre draperie à plis en long, partant de chaque épaule, descend en cœur jusqu'à la ceinture. Ce corsage est de même forme par derrière. Les manches de cette robe sont en cornet, c'est-à-dire commençant à s'élargir progressivement depuis le poignet où elles ne sont pas froncées, jusqu'à leur extrémité supérieure.

Les nouveaux manteaux de dames sont brodés, couleur sur couleur : ces broderies sont relevées et non à plat, comme celles que nous avons vues l'année dernière.

Dans une des dernières représentations de l'Opéra, une dame dont nous avons déjà remarqué la mise pleine de goût avait, pour ornement de coiffure, un bouquet de petits œillets blancs auxquels se mêlaient quelques branches de jasmin. Sa robe, en crêpe noir, avait un corsage carré et bordé d'une petite blonde. Ses manches étaient courtes, très-bouffantes, et ornées de rubans tombans en aiguillettes; une écharpe couleur cerise complétait cette toilette.

On voyait à la même représentation, dans une loge d'avant-scène, deux jeunes personnes dont les cheveux de devant étaient relevés en bandeau sur le front, et ceux de derrière tressés en natte et tournés en couronne. L'une d'elles avait une ferronnière qui ne descendait pas plus bas que la raie des cheveux; l'autre un rang de perles qui, après avoir passé sur le front, formait le tour de la natte, derrière la tête. Leurs robes étaient blanches et à manches courtes.

La toilette de Mlle P., l'une des jolies femmes de la capitale, se composait d'une robe en mousseline de laine à dessins imprimés, très-légers, dont le corsage croisé en cœur était orné d'une mantille qui, formant jokei sur les épaules, se terminait par devant au-dessous de la manche.

Les capotes à l'anglaise, quoique rares, se voient cependant encore. Deux jeunes et jolies personnes avaient, à la même soirée théâtrale, de ces capotes en paille ouvragée, sous lesquelles était une forte ruche en tulle au-dessus du front; cette ruche, formant ensuite un seul rang, tombait de chaque côté des joues, et se nouait sous le menton par un ruban.

LA POLOGNE

EN 1806 ET EN 1831.

« Soldats, nous dit l'empereur Napoléon le lendemain de notre arrivée à Berlin, vous avez fait en sept jours ce que vos pères n'ont pu faire en sept ans. La cavalerie a rivalisé avec l'infanterie et l'artillerie, je ne sais plus désormais à quelle arme donner la préférence. »

En effet, peu de jours avant, nous avions traversé le Rhin à Mayence et nous faisions notre entrée triomphale dans la capitale de la Prusse.

Napoléon, pendant quelques jours, oublia la victoire à Potsdam, à Charlottenbourg et dans le délicieux hermitage de *Sans-Souci ;* devant le tombeau du grand Frédéric il déployait une admiration un peu gâtée par l'emphase. Toutefois son ivresse était au comble.

Nous étions tous sous le charme de l'esprit de conquête, tous certains d'un avancement rapide, d'un avancement qui n'avait pour limite que le fauteuil d'un trône. Le général G.... se désolait alors de ne pas savoir ce qu'il appelait la *matamatique*, ce qui l'empêcherait d'être nommé maréchal ou *de passer roi à son tour d'ancienneté.* Un petit auditeur au conseil d'état occupait le vaste palais de la princesse Holstembeck, et c'était M. de Humboldt qui l'avait humblement invité à s'y loger.

Ce fut en ce moment qu'on parla d'une expédition en Pologne. La fin de novembre approchait. La saison devenait froide et pluvieuse. Les habitans de Berlin nous effrayaient en nous parlant de cette Pologne. A les entendre, les privations, la misère et les glaces nous attendaient dans ces contrées peu civilisées, dépourvues de toutes les commodités de la vie, pays où nous ne devions trouver qu'une population misérable, parsemée de juifs sales et fripons.

Il y avait de la vérité au fond de ce tableau : aussi à peine fûmes-nous partis de Berlin que je ne vis plus le gros et riant baron de B..., préfet du palais impérial. Cette disparition était de mauvais augure.

Avant même d'arriver à Posen, on sent qu'on marche sur une terre qui s'éloigne de la civilisation. Des chemins affreux, de pauvres chaumières perdues dans les boues ; des paysans au teint hâve, à la physionomie farouche, vêtus d'une pelisse en peau de mouton, portant de longues moustaches, voilà ce que nous rencontrions. La vue se perd au loin sans être arrêtée par le plus léger accident de terrain, à travers les neiges, les boues, les sables et les forêts de sapins ; immenses et tristes plaines sans autre borne que l'horizon. Je compris dès lors l'empressement avec lequel les Polonais se jetaient au service de la France.

Cependant on nous disait dans l'armée que Posen, ou Posnania, devait être une grande et belle ville où nous trouverions à nous délasser des fatigues de notre marche. Il est vrai que nous trouvâmes trois arcs de triomphe sur la route, en avant de la ville. L'empereur y était arrivé la veille ; sans doute on l'avait accueilli par des fêtes brillantes ; mais nous, on nous reçut par le silence et la froideur.

Posen n'est qu'un amas de hideuses masures et de noirs couvens du moyen âge au milieu desquels sont jetées çà et là quelques belles maisons bâties depuis l'établissement de la domination prussienne. C'est aussi à la Prusse que Posen doit ses promenades ; sombre et triste séjour s'il en fut. Deux jours après notre arrivée nous en partions pour courir à marches forcées sur Varsovie.

Et sur la route, quels gîtes, quelles villes que Klodava, Kutno, Lowitz et Blonie! Celle-ci est à trois lieues de Varsovie. Son

nom ? demandai-je à un Polonais. Boulogne, me répondit-il, selon l'habitude populaire d'estropier les noms pour les franciser. De Boulogne à Blonie la différence était grande. Des huttes couvertes de chaume, des cabanes misérables que l'on dirait rapprochées par le hasard et jetées au milieu d'une campagne nue et déserte. A Varsovie.

Nous marchions en effet depuis quelques instans entre deux lignes de chétives maisons bâties en bois et en terre, de la plus mesquine apparence. Point de ces belles et larges routes, de ces chemins entretenus avec soin, de ces maisons de campagne dont l'agglomération annonce les abords et l'approche d'une grande ville. Puis nous n'avions franchi ni portes ni barrières; était-ce un village? non. Nous étions dans l'ancienne capitale de la Pologne. Varsovie, attaquée du côté de Blonie, ne pourrait se défendre : les Russes ne l'essayèrent même pas.

Murat, parti de Posen à la tête d'une avant-garde de 20,000 cavaliers, avait balayé devant lui quelques camps volans de cosaques, et il était entré à Varsovie sans obstacle. Là, encore, il y eut des arcs de triomphe en planches et en toile peinte; monumens qui bien souvent durent moins encore que les conquêtes qu'ils rappellent.

On nous raconta à notre arrivée un trait qui peint bien l'imagination vive, exaltée, romanesque, mais souvent déréglée de ce peuple. Une belle castellane, du nom de Grabowska, la tête enflammée par la lecture des bulletins de la grande armée, était accourue du fond de ses terres au-devant de notre cavalerie. Elle croyait trouver de nouveaux Rolands, de modernes Amadis, aux armes resplendissantes, aux chevaleresques devises. A la vue des bonnets à poil, des longues barbes incultes, et de la tenue négligée des soldats en campagne, elle s'enfuit épouvantée.

Lorsque nous arrivâmes à Varsovie tout y était dans le silence de la stupeur. La lutte n'était pas encore sérieusement engagée avec les Russes, et ce nom de Russe était formidable et terrible pour les Polonais.

A notre retour, après les combats successifs qui se livrèrent jusqu'à Pultusk, ce fut bien différent. Alors tout y était en mou vement; la noblesse avait repris le costume national, avec le sabre et l'étroite épaulette à longues torsades, signe distinctif de l'ordre équestre et non d'un grade militaire. Les nobles buvaient joyeusement le watki et la bière chaude dans laquelle on jette un grain de sel. Jamais tant d'officiers d'état-major n'avaient paru à Varsovie.

Dans la nation polonaise, il y a deux populations bien distinctes : la noblesse, généralement fort pauvre, à la tête de laquelle sont quelques *magnats* riches et puissans, dont quelques-uns rêvent le trône, et qui appellent l'étranger sans l'aimer; on leur reproche un caractère léger et brouillon. Ceux de la Lithuanie, tels que les princes Sapicha et Lubomirski, étaient restés constamment fidèles à la Russie. Ceux de la grande Pologne avaient adopté presque tous le parti de l'insurrection; mais dans ces derniers temps je n'ai vu surnager que les noms de Czartorinski, Malachowski et Michel Radziwill. Alors le nom de Malachowski dominait tous les autres. Il est même à remarquer que, parmi les généraux polonais d'un nom connu et d'une réputation établie, Kosciusko refusa en 1806 d'entendre les avances de Napoléon, et qu'en 1831 Dombrowski est resté fidèle à la Russie.

Au-dessous de la noblesse végète une population de serfs dont la misère et l'abrutissement dépassent tout ce que l'on pourrait imaginer. La classe moyenne, l'ancien tiers-état de la France, n'existe presque pas en Pologne.

Dans les villages, le château du noble, souvent construit en bois et couvert de chaume, était réservé pour nos officiers supérieurs; les soldats se logeaient dans les huttes des serfs. Ordinairement on n'y trouvait rien, et la réponse du paysan était presque toujours : *kleba niema*, *wode zara;* du pain point, mais de l'eau tout de suite. Les soldats finirent par faire de cette monotone réponse le refrain d'une chanson militaire.

Pendant cette campagne, on ne parlait pas beaucoup de la sympathie des Polonais pour la France. Pour mon compte, je serais fort en peine s'il me fallait citer un seul de ces actes de bienveillante politesse qui ont l'air de partir du cœur, et qui prouvent la sympathie de deux peuples. Je ne serais pas embarrassé si je voulais en rappeler d'autres d'une nature tout opposée. Il était également alors fort peu question des services que l'on dit nous avoir été rendus par les Polonais. Un petit nombre de nos vieux soldats avaient bien vu quelques Polonais à leur côté dans les premières campagnes d'Italie ; mais aussi on se rappelait que, durant les guerres d'Espagne, les régimens de la Vistule au service de la France avaient fourni beaucoup de déserteurs à l'armée de Mina. Au demeurant, l'infanterie polonaise que j'ai vue ne m'a jamais paru bien redoutable ; je dois pourtant avouer qu'il en est tout autrement de la cavalerie.

Depuis un an on a beaucoup parlé de la Pologne en France ; mais je suis tenté de croire qu'on ne s'en est pas fait une idée bien exacte. Les provinces slaves du nord de l'Europe forment un pays à part, tout-à-fait étranger à nos mœurs et à nos idées. Les peuples de ces contrées sont guerriers, sans doute, mais les misères du vasselage décident généralement cette vocation pour l'état militaire, et l'intempérance entre pour beaucoup dans cette bravoure désordonnée qui les distingue. La seule différence qu'on puisse remarquer entre la Russie et la Pologne, c'est peut-être que l'une, adossée au pôle, comprend une étendue immense et ne peut jamais être prise à revers ; c'est qu'elle possède un gouvernement fort et habile, plus avancé en civilisation que les masses ; tandis que l'autre, resserrée entre trois puissances formidables, serait par là même incapable de leur résister à la fois, et que, divisée par l'ambition de ses nobles, elle n'a su que perpétuer jusqu'à nos jours l'anarchie féodale du moyen âge.

Depuis 1815, Varsovie a été embellie ; elle en avait besoin, car en 1806 c'était un étrange et bizarre amalgame de palais flanqués de chaumières, de places sans pavé, de faubourgs abîmés dans les boues. La cité proprement dite est encore une ville du Nord au quatorzième siècle ; des rues tortueuses et étroites, des maisons noircies par le temps, avec des portes basses et des fenêtres grillées d'énormes barreaux ; un hôtel-de-ville avec son grand portail et ses croisées ouvertes en ogives : c'est la Pologne au temps des Jagellons.

Après la bataille d'Eylau, le bruit courut dans la garde que le maréchal Lannes, emporté par sa vivacité gasconne, avait dit à Napoléon, en appuyant sa phrase d'une énergique expression militaire : « Eh! ...... la Pologne ne vaut pas un des braves qui sont couchés sur ce champ de bataille. »

Ce propos, faux ou vrai, fit fortune dans l'armée, alors fatiguée de privations et tourmentée de maladies qu'avait engendrées dans son sein un climat froid et malsain. Au risque de choquer beaucoup de préoccupations modernes, je n'hésite pas à dire que le soldat français maudissait la Pologne d'aussi bon cœur qu'on en met aujourd'hui à la porter aux nues.

Chacun sait que Napoléon refusa de coopérer au rétablissement du royaume de Pologne. Sans doute il crut cette restauration impraticable, ou du moins incapable de quelque durée. L'autorité était imposante : que de sang épargné si on l'avait écoutée !

A la jeune France révolutionnaire.

(SECOND EXTRAIT D'UN POÈME INÉDIT.)

Semblable à sa hideuse mère,
La révolte marche à grands pas,
Et déjà le trône éphémère
Fléchit sous son ignoble bras.
Elle a dit : Que Dieu s'humilie !
Seigneur, et la croix avilie
Tombe au bruit de ses chants moqueurs.
Elle a crié : Silence à vos lois qui m'ennuient !
Et devant ses haillons vainqueurs
Les fondateurs des lois de tous côtés s'enfuient.
« Plus de législateurs, plus de roi, plus de Dieu.
Vieux monde, disparais ! adieu.
Gloire à toi, jeune France ! A ton appel sublime
Quel tableau se déploie ! Un trône qui s'abîme
Auprès d'un autel abattu ;
La révolte qui n'est plus crime,
Les lois qui n'ont plus de vertu.
Gloire à toi !... Le passé s'exile dans l'histoire,
Et ses derniers rayons à mes regards ont lui.
Gloire à toi ! gloire ! gloire !
Tu n'as plus de victoire
A remporter sur lui. »
De la société, paisiblement conquise
Par les lois, par les arts, ses nobles instrumens,

Ses mains avaient au ciel placé les fondemens,
    Et sa voix disait : J'éternise!
Maintenant prends ta boue, et fonde, si tu peux,
    A travers les restes pompeux
    De ton édifice en ruines.
Fonde; mais le peux-tu sans les bases divines ?
Au monde qui t'attend au bout de tes travaux
Qu'élèveras-tu donc ? Je le sais : des tombeaux !...
    Des tombeaux! faut-il davantage
    A ces vampires dévorans,
    De cadavre en cadavre errans
    Pour assouvir leur faim sauvage ?
Ils ne quitteront pas ce malheureux rivage
Sans avoir déchiré ce peuple obéissant.
Honte, honte sur vous qui n'avez de courage
Que pour attendre l'heure où leur œil plein de rage
Vous choisira parmi leur troupeau pâlissant.
Quelle confusion! quelle effroyable image!...
Regardez ce Danton, dont l'orgueil révolté
    Frappa de mort la monarchie.
Ses flancs sacrés, dit-on, portaient la liberté...
    Il n'en sortit que l'anarchie.
    Et, pour son horrible début,
    Cette fille au cœur sanguinaire
Sur l'autel de la mort comme un premier tribut
    Cloua la tête de son père...

. . . .
. . . .
. . . .
. . . .

O France! tu l'as vue, en sa main brandissant
    Le fer instrument de sa joie,
Hurler le cri de mort, danser au bruit du sang,
    Rire à la chute de sa proie.
    Et qui jamais aurait pensé
    Qu'il viendrait une ère cruelle

Où l'on applaudirait au sang qu'elle a versé ;
Où l'on dirait : Elle fut belle ! »
Elle fut belle ! oh non ! ils n'ont point hasardé
Ce mot horrible et sacrilége...
Ils l'ont dit : à voix haute ils ont redemandé
L'anarchie et son noir cortége.
Écoutez, écoutez, Français !
Voilà qu'ils l'appellent encore,
Fiers de fraterniser, pour leurs premiers essais,
Avec le monstre qui dévore.
. . . .
. . . .
La république est leur chimère ;
Robespierre leur dieu, la rage leur accent.
Ces tyrans jouvenceaux, gros du lait de leur mère,
Aspirent à sucer du sang...
Du sang ! leur lèvre impatiente
En demande des flots pour se désaltérer ;
Elle en demande encore, et rit insouciante
Des orphelins qui vont pleurer...
Du sang ! paroles infernales !
Vous osez les jeter dans la paix des repas !
Vous saluez la France, imberbes cannibales,
Par des menaces de trépas,
Et chacun sourit à vos crimes,
Au lieu de se lever et de vous laisser seuls,
Et j'ai cru voir jouer vos futures victimes
Avec les plis de leurs linceuls...
Eh quoi ! vos mères vous entendent !
Quoi ! vos pères sont là, honteux de vous nommer !
Et vous continuez sans que leurs mains descendent
Sur vos lèvres pour les fermer !...
Dans cet âge où l'on peut tout dire,
L'oreille aux cris de sang ne sait pas s'éloigner,
Et l'on ne trouve plus des bouches pour maudire,
Ni des ames pour s'indigner.

Qui donc fermera ces écoles
D'où sort l'adoléscent, horriblement instruit,
Prêt à sacrifier en plein jour aux idoles
Qu'on n'adorait que dans la nuit?
O bizarres métamorphoses!
Des fronts où le printemps peint son doux velouté,
Étudiant l'audace; et des lèvres de roses
Balbutiant des cruautés!
Ceux qui devaient borner leur gloire
A célébrer avril, ses fêtes, ses amours,
Pour les jours de septembre ont des chants de victoire,
Et les appellent de grands jours!
Auprès de la vierge charmante
Leur cœur ne frémit point de crainte et de désir.
Ils veulent que la mort soit leur horrible amante,
L'échafaud leur lit de plaisir.
Quoi! ne verrai-je point, dans ces vastes contrées,
Parmi ces tigres furieux,
Quelques colombes égarées
Ressusciter les chants des cieux?
N'est-il plus de puissans génies,
Sur le sol qui les enfantait,
Dont les augustes voix mêlant leurs harmonies,
Troublent de ces démons les clameurs impunies?
L'enfer mugit: le ciel se tait!...

LETTRE

Ecrite par M. le Comte Isidore de P....

A Mme LA DUCHESSE DE B...., SA BELLE-MÈRE.

Paris, 29 juillet 1875.

Vous ne voudrez jamais me croire, ma chère mère ; je vous le donnerais à deviner en mille, vous seriez encore obligée d'y renoncer; eh bien ! notre terre de ...... a été vendue hier dix millions. Elle avait été divisée en quatre mille lots d'un demi-arpent chacun. C'était la seule propriété de France qui eût encore mille hectares. La plus considérable est maintenant à Neuilly, près Paris ; elle contient cinq cents arpens enclos de murs; mais aussi elle appartient au vieux Roi.

Chaque lot a été payé comptant, et le prix déposé chez les citoyens Philippe, Marie-Athalin, d'Orléans et compagnie, banquiers, rue du Juste-Milieu, n° 100. Soyez parfaitement tranquille, cette maison est très-solide; elle gagne, dit-on, 30,000 francs par an : à Paris, aujourd'hui, ce gain est énorme. Les deux gérans sont petits-fils du duc de Nemours. Ce prince, dont vous avez entendu parler lors de la guerre de trente ans, a eu treize enfans de trois lits différens. Sa dernière femme était une Périer ; chacun de ses fils a eu je ne sais combien de principicules. Or, comme la maison régnante est maintenant composée de sept branches qui se subdivisent à l'infini; que chaque famille a été très-heureuse dans ses développemens, les trois millions de la liste civile et les revenus personnels du roi suffisant à peine à l'entretien de LL. MM., chacun des individus composant le peuple princier a dû chercher fortune et se résoudre à devenir de simples citoyens. Avant-hier M. de Montmorency m'a montré un prince du sang qui entrait chez Tabar pour y dîner à trente sous. Il a, dit-on, une place de 1,200 francs dans une mairie ; mais les journaux ont fortement réclamé contre cet acte arbitraire : la place devait être adjugée au rabais sur soumissions cachetées. Il se nomme Jean d'Orléans tout court; le soir il joue de la basse à l'Opéra : c'est un pauvre homme.

Il y a tant de changemens en France que je ne puis vraiment mettre aucun ordre dans mes idées en vous racontant les impressions que je ressens à l'aspect des mœurs extraordinaires de ce singulier pays. Le régime créé par les institutions républicaines, amalgamé avec la monarchie, a porté logiquement ses fruits, et curieusement organisé une société de castors, tous couverts du même poil, vivant dans des cabanes construites de la même manière ; et tout cela est si bien divisé en compartimens et de telle manière, ces horloges accomplissent toutes leurs petites existences mécaniques avec une régularité si parfaite, que vous ne sauriez pas si vous devez rire ou pleurer du peuple français, l'admirer ou le plaindre.

Chaque ménage possède en ce moment un morceau de terre à peu près égal ; mais, vraiment, lorsque les partages auront lieu dans la génération suivante, je ne sais pas comment les Français pourront continuer ce système. Le grand Dupin, le fameux légiste, a laissé l'*Esprit des Lois* de cette nouvelle société. Il a très-bien établi que, pendant une certaine période de temps, les mariages maintiendraient l'équilibre et le *statu quo;* mais il a fortement recommandé, dans son *Testament politique*, de faire une nouvelle Charte lorsque la balance serait rompue. Il y aurait un article en vertu duquel on jetterait à l'eau un certain nombre d'enfans, à l'instar des Chinois.

La population est de cinquante-sept millions d'habitans; il paraît deux mille ouvrages nouveaux par semaine : alors on ne lit rien. Les journaux de Paris sont au nombre de trois cents; il y en a cinquante par département, en sorte que leur somme totale est à peu près de six mille, sans compter les hebdomadaires. Tout le commerce consiste à fabriquer et vendre les choses nécessaires à la vie. Le plus fort revenu connu, après celui du roi, est celui de M. Hugo, directeur d'un théâtre de marionnettes; il a 20,000 livres de rente; il est sénateur à vie. C'est un beau vieillard très-bien conservé, plein de feu; il parle encore assez bien poésie. Ses œuvres forment cent cinquante-deux volumes. Le soir il ne comprend plus ses premières odes; il est fort aimable, et raconte des anecdotes sur les grands hommes de l'empire avec un charme tout particulier. M. Cousin est premier ministre; il a, dit-on, 10,000 francs d'appointemens; mais, dans la session de cette année, les députés se proposent de réduire les traitemens de tous les fonctionnaires de l'État.

Vous ne reconnaîtriez plus Paris: les beaux hôtels dont vous avez gardé le souvenir, tous les édifices publics, ont été abattus: ils étaient ruineux à entretenir. Il y a, dans l'emplacement des Tuileries, un quartier qui contient deux cents maisons en huit rues. Vous ne rencontreriez ni un pauvre ni un riche: dès le matin un citoyen se lève, trotte à ses affaires, à son champ, à son commerce, comme une fourmi, comme une abeille, et rentre le soir très-fatigué. Un citoyen Labarraque, fils du dernier chimiste qu'ait eu notre France à nous, a composé une pâte qui, sous un petit volume, contient un bol alimentaire très-succulent, et alors les repas étant simplifiés, il n'y a que les sybarites qui se mettent à table, les gens à 1,200 francs de rente. Il n'y a pas de culte extérieur; la religion naturelle est la religion de l'État, et naturellement il y a peu de prêtres. Le fils de M. Dupin l'avocat est maréchal de France: le courage civil et militaire est héréditaire dans cette famille célèbre: ce sont les nobles du pays. Mais il y a tant de nouvelles à vous apprendre, que je vous parle de choses futiles, de niaiseries, au lieu de vous instruire des grands efforts de cette civilisation merveilleuse. Le peuple est si occupé qu'il n'y a pas de guerre possible; chacun ayant son champ à défendre, tout le monde est soldat; donc il n'y a pas d'armée. Le revenu de l'État est de 104 millions.

Lors de la démolition du Louvre, les sculptures ont été achetées par des Anglais. Il n'existe pas en France trois tableaux à l'huile. A proprement parler, il n'y a ni crime ni vertu dans ce singulier pays. Tout ce qui va directement au bien-être de l'individu a été seulement développé. Les rues de Paris sont propres; les eaux disparaissent par un temps de pluie comme si vous en jetiez sur une écumoire. Vous pouvez aller dans toute la ville sous des arcades. Le bonheur de ce peuple-là vous *écœure.* Il n'y a pas une pensée, pas un contraste, pas une œuvre d'art, pas une conversation: c'est le vide organisé. Les femmes sont comme des poules couveuses, toujours au logis; chaque mère de famille fait elle-même sa cuisine, soigne ses enfans. Il n'y a personne assez riche pour entreprendre un commerce extérieur. La France a douze voiles dans ses ports; Cherbourg est comblé; Lyon ne fait plus que du florence à 30 sous l'aune. Il y a cent à cent cinquante vaisseaux caboteurs. La feuille de vigne a remplacé le tabac. La France produit tout ce dont elle a besoin : c'est un grand corps qui vit de lui-même.

Hier j'ai assisté à une fête nationale assez curieuse ; en mémoire des journées de juillet, on a promené dans toutes les rues le boulet lancé de Saint-Cloud sur Neuilly par Charles X ; ce boulet était posé sur une table d'argent et porté par trois sénateurs à vie âgés de 95 ans : ce sont MM. Huguet-Sémonville, Odilon-Barrot et Sébastiani, les dignes fils de leurs pères ; ce sont des négocians fort distingués. Tous les corps de l'État suivaient tête nue, et l'on chantait *la Parisienne* et *la Marseillaise.* Voilà la religion de ce singulier peuple, dont toute la vie est un carême. Il m'a semblé voir des forçats célébrant la fête du boulet qu'ils ont aux pieds.

Il existe un recueil de mémoires savans qui prouvent incontestablement l'existence de ce boulet, la possibilité de sa chute à Neuilly ; c'est une sainte ampoule constitutionnelle. J'étais chez M. Charles Dupin, frère de celui qui fut député à la Convention de 1835. Ce Charles Dupin est enlumineur d'images, et gagne annuellement mille écus : il est sénateur........

(La suite à l'une des prochaines livraisons.

Revue de la Semaine.

— Un navire est battu par la tempête en vue de nos côtes; désemparé, faisant eau, ne pouvant plus tenir la mer, il aperçoit un port: il vient y chercher un asile. Parmi les passagers est une femme; malade, épuisée par les secousses du voyage, étouffant dans l'étroit espace d'une cabine de navire, elle a besoin de se reposer quelques momens à terre, d'en respirer l'air pur et doux afin de reprendre un peu de vie. De l'air! nulle part on ne le refuse, et cette terre, c'est la France, la France, pays de refuge et d'hospitalité que les malheureux bénissent en l'abordant, et qui rend la liberté à tout esclave qui le touche. Pauvre femme!... la voilà qui descend, qui pose son pied sur le sol; déjà elle respire, elle renaît... Tout le monde s'empresse autour d'elle pour lui prodiguer des soins et des mots de consolation; il n'est si pauvre pêcheur qui ne l'hébergeât dans sa chaumière... On ne lui demande pas son nom..., elle souffre, c'en est assez... Puis il y a tant de bonté, tant de noblesse dans ses traits!... Mais que vois-je? des soldats! des gendarmes! des baïonnettes qui entourent une femme malade!... Quelque alguazil de police l'a reconnue... Ce n'est pas étonnant... dans un autre temps elle habita la France... Quand elle y vint, ce fut aussi par mer; oui, mais dans un autre appareil!... Qu'on la saisisse! qu'on la traîne en prison!... Elle a osé toucher le sol français! Hospitalier pour tout le monde, elle, le sol français doit la dévorer; car c'est une proscrite, une criminelle; elle est bannie du pays où sa famille a régné pendant des siècles. Son nom, qui ne se prononçait naguère qu'avec amour et respect, son nom suffit pour dicter son arrêt. Ses crimes, faut-il les demander? des milliers de bienfaits répandus sur les infortunés! Ceux qu'elle a secourus lui formeraient un cortége plus nombreux que ne fut jamais cortége de roi! N'importe! elle en est plus dangereuse ; elle a rompu son ban, qu'elle en porte la peine! Cette peine, elle est dans le Code, article 91, un article écrit en lettres de sang! la mort! Ainsi le veut la loi, elle mourra! heureuse encore que son fils, que sa fille, soient loin d'elle, car c'est une mère... Elle mourra! ainsi vous l'avez écrit; et si vous l'épargnez, on va crier au privilége. C'est au nom d'un parent que la sentence sera prononcée, d'un parent qu'elle invita souvent à ses fêtes. Assurément il aura besoin d'un effort de vertu stoïque. Qu'on dresse l'échafaud! cette tête sera un noble hommage de la révolution de juillet, et un gage bien certain de sa durée! Le moyen que, cimentée par le sang d'une femme, elle ne soit pas éternelle!

M. le comte de Bricqueville, vous aurez là un beau jour!

— Voici un homme franc et loyal, un honorable écrivain, qui, sous le règne prétendu de la liberté, déjà frappé de cinq condamnations successives pour avoir publié ses opinions, déjà prisonnier depuis un an, prisonnier encore pour quinze mois, souffrant, malade, est extrait de la maison de santé dans laquelle il languit, afin d'aller à cent cinquante lieues, sous l'escorte de la gendarmerie, subir un nouveau jugement ou plutôt, on pouvait le dire d'avance, une condamnation nouvelle. Là, comme à Paris, encore l'amende, encore la prison; sa vie bientôt n'y suffira pas; infligez-lui, tandis que vous êtes à l'œuvre, une détention perpétuelle. Mais cet homme a trouvé des amis, et dans ceux qui professent ses doctrines et dans tout ce qui porte un cœur noble et généreux. On ne peut avancer pour lui l'heure où la liberté lui sera rendue, si jamais cette heure doit venir; mais du moins on allégera le poids des peines fiscales sous lesquelles le pouvoir a résolu de l'accabler ; un journal ouvre une souscription pour le paiement de l'amende, la liste se couvre de nombreuses signatures. Certes, sous la *tyrannie* de la *branche déchue*, les libéraux ne se sont pas fait faute de souscriptions du même genre et toujours très-librement. Alors, entendez-vous ces cris, ces hurlemens sanguinaires renouvelés de 93? Voyez-vous ces bandes d'hommes que vous croiriez atteints de démence, déchirer, brûler ce journal sur la place publique, à défaut sans doute de ceux qui le rédigent! et parmi ces hommes, il en est qui portent l'uniforme qui devrait être la sauve-garde de la *liberté* et de l'*ordre public!* Les voyez-vous se porter à l'imprimerie, briser les presses, tout saccager comme dans une ville prise d'assaut? Et quelle est la ville où toute une population accepte, en les permettant, la responsabilité de semblables méfaits? Tout sentiment d'honneur, de civilisation, de générosité, y est-il donc éteint? Ah! la rougeur nous en monte au front! Cette ville, c'est Bordeaux, Bordeaux, ville d'élégance, de bon goût et d'hospitalité, du moins nous l'avons ainsi connue; Bordeaux qui s'est toujours distingué, même en France, par l'urbanité et la politesse de ses mœurs! C'est à Bordeaux que, dans chaque compagnie de la garde nationale, il a fallu se défendre, comme d'un crime, d'avoir contribué à une action généreuse, d'avoir soulagé un citoyen frappé d'une condamnation exorbitante! Etranger dans cette ville, où il fut amené par des gendarmes, tels sont les souvenirs que M. de Brian rapportera de l'hospitalité bordelaise! Lui pour qui sa qualité de condamné devait être, là plus qu'ailleurs, non pas seulement une sauve-garde, mais encore un titre à la bienveillance de toutes les opinions, on a été obligé de le faire partir, pour sa sûreté, avec une nombreuse escorte! Il s'est trouvé un lieutenant de cette même garde nationale qui, par une lettre insérée dans l'*Indicateur*, a cru devoir annoncer que, locataire d'une maison où M. de Brian était allé rendre une visite, ce n'était pas à lui que cette visite s'adressait! Se peut-il! Bordeaux ainsi dégénéré! Bordeaux livré à cette grossière barbarie des mœurs révolutionnaires! C'est donc une peste, un autre *choléra-morbus* qui s'étend partout et souille tout ce qu'il touche. Ah! nous en sommes certains, parmi les habitans de Bordeaux, il en est plus d'un qui proteste contre d'aussi déplorables excès; mais la dévastation des presses du *Journal de Guyenne*, jointe aux faits du même genre qui se sont passés ailleurs, n'en restera pas moins comme un gage de la *liberté* que nous ont donnée les gens de la révolution et de l'avenir qu'ils nous réservent. Si, grâce à cette *liberté* dont nous jouissons, il nous arrive aussi d'être obligés de voyager entre deux gendarmes, pour aller nous défendre quelque part contre les foudres du parquet, nous souhaitons vivement que ce ne soit point à Bordeaux, car, dans cette ville, telle que la révolution l'a faite, une condamnation ne serait peut-être pas ce que nous aurions à redouter davantage.

— Diable! ont dit nos ministres, voilà des nouvelles de Pologne qui vont produire un vilain effet; l'ingrat public est capable de s'en prendre à nous; comment détourner l'attention? Cherchons quelque moyen dans notre imaginative! Envoyer une nouvelle escadre contre don Miguel et arborer encore une fois le drapeau tricolore *sous* les murs de Lisbonne! la recette a bien son mérite; mais elle est un peu chère, et ces contribuables s'avisent déjà de se plaindre de la grosseur de notre budget. Une conspiration *carliste?*... Oui; cela vaut mieux; c'est plus économique d'abord, puis les conspirations avec souterrains et dépôt d'armes mystérieux ont quelque chose de mélodramatique qui ne déplaît pas.

Va donc pour la conspiration *carliste!* Vite une circulaire aux préfets; la fameuse circulaire que vous savez! O M. Casimir Périer, à vous la palme! c'est une pièce qui restera. Ces scélérats de *carlistes!* je les tiens pour sorciers s'ils vous échappent! qu'ils essaient de se débarrasser du vaste réseau que vous étendez sur eux! les voilà définitivement bloqués dans leurs repaires, ces brigands *pour qui tous les moyens sont bons*, comme dit si bien M. le ministre; et puis qu'ils se plaignent, qu'ils crient à l'inquisition, à l'illégalité! *liberté, ordre public*, n'est-ce pas l'épigraphe de la circulaire? Tout le monde sera libre, très-libre; on voyagera le plus *librement* du monde en France : seulement il y aura des catégories de *suspects* dont la police devra épier avec soin les *démarches*, les *relations*, les *motifs de voyage*, à raison de la *destination où ils se rendent* et de leurs *intentions présumées*, transmettre à Paris le signalement, *éclairer l'itinéraire par des avis confidentiels*, et opérer l'arrestation en cas de *présomptions :* en ce qui concerne l'exhibition de leurs passe-ports, ces mêmes *suspects* seront spécialement recommandés à la gendarmerie. Du reste la circulation ne sera nullement gênée, et personne ne sera l'objet d'aucun espionnage. Quant au clergé, le gouvernement est trop religieux pour le vexer en aucune manière : seulement, vu que la France est un pays catholique, et qu'en Turquie un prêtre chrétien peut aller se promener sans que le cadi s'en mette en peine, chaque fois qu'un ecclésiastique voudra sortir de chez lui, il sera tenu de le faire annoncer à son de trompe, tout *déplacement clandestin* de la part des prêtres devant être exactement signalé. En conséquence, bons curés de campagne, gardez-vous bien de vous réunir de temps en temps trois ou quatre pour dîner ensemble au presbytère : il s'agirait bien certainement d'une conspiration en bouteille. Gardez-vous encore d'aller la nuit voir un malade dans quelque chaumière éloignée : le *déplacement clandestin* et *nocturne*, qui plus est, serait flagrant, et vous iriez en prison tâter des douceurs de la *liberté* et de *l'ordre public* à la façon de M. Périer. Pour les *dénonciations*, *fi donc!* le gouvernement les a en horreur; mais déguisées en *renseignemens confidentiels*, elles n'ont rien qui répugne à sa moralité : aussi l'esprit des habitans, dans chaque département, sera soigneusement *observé*. Gens de toute condition, tant pis pour vous si vous avez quelques relations dans les casernes; car vous voilà, mes chers amis, inculpés d'*embauchage;* ne sortez pas, car se serait pour conspirer chez les autres ; ne restez pas chez vous, car ce serait pour y tenir un conciliabule. Ne soyez pas tristes, car ce serait un signe de regrets pour la *dynastie déchue ;* ne soyez pas gais, car il y aurait là indice certain de *coupables espérances ;* cet hiver point de manteaux, car le manteau est excellent pour cacher des armes ; vous gélerez en l'honneur de *l'ordre public*. Point de bals, car ces réunions peuvent être un moyen de dissimuler une réunion de conjurés en gants glacés et en bas de soie ; du reste faites vos affaires, amusez-vous en toute liberté, on ne vous gêne en rien ; mais avant de vous lever, de marcher, de vous asseoir, de vous promener, de manger, de boire, de vous habiller, de vous coucher, de pleurer ou de rire, ayez bien soin de consulter la circulaire.

— Savez-vous, bonnes gens, ce que c'est qu'un *carliste?* Votre imagination s'est-elle forgé quelquefois une image précise de cet être singulier, dont ne parlent ni M. de Buffon, ni M. de Lacépède, ni Aristote, en son *chapitre des chapeaux?* Un *carliste!* Individu étrange et fantastique qui échappe à l'analyse, qui se transforme tour à tour de mille et mille manières, et que chacun se représente à son gré sous telle et telle figure! Demandons à nos amis les libéraux, à ceux qui ont foi dans les *glorieuses* et dans M. Périer, qui ont leur douzième d'abonnement au *Constitutionnel*, et dont le petit garçon est habillé en artilleur. — Un *carliste?* cela ne peut avoir moins de soixante-dix à soixante-quinze ans, une taille de cinq à six pieds, la tête constamment baissée, l'œil morne et le teint blême; cela porte une perruque poudrée, une queue, un costume taillé à l'ancienne mode, des bas chinés, un jabot de dentelle fanée et une canne à bec-de-corbin; cela tient habituellement un mouchoir à la main pour essuyer des yeux toujours larmoyans, et se couvre trois fois par semaine le corps d'un sac et la tête de cendres. — Autre définition. — Le *carliste* doit se ranger dans la classe des animaux féroces et carnassiers. Il a quatre rangées de dents, avec des défenses de sanglier. Il habite d'ordinaire les rochers creux et les vieux donjons, où il s'occupe à boire du sang et à manger de la chair humaine, dans le but d'assaillir et de renverser le gouvernement. Il ne sort que la nuit comme les hiboux; il porte dans la manche droite un stylet; dans le gousset une carabine, et une machine infernale dans la poche gauche; il cache des canons de vingt-quatre dans un tiroir de commode, des armées de conspirateurs dans un cabinet, des balles sous son traversin et des magasins de cartouches au fond des rivières. Le *carliste* tient le juste milieu entre le loup et la hyène; mais le plus souvent, afin de mieux assurer le succès de ses machinations, il prend la figure et la voix humaine, de sorte qu'il est assez difficile de le reconnaître, même avec un regard exercé. Du reste cet animal est atroce et cruel au point qu'il se défend quand on l'attaque. — Autre définition plus généralement acceptée. — Le mot *carliste* se confond souvent avec celui de *jésuite*. Dans ce cas un *carliste* est un successeur immédiat du grand-inquisiteur Torquemada, s'amusant pour passe-temps, entre le dessert et le café, à rôtir des hommes dans une chemise soufrée, et roulant des yeux caves et louches. Généralement c'est tout individu qui porte une redingote ou un habit noir, et qui va le dimanche à la messe de sa paroisse, indice certain de férocité.

Le moyen de concilier toutes ces versions! Il y a des gens, à la vérité, qui prétendent que le *carliste* boit et mange de la même manière que les hommes, qu'il rit, qu'il se promène, qu'il fréquente les bals et les spectacles; nous sommes sûr du contraire, et nous publions l'avis suivant, à l'imitation de la circulaire de M. Périer, et des proclamations de M. Vivien, défunt préfet de police.

Aux pères et mères de famille. — Ne laissez pas sortir vos enfans, à la brune surtout quand il y a des bois aux environs, de peur que le *carliste* ne les enlève et ne les mange; car le *carliste* foisonne cette année et c'est un animal très-méchant.

— C'est jour de spectacle, d'un de ces spectacles mensuels ou hebdomadaires que la révolution nous donne depuis un an, mais non pas *gratis;* car nous payons, et nous payons bien. Fermez les boutiques! aux fenêtres!... aux balcons!... voici l'émeute qui passe. Cette fois la rue du Cadran est tranquille c'est le Palais-Royal qui est le centre; c'est la rue Vivienne, la rue Richelieu et les boulevards qui sont les rayons. Et le rappel de battre, mais à peu près en vain; et les huées de retentir, les pierres de voler, les charges d'infanterie et de cavalerie de rouler sur la foule; bref tout le matériel, toutes les péripéties, tous les acteurs ordinaires, mais avec plus d'intensité, avec des symptômes plus menaçans; puis dans les journaux du lendemain la proclamation du préfet de police, espèce d'élégie banale en phrases stéréotypées; enfin le compte des têtes cassées et des arrestations. Tels sont nos combats et nos bulletins; tandis que nos braves soldats quittent la Belgique humiliés et la tête basse, la Pologne expire en maudissant les lâches qui l'ont prise pour rempart contre les souverains qu'ils n'osent regarder en face; vile propagande dont tout le courage est de combattre par des provocations à la révolte et de sourdes menées, insoucieuse des peuples qu'elle sacrifie sans avoir le cœur de les secourir ; elle expire, malheureuse nation, dont le sort est d'être dupe et victime depuis quarante ans de toutes les déceptions et de toutes les intrigues. Nous lui donnons des larmes d'admiration, nous royalistes, tandis que les ministres de la révolution enregistrent froidement son dernier soupir ; elle meurt d'une mort héroïque ; vous, pendant ce temps, hommes du juste milieu, vous êtes à vous colleter dans la rue avec l'émeute en guenilles, à lui disputer moment par moment les restes de votre existence vermoulue, tout fiers, à la fin de la journée, de vous trouver encore debout. Cette lutte dans le ruisseau est bien la seule qui vous convienne. Vous gémissez, vous vous étonnez de ces *agitations sans cesse renouvelées ;* vous essayez de vous en venger en dénonçant des classes entières de citoyens, en les parquant en catégories ; vous allez chercher bien loin la cause de ce mal intérieur qui vous ronge ! Ah ! ne la cherchez qu'en vous ! Hommes sortis d'une émeute, pourquoi vous indigner si fort contre le principe qui vous a faits ce que vous êtes ? il y a là de votre part contradiction et ingratitude ; l'émeute est en vous, l'émeute est votre essence. Vous l'avez déchaînée une fois ; elle a pris goût à s'ébattre au sein de Paris ; elle est ou se croit dans son droit, dans son domaine ; légale il y a un an, selon vous, comment serait-elle illégale aujourd'hui ? De même que, dans les *glorieuses*, l'émeute renverse des voitures en travers des rues pour former des barricades : eh bien ! pourquoi la punir ? n'est-ce pas du milieu des barricades qu'a surgi votre règne ? pourquoi et par quels moyens la feriez-vous rentrer dans la cage que vous avez ouverte ? Aussi voyez comme de toutes parts elle vous déborde ; voyez comme partout elle proclame son pouvoir et votre impuissance ! A Tarascon, les soldats chargés de la réprimer sont devenus ses complices ; à Perpignan elle se montre à main armée et transforme les rues en champ de bataille ; à Narbonne, à Béziers, à Marseille, à Nîmes, à Bordeaux, les autorités sont réduites à se plier devant elle. Chaque jour et partout les mêmes causes reproduisent les mêmes effets. En vain vous lutterez ; vous avez beau faire, la force des choses le veut ainsi ; recueillez ce que vous avez semé. Vous avez eu des émeutes, vous en avez, et vous en aurez encore. Vous êtes nés de l'émeute : prenez garde que vous ne périssiez par elle !

— Autrefois les morts jugeaient les morts, lisez la fable, voyez Minos, Éaque et Rhadamante, pardon de la citation mythologique. Aujourd'hui c'est mieux, les morts jugent les vivans. Regardez vers la Chambre des pairs. Le jour même où on présentait à la Chambre des députés l'arrêt qui les tue, les ombres héréditaires s'étaient rassemblées au palais du Luxembourg, au-dessus des catacombes. Il s'agissait de prononcer sur la liberté d'enseignement : les ombres se sont formées en cour de justice. Parodie de la cour des pairs qui jugea Ney et les ministres de Charles X. Maintenant au lieu de solennité, silence ; au lieu de la foule qui se pressait, désert et abandon. Qui s'occupe des arrêts de la cour des pairs ; on la juge elle-même en ce moment. Mieux que cela, elle est morte avant l'arrêt des assises du Palais-Bourbon. Mutilée d'abord, puis suicidée, où est sa vie ? je vous ai envoyé son billet de faire part. Au premier jour vous lirez son testament, et pourtant elle juge. Qui donc ? serait-ce une conspiration républicaine, une émeute bonapartiste ou d'autres ministres *prévaricateurs*. Bah ! mieux que cela. La cour des pairs est assemblée pour juger et condamner correctionnellement à cent francs d'amende trois maîtres d'école ! !

— M. Casimir Périer a des gardes-du-corps. — Le ministre de la royauté citoyenne ? impossible ! — C'est comme j'ai l'honneur de vous le dire. — Dans la soirée du jour où son excellence fut obligée de se dessiner en Boissy-d'Anglas sur la place Vendôme, un ami zélé se présente au ministère de l'intérieur. L'ami, dit-on, sollicitait depuis long-temps un emploi quelconque ; s'il ne convenait pas à toutes les places, toutes les places lui convenaient. — Ah ! Monsieur le ministre, conservez-vous pour la patrie ; ne vous exposez plus ainsi ; l'émeute pourrait bien ne pas toujours se payer d'éloquence. Entourez-vous d'une garde fidèle, commandée par un homme sûr et dévoué. S'il ne faut qu'en donner un.... — L'idée n'est pas mauvaise, mais on crierait ; à moi une maison militaire! — Non pas militaire, Monsieur le ministre... une maison... civile... quasi-civile. — J'y songerai.

Le lendemain, une vingtaine d'individus à figures d'*observateurs* et commandés par un chef qui n'était autre que l'officieux ami, attaché à l'hôtel de la personne du président du conseil *en qualité de commissaire spécial de police*, accompagnaient M. Cas. P. à son entrée et à sa sortie de la Chambre.

Le sieur Delombre, dont vous avez pu lire, deux jours après, la nomination dans le *Moniteur*, est le nouveau capitaine des gardes de M. Casimir Périer, c'est tout un....

— Voulez-vous non pas une émeute, mais seulement un rassemblement? Ayez une vingtaine de promeneurs paisibles dans le jardin du Palais-Royal. Faites-y tout-à-coup apparaître trois inspecteurs de police avec quinze sergens de ville; voilà vos vingt promeneurs qui s'attroupent et regardent. A présent prenez deux commissaires de police munis de leurs écharpes tricolores. Vingt autres promeneurs vont s'approcher et se joindre aux autres. Maintenant un piquet de gardes nationaux ou de troupes de ligne, *ad libitum*. L'attroupement, s'accroît, grossit; en avant, chargez! l'émeute est faite, et servez chaud.

(*Historique.*)

— Le Prince royal et la pauvre Marianne, *anecdote populaire et philantropique* (1). — Dans les intervalles de ses glorieuses campagnes en Belgique, Mgr le duc de Chartres va se promener tous les matins aux Champs-Elysées; il s'arrête et descend de cheval au bout de l'avenue de Marigny, où il laisse sa monture avec son groom; ensuite il se rend à pied dans une maison du faubourg Saint-Honoré, où S. A. R. fait régulièrement une visite d'une heure et demie, ni plus ni moins.

La pauvre Marianne est une vieille marchande de croquets et de pain d'épices, qui stationne en plein air au coin des allées de Gabrielle et de Marigny. — M'est avis, disait-elle un de ces

(1) Historique.

jours à un invalide, que c' monsieur-là c'est un Anglais, et j' donnerais un joli bâton d' sucre d'orge pour qui lui ait passé sa fantaisie! — Et quel' fantaisie qu'il a donc? — Pardine, sa fantaisie d' descendre d' cheval autour d'ici! — Pourquoi donc qu' ça vous chagrine, Marianne? — Pardi, pourquoi que ses ch'vaux font des poussière' enragées quand y les y promène l' domestique! Voyez plutôt ma pauvre inventaire à qui j' sommes obligée d' couvrir d' mon fichu qu' les passans n'y voient plus rien du tout, d' ma marchandise! — C'est un Anglais! répond l'invalide avec un air de certitude et d'irritation patriotique. »

— Et moi j' vous dis que je l' connais, votre Anglais d' la pointe Saint-Eustache, reprend un balayeur des Champs-Élysées, et que je l' connais pour qu'il est l' fils du Roi, et qui m'a z'embrassé dans la cour du Palais-Royal, sans compter les poignées d' main sur la place de Grève! — Ah! bah! vous dites tous ça, tous vous autres décorés de juillet, répond la vieille marchande; j'ai seulement pas vu l' bout du nez d' vos princes des pavés!... Et pourquoi donc qui n' seraient pas v'nus par ici pour m'embrasser comme tout l' monde? — N'importe pas, mon ancienne, et vous pouvez être certifiée qu' c'est l' fils du Roi comme y n'y a qu'un Dieu! — Allez donc, j' l'attends sous l'orme! a dit Marianne. — Est-ce que l' fils du Roi c'est pas toujours Monseigneur le Dauphin? est-ce que l' fils du Roi n'a pas toujours l' cordon bleu? — Et puis d'ailleurs, ajoute l'invalide, il est bien loin d'ici, l' ci-devant fils du Roi, et j'ai évu sur *l' Messager des Chambres* qu'il était du côté d' Toulon dans la Vendée, où ce qui faisait des révolte' affreuses et des chose' indignes!

— Tout ça, voyez-vous, c'est des bêtises! a riposté le balayeur, et j' vous dis que c' grand officier dont c'est là les ch'vaux, c'est l' fils du Roi! Non pas du Roi d' France au moins, z'entendons-nous; c'est l' Dauphin du Roi Philippe, qu'était à la bataille d' Valmy; celui qui s'appelle l' Duc d'Orléans, celui qui a été à la pension avec l' garçon à M. Mazurier, M. Mazurier le p'tit traiteur du carré Marigny: c'est à deux pas d'ici sous les arbres; et même qu'il a des fois une petite voix d'en haut d' la tête qu'est risible!

— Comment! c'est l' Duc d'Orléans dont tout l' monde a tant parlé d'puis les barricades? s'écrie l'industrielle ; en voilà d'une fière! Est-ce donc qui loge à présent dans la rue des Saussayes par hasard? ou c'est-y qui vat' aussi chez la princesse Bagraillou, Beaugraillou, comment donc qué s'appelle?

— Allons donc, notre ancienne, il n' vaut pas la peine d'en parler d' vot' princesse! C'est une chinoise qui n'est pas dans l' cas d' trouver quéqu'un qui veule balayer l' devant d' sa porte à crédit! J' connais z'un jeune décoré. . . . .

— Mon Dieu! voyez donc les femmes! interrompit l'invalide, et vont toujours s'informaliser de c' qui n' les regarde pas, tandis qu'au lieu de niaiser, j'en profiterais joliment, si j'étais que d' vous, pour y demander mon indamité pour la poussière, et pour aussi la charité, puisqu'il est censé l' Dauphin. »

On entoure, on assiège, on encourage, on endoctrine Marianne, et tout aussitôt qu'on voit revenir le jeune prince (il avait l'air fatigué, triste et contrarié surtout), le vétéran de Valmy s'avance humblement et chapeau bas à sa rencontre, en lui exposant, dans les termes les plus choisis, combien la poussière est défavorable au commerce du sucre d'orge, et quels peuvent être les droits de la pauvre marchande à la libéralité de son altesse royale. Pendant ce temps-là la bonne Marianne faisait retentir tous les échos de l'allée Gabrielle et de l'Elysée-Bourbon des cris mille fois répétés de *vive le Roi Philippe* et *vive Monseigneur le Duc d'Orléans!* C'est une attention dont il a paru satisfait, et, comme on doit bien le penser, le trio populaire a fini par avoir à s'applaudir d'une si bonne et si heureuse rencontre.

Mgr le prince royal leur a fait cadeau d'une pièce de quinze sous (1).

(1) Historique.

⁂ L'émeute s'étant présentée à la porte de M. Sébastiani au moment où il était enfermé avec ses deux nourrices, on craint pour le général une fièvre de lait.

⁂ M. Sébastiani avait destiné la Pologne à périr; elle a péri; c'est dans l'*ordre*.

⁂ Les croisées des boulevards sont déjà louées pour la première émeute.

⁂ On va imprimer *l'ordre et la marche* de l'émeute prochaine.

⁂ Grâce à la fameuse *circulaire*, il ne sera bientôt plus permis de *circuler*.

⁂ Hier, par mégarde, M. Cas. P. s'est pris lui-même au collet.

⁂ Les enfans en nourrice ne pourront plus désormais voyager sans passe-port. M. Sébastiani est seul excepté.

⁂ M. de B...... doit montrer un de ces jours à la Chambre une fort jolie petite guillotine perfectionnée de son invention.

⁂ M. de Bricquev... trouve qu'on a été bien injuste envers ce bon M. de Robespierre.

⁂ La retraite de Belgique ne vaut pas *la retraite des dix mille*.

⁂ M. Cas. P. ne peut plus se montrer au grand jour : toutes les fois qu'il sort il lui faut Delombre.

⁂ M. Delombre est le Roustan de M. Cas. P.

⁂ M. Mad. de Montj. se fait donner tous les matins cinquante coups de plat de sabre pour son amusement particulier.

⁂ M. Mad. de Montj. se réjouirait d'avoir les épaules toutes noires d'ordre public.

⁂ M. Mad. de Montj. donnerait tout au monde pour un knout à la cosaque.

⁂ Lorsque M. Thiers mange deux mauviettes à son dîner, on dit qu'il fait un repas d'anthropophage.

⁂ L'empereur Nicolas est mort une première fois d'une maladie de langueur, la seconde d'une phthisie pulmonaire, la troisième du choléra-morbus. On attend incessamment la nouvelle officielle de son quatrième enterrement.

*** La sollicitude légale, qui protège la libre circulation des voyageurs, leur permet de voyager librement sans passe-port dans l'intérieur des Omnibus depuis la Madelaine jusqu'à la Bastille.

*** L'empereur Nicolas a offert à M. Sébastiani, comme gratification, le commandement d'un pulk de cosaques.

*** En cas de disgrâce, M. Sébast. se fera baskir.

*** Le maréchal Paskewitsh a fait faire ses remerciemens à notre ministère.

*** M. Sébastiani attend l'*ordre* des russes.

*** Un grand personnage a résolu négativement cette question : Un fils immensément riche est-il tenu par l'honneur de payer les dettes de son père?

*** Un spectacle *par ordre* aura lieu incessamment : on jouera *les Dettes*.

*** On vient de publier, au Palais-Royal, une nouvelle édition, magnifiquement reliée avec vignettes et culs de lampe, de l'*Art de ne pas payer ses dettes et de promener ses créanciers.*

Cette livraison étant la dernière de celles que *la Mode* aura publiées depuis le 1er juillet jusqu'au 1er octobre, nous la faisons suivre de la table des matières contenues dans le journal pendant la durée de ce trimestre.

AVIS.

Nous invitons ceux de nos souscripteurs dont l'abonnement expire le 1er octobre, et qui seraient dans l'intention de le renouveler, à vouloir bien nous en donner avis le plus tôt possible, afin que l'envoi de nos livraisons continue de leur être fait sans aucune interruption ; plusieurs des anciens abonnés de *la Mode* n'ayant renouvelé, lors du trimestre de juillet, qu'après l'expiration de leur abonnement, n'ont pu recevoir les exemplaires arriérés, toutes les livraisons étant épuisées.

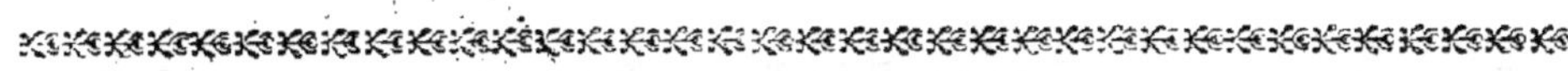

LA MODE.

Nous avons parlé, dans un de nos derniers numéros, de la nuance *feuille d'acanthe* comme d'une nouveauté qui paraissait devoir être très à la mode cet hiver; elle est déjà beaucoup demandée pour robes et chapeaux. Mais, ainsi que nous l'avons dit, cette nuance n'existe encore qu'en échantillon : on la remplace par celle *aventurine*, qui, beaucoup plus jaune, en diffère essentiellement. Nos fabriques s'occupent activement des apprêts de cette charmante couleur, et les dames pourront bientôt se la procurer dans nos grands magasins : elle sera sous peu de jours dans ceux de M. Delisle.

La forme des robes n'a pas encore subi de changemens. Ce sont toujours, pour la ville, des robes à jupes unies, à corsage montant et ayant une ou deux pélerines, ou des robes à corsage plissé-croisé, avec des pélerines en tulle.

Les robes qui se portent en toilette continuent d'être blanches; elles sont, pour la plupart, en organdi ou de mousseline, et beaucoup ont des broderies plus ou moins riches, toujours placées à la hauteur du genou. Les broderies les plus nouvelles se composent d'une guirlande de fleurs qui fait le tour de la jupe, et de fleurs détachées, disposées en palmes et placées au-dessus de cette guirlande. Nous avons vu plusieurs de ces robes qui, sans être faites, se vendent plus de trois cents francs.

Une fleur nouvelle vient de paraître : c'est le *ketmia* à grandes fleurs. La première qui ait été faite vient d'être envoyée à l'épouse de l'ambassadeur extraordinaire français à Rome, pour qui elle fut commandée; elle sort des ateliers de M. Cartier fils, boulevard des Italiens, n° 2, à qui nous devons le plumet-saule dont nous venons de parler.

TABLE DES MATIÈRES

CONTENUES DANS LES

Livraisons du trimestre de Juillet à Octobre 1831.

FIN DU HUITIÈME VOLUME.

d'après Gavarni par Trueb

La Mode

Robe de mousseline, façon de Mlles Cailliaux, rue Laffitte, 7.
Chapeau de paille d'Italie d'Herbault.

ave d'apres Gavarni par Nargeot

La Mode

ance de paille de riz de Mme Celiane, Martin — Robes de mousseline
vard du Bouquet des Dames à la Mode rue Nve des petits champs

Gravé d'après Gavarni par Nargeot

La Mode

...nnet à l'anglaise et toilette d'enfant de chez Mme Tocquet Caisiquier rue
...helieu 46. — Robes de jaconas des Mmes de Barly rue de Richelieu.
...liers en grès de Tours = Indispensable de chez Alph. Giroux rue du Coq St Honoré.

La Mode

Chapeaux de Mme Lepetel, rue Grange Batelière, 1.
Mousseline de chez Burty, rue Richelieu.

L'Administration est Rue du Helder 25

La Mode

bes de Mousseline blanche et mousseline à raies brochées, façon de Mlle Palmire
ures de M. Hypolite — Bijoux de Chauffert, Palais royal — Meuble de bois
t et toile imprimée de Lorelle, 1 rue Nve Montmorency.

d'après Gavarni par [illegible]

La Mode

Robe de Jaconas — Pèlerine à dents doublées — Chapeau de paille de riz à panache de Mme Hocquet rue Ventadour, 11.

L'Administration est Rue du Helder, 25

Pl. 167

Gravé d'après Gavarni par Sargent

La Mode

Robes de Chalys des Mmes de Delille — Fichus de mousseline de Mme Minette rue de Rivoli — Chapeaux de crêpe de Mlle Heignet rue Ventadour 11.

L'Administration est Rue du Helder 25

La Mode

Habit de drap — Gilet de velours — Pantalon de coutil Anglais
Façon de [illegible], rue [illegible]

L'Administration est Rue du Helder, 25

N. [illegible]

La Mode

[illegible] de mousseline doublée de gros de Naples à châles bordés de dentelles façon de [illegible]
[illegible] Montmartre N° [illegible] — Guimpe de tulle brodé — Coiffure de [illegible]

L'Administration est Rue du Helder 25

La Mode

Chapeau de paille d'Italie orné d'une couronne de coquelicots
Redingote de gros de Naples — Redingote de Chaly

L'Administration est Rue du Helder 25.

Pl. 171

La Mode

Redingote de casimir — Gilet de piqué imprimé — Pantalon satin de coton à guêtres — Habit à boutonnière — Gilet de satin

L'Administration est Rue du Helder 25 Pl.

La Mode

(Cha)peau de paille de riz orné de plumes peintes – Robe de Chaly – Peignoir (de) Jaconats plissé et garni de dentelle – Boucle de ceinture en ivoire.

l'Administration est Rue du Helder 25

Pl. 173

La Mode

Chapeaux de paille de riz ornés de Jacinthes – Redingotes de gros d'Orient à bords dentelés – Jupe de dessous en Jaconas brodé.

La Mode

otes de gaze doublées en gros de Naples — Robe de Chaly uni ornée d'une broderi
zou de mousseline bordé de tulle de Mlle Lucie rue des Martyrs, N° 20.

L'Administration est Rue du Helder 25 Pl. 175

La Mode

Capotes de gaze doublées en gros de Naples — Robes de Chaly uni ornées d'une broderie — Canezous de mousseline bordés de tulle de Mlle Lucie, rue des Martyrs, N° 20.

L'Administration est Rue du Helder 25

La Mode

Chapeau de paille de riz à forme de gros de Naples et orné de plumes — Robe de mousseline de laine — Canezou de mousseline

L'Administration est Rue du Helder 25 | Pl. 177

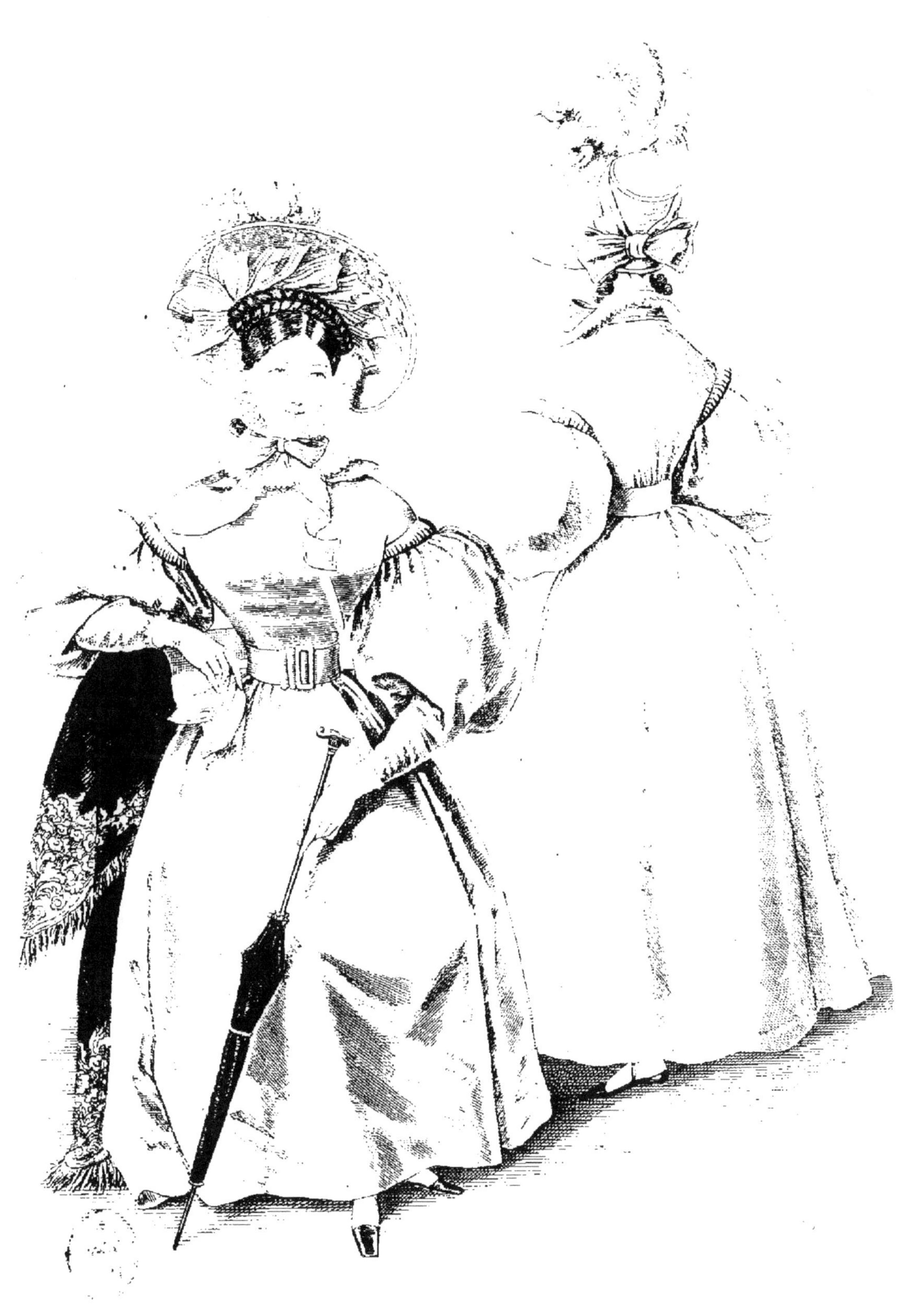

La Mode

Chapeau de moire des magasins de Mlle Guichard, Rue [illegible] 11.
Redingote de Gros d'Orient.

L'Administration est Rue du Helder 25

Pl. 178

La Mode

Redingote et Habit forme anglaise des Ateliers de M. Uhlendorff, 8 rue de Grammont.
Porte Cannes des Magasins de M. Terrelle 1 rue Neuve de Montmorency.

l'Administration est Rue du Helder 25

Pl. 179

La Mode

Bonnets de blonde et de réseaux de rubans de Mme Beauvais rue Ste Anne — Pardessus d'organdi orné de biais de Mmes Perrier et Richard, rue Vivienne 14

L'Administration est Rue du Helder 25

Pl. 130

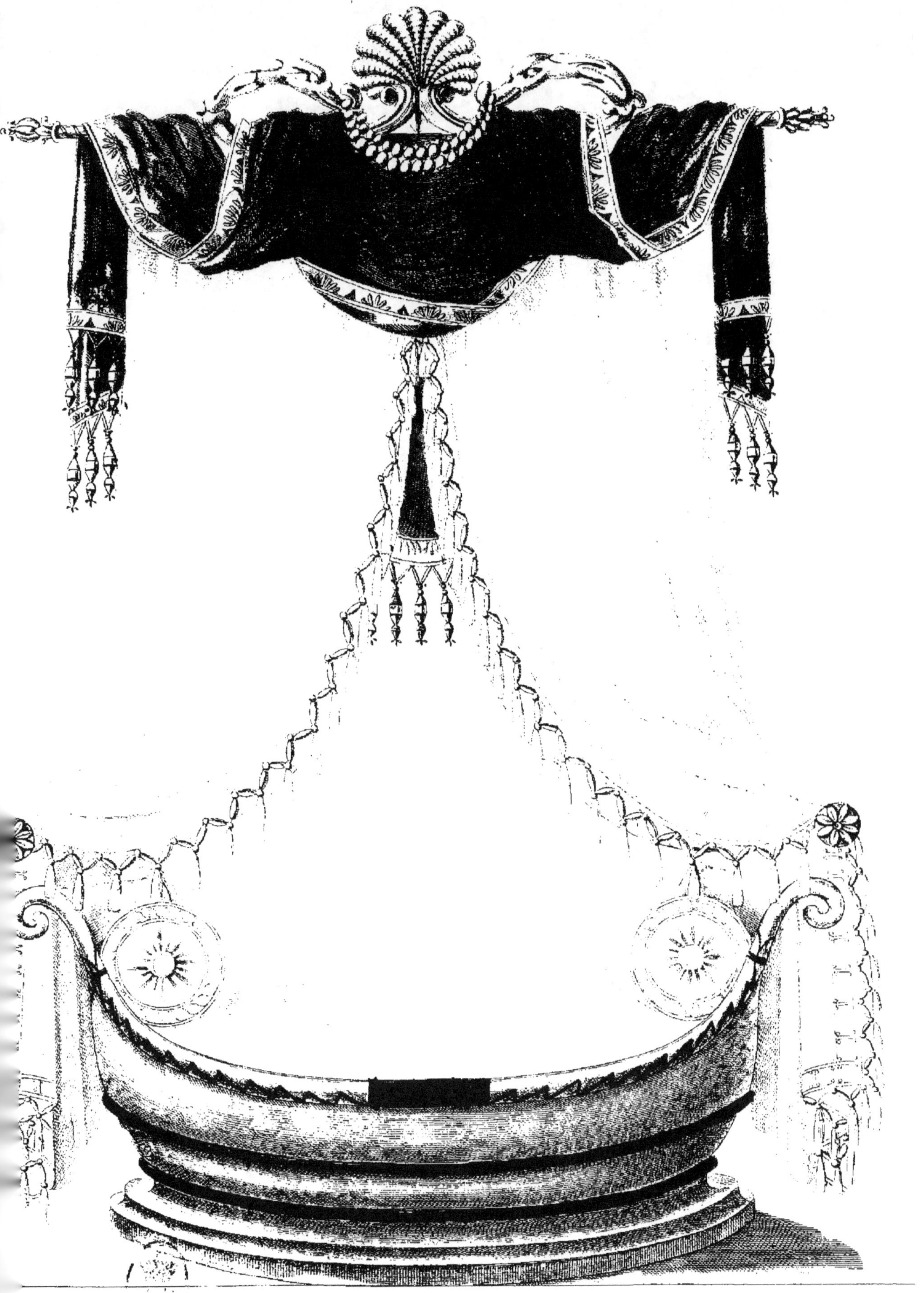

Pl. 181 — L'Administration est Rue du Helder 25

La Mode

Lit en corbeille en bois de citron, incrusté de Rose-Wood.
Chapeau portant les Rideaux, orné d'un cygne doré et d'une draperie.

La Mode

Chapeau de Gaze Dona Maria des Magasins de Mme Willet
Robe de satin polonais

L'Administration est Rue du Helder 25

Pl. 190

La Mode

Capote de velours doublée de gros de naples — Robe de satin de la Reine — Manteau de reps indien du magasin des deux nuits

L'Administration est Rue du Helder 25

Pl. 19

SOMMAIRE DE LA LIVRAISON

DU 2 JUILLET.

Stances dédiées à un exilé de dix ans ; lettre de Bath : Musée ; revue de la semaine, terribles événemens en juillet : le roi polyglotte : mot du duc de Bordeaux : M. Bavoux : les Carlistes distributeurs de dragées : M. le préfet se noie : grande victoire remportée sur les lis : arrivée *du Duc de Bordeaux* au Hâvre : petite anecdote concernant M. Sébastiani : M. Sébastiani à la mamelle, fait historique ; modes, planches 162 et 163 modes de saison.

Conditions de la Souscription.

La Mode paraît tous les Samedis, par livraison, avec deux dessins gravés et coloriés ; vingt-quatre dessins par trimestre.

Le prix, port franc, est fixé :

Pour Paris,	Trois mois : 14 fr.	Six mois, 26 fr.	L'année, 48 fr.
Les Départemens,	Trois mois : 15 fr.	Six mois, 28 fr.	L'année, 52 fr.
L'Étranger,	Trois mois : 16 fr.	Six mois, 30 fr.	L'année, 56 fr.

ON S'ABONNE RUE DU HELDER, N° 25, CHAUSSÉE-D'ANTIN.

ET CHEZ DENTU, LIBRAIRE, AU PALAIS-ROYAL ;

Dans les Départemens, chez les principaux Libraires et tous les Directeurs de Poste.

IMPRIMERIE DE GOETSCHY, RUE LOUIS-LE-GRAND, N° 35.

LA MODE

REVUE DU MONDE ÉLÉGANT.

8

TROISIÈME ANNÉE.

3

9 Juillet 1831.

au

24 Septembre 1831.

PARIS.

SOMMAIRE DE LA LIVRAISON

DU 9 JUILLET.

L'Ombrelle et le Rifflard; Second extrait des trois listes des héros et des *héroines* de juillet; Théâtres, Vaudeville, débuts d'Henry Monnier; Revue de la semaine, dialogues entre des oiseaux de bassecour, de rapine et de passage; Voyage de Madame; anniversaire du 9 juillet; Vidocq chef de Chouans; Barthe y est-il ?; M. l'abbé Châtel à Clichy-la-Garenne; Épigramme contre *la Mode*, par une dame; Modes, planches 164 et 165, modes de saisons.

Conditions de la Souscription.

La Mode paraît tous les Samedis, par livraison, avec deux dessins gravés et coloriés; vingt-quatre dessins par trimestre.

Le prix, port franc, est fixé:

Pour Paris,	Trois mois : 14 fr. Six mois, 26 fr. L'année, 48 fr.
Les Départemens,	Trois mois : 15 fr. Six mois, 28 fr. L'année, 52 fr.
L'Étranger,	Trois mois : 16 fr. Six mois, 30 fr. L'année, 56 fr.

ON S'ABONNE RUE DU HELDER, N° 25, CHAUSSÉE-D'ANTIN.

ET CHEZ DENTU, LIBRAIRE, AU PALAIS-ROYAL;
Dans les Départemens, chez les principaux Libraires et tous les Directeurs de Poste.

IMPRIMERIE DE GŒTSCHY, RUE LOUIS-LE-GRAND, N° 35.

www.ingramcontent.com/pod-product-compliance
Lightning Source LLC
LaVergne TN
LVHW080537160826
845677LV00008B/1492
* 9 7 8 2 3 2 9 6 7 8 4 2 9 *